Ilustración de tapa: *Auguste et Cléopâtre* (1788), de Louis Gauffier, actualmente en exhibición en la National Gallery of Scotland, Edimburgo

Diseño: Gerardo Miño

Composición: Eduardo Rosende

Edición: Primera. Mayo de 2016

ISBN: 978-84-16467-15-0

Lugar de edición: Buenos Aires, Argentina

Cualquier forma de reproducción, distribución, comunicación pública o transformación de esta obra solo puede ser realizada con la autorización de sus titulares, salvo excepción prevista por la ley. Diríjase a CEDRO (Centro Español de Derechos Reprográficos, www.cedro.org) si necesita fotocopiar o escanear algún fragmento de esta obra.

© 2016, Miño y Dávila srl / © 2016, Miño y Dávila sl

dirección postal: Tacuarí 540 (C1071AAL)
Ciudad de Buenos Aires, Argentina
tel-fax: (54 11) 4331-1565
e-mail producción: produccion@minoydavila.com
e-mail administración: info@minoydavila.com
web: www.minoydavila.com
redes sociales: @MyDeditores, www.facebook.com/MinoyDavila

Marcelo Campagno / Julián Gallego / Carlos G. García Mac Gaw (comps.)

REGÍMENES POLÍTICOS EN EL MEDITERRÁNEO ANTIGUO

Estudios del Mediterráneo Antiguo / **PEFSCEA Nº 11**

A la memoria de Raúl J. Mandrini

PROGRAMA PEFSCEA

Consejo de dirección:

Marcelo Campagno	(Universidad de Buenos Aires-CONICET);
Julián Gallego	(Universidad de Buenos Aires-CONICET);
Carlos García Mac Gaw	(Universidad Nacional de La Plata-Universidad de Buenos Aires).

Comité asesor externo:

Jean Andreau	(École des Hautes Études en Sciences Sociales, París);
Josep Cervelló Autuori	(Universidad Autónoma de Barcelona, España);
César Fornis	(Universidad de Sevilla, España);
Antonio Gonzalès	(Université de Franche-Comté, Francia);
Ana Iriarte	(Universidad del País Vasco, España);
Pedro López Barja	(Universidad de Santiago de Compostela, España);
Antonio Loprieno	(Universidad de Basilea, Suiza);
Francisco Marshall	(Universidade Federal de Rio Grande do Sul, Brasil);
Domingo Plácido	(Universidad Complutense de Madrid, España).

ÍNDICE

Introducción 7

Primera parte: Antiguo Egipto y Próximo Oriente

Surgimiento de lo estatal y liderazgo local en el valle del Nilo (IV-III milenios a.C.),
por Marcelo Campagno.. 15

Guerra, territorio y cambio social en el valle del Nilo preestatal,
por Augusto Gayubas... 31

La rebelión primigenia en el Antiguo Egipto y en Suazilandia,
por Marcos Cabobianco... 45

Las formaciones sociales en las postrimerías de la prehistoria palestinense: el período Calcolítico,
por Pablo F. Jaruf.. 57

Poderes locales durante el período Paleobabilónico,
por Andrea Seri... 71

La alianza asimétrica en el Levante septentrional: una revisión de la relación de "vasallaje" hitita,
por Emanuel Pfoh.. 85

Segunda parte: Grecia Antigua

Clases sociales, subjetividad política y tensión democrática. Apuntes para una discusión sobre la determinación clasista en la Atenas clásica,
por Mariano J. Requena.. 101

El miedo a la tiranía: la protección de la democracia en el régimen político ateniense,
por Diego Paiaro.. 115

Libros, intelectuales y democracia en la Atenas clásica:
el caso de la persecución a Protágoras de Abdera,
por Sergio Barrionuevo 129

Justicia poética y política democrática en la comedia de Aristófanes,
por Claudia Fernández 141

De la democracia a la oligarquía y de la oligarquía a la democracia,
una y otra vez: Atenas, 411-403 a.C.,
por Julián Gallego 153

Las tiranías griegas entre los socráticos. El caso del *Hierón* de Jenofonte,
por Claudia Mársico 167

TERCERA PARTE: Mundo Romano y Antigüedad Tardía

La política y la ciudad-estado. Reflexiones sobre el modo de producción
antiguo,
por Carlos G. García Mac Gaw 181

Guerras serviles y estados rebeldes: las monarquías de Euno y Salvio,
por Fernando Piantanida 199

El problema de la participación política popular en la república romana
tardía. Lógicas de articulación del conflicto social,
por Juan Manuel Gerardi 211

Lugares, poder y representación en las *Metamorfosis* de Ovidio,
por Alicia Schniebs 225

El imperio como instrumento divino. Cipriano de Cartago
y su perspectiva sobre Roma,
por Mariano Spléndido 239

Zenobia de Palmira, entre la conquista militar y la *captatio benevolentiae*,
por Rodolfo Lamboglia 251

Los *curiales* en la Galia meridional tardoantigua y la cuestión fiscal,
por Pablo Sarachu 265

Discursos sobre la sociedad y el imperio en Bizancio en el siglo X,
por Pablo Ubierna 277

INTRODUCCIÓN

Los días 27 y 28 de noviembre de 2014, con motivo de cumplirse diez años de la puesta en funcionamiento del Programa de Estudios sobre las Formas de Sociedad y las Configuraciones Estatales de la Antigüedad, se llevó a cabo el *IV Coloquio PEFSCEA: "Regímenes políticos en el Mediterráneo Antiguo"*, en la sede del Centro Cultural Paco Urondo de la Facultad de Filosofía y Letras de la Universidad de Buenos Aires. Como en las ocasiones anteriores, la reunión científica contó con la participación de miembros del PEFSCEA y de destacados especialistas invitados para este evento, que expusieron los resultados de sus indagaciones a partir del eje temático con el que los convocamos. Este volumen recoge las versiones finales de estas investigaciones, dando continuidad a la publicación de los congresos realizados por el PEFSCEA como parte de su labor[1].

El encuentro tuvo como objetivo el análisis de diferentes regímenes políticos en el marco de distintas configuraciones estatales y de variadas concepciones de lo que contemporáneamente entendemos con la idea de Estado. La propuesta tuvo como punto de partida el estudio de los sistemas de gobierno, tanto en el plano de las prácticas como en el de las múltiples representaciones simbólicas, atendiendo a las especificidades de diversas arquitecturas institucionalizadas y/o de vínculos políticos menos formalizados, que en muchas ocasiones constituyeron el eje central a

---

1   Los volúmenes anteriores son: M. Campagno, J. Gallego y C.G. García Mac Gaw (eds.), *Política y religión en el Mediterráneo Antiguo. Egipto, Grecia, Roma*, Buenos Aires, Miño y Dávila, 2009 (I Coloquio PEFSCEA); M. Campagno, J. Gallego y C.G. García Mac Gaw (eds.), *El Estado en el Mediterráneo Antiguo. Egipto, Grecia, Roma*, Buenos Aires, Miño y Dávila, 2011 (II Coloquio PEFSCEA); M. Campagno, J. Gallego y C.G. García Mac Gaw (eds.), *Rapports de subordination personnelle et pouvoir politique dans la Méditerranée Antique et au-delà*, Besançon, Presses Universitaires de Franche-Comté, 2013 (III Coloquio PEFSCEA-XXXIV Colloque GIREA).

través del cual se plasmaba el ejercicio del poder, habitualmente por parte de las élites aristocráticas pero a veces también por parte de los sectores subalternos, cuando las circunstancias así lo permitieron.

El recorrido, pues, ha permitido investigar sistemas políticos muy diversos, según las peculiaridades de las diferentes organizaciones contenidas en el heterogéneo espacio sociohistórico del Mediterráneo Antiguo. Se han considerado las interacciones entre las organizaciones gubernamentales y las estructuras sociales, las posibilidades de participación en las decisiones de gobierno, las variadas articulaciones entre los sistemas de dominación y las estructuras económicas, las implicancias ideológicas de la pertenencia a una comunidad organizada a partir de los criterios inherentes a un Estado, las interacciones entre el plano institucional y el interpersonal, los modos de simbolización de lo político y su incidencia en la elaboración de representaciones del mundo, etc. Por supuesto, esta enumeración no exhaustiva de cuestiones a pensar estuvo abierta a los aportes, problematizaciones, perspectivas y aperturas a otros registros que los participantes plantearon como modo de abordar la problemática general elegida para el evento.

En este sentido, el amplio abanico de problemáticas abordadas por los participantes enriquece nuestra apreciación de los procesos que conducen de los regímenes políticos anteriores al surgimiento del Estado a la centralización inherente a las estructuras estatales, sin perder de vista tanto en un contexto como en el otro el papel significativo desempeñado por los poderes locales. La guerra, la construcción de liderazgos y/o las relaciones de sujeción/dependencia entre potentados superiores e inferiores permiten adentrarnos de manera pormenorizada en el estudio de los mecanismos de articulación social inherentes a determinados regímenes políticos concretos.

El desarrollo de variadas formas de organización estatal habilita la posibilidad de reflexionar sobre la política como una dimensión fundamental de las prácticas sociales, un camino que los mismos antiguos comienzan a recorrer a partir de sus propias observaciones sobre esta esfera de la vida en comunidad. En el marco de las ciencias sociales y humanas actuales, la importancia asignada a la política en relación con el funcionamiento estructural de ciertas sociedades antiguas ha posibilitado la formulación de conceptos que han buscado explicar esta centralidad de la política como una significación imaginaria fundamental para los agentes históricos estudiados. Esto no implica que el estudioso de la Antigüedad se circunscriba y se adapte necesariamente a las preocupaciones de los antiguos; claro está, los debates del pensamiento crítico contemporáneo nutren los estudios que indagan acerca de la pertinencia de categorías referidas al análisis de las grandes masas de una sociedad, en los que, no obstante, la dimensión política se hace presente en la medida en que otorga especificidad a la definición de los grupos.

Precisamente, las interacciones entre los grupos sociales, las relaciones entre élites y masas, etc., son procesos que intervienen decisivamente en la configuración concreta de los regímenes políticos, que algunas sociedades nominan y teorizan de manera puntillosa, a punto tal que estas reflexiones siguen alimentando hoy día discusiones de todo tipo respecto de las organizaciones gubernamentales. Democracia, oligarquía y tiranía remiten, ciertamente, a momentos puntuales de la historia antigua, en la medida en que se puede recorrer con escrupulosa especificidad las prácticas y los discursos a partir de los cuales esos conceptos se organizan como parte de una realidad histórica peculiar. Pero la apropiación contemporánea de dichas nociones, para su uso y a veces su brutal abuso en otros contextos que pueden ser o no recientes, no deja de trazar implícita o explícitamente un vínculo con las situaciones históricas en las que dichos conceptos aparecen. Un problema habilitado por estas formas de hacer y de creer, que sigue siendo candente entre nosotros, es el de los alcances de la participación popular, y consecuentemente los conflictos provocados por esta novedad radical producida en la Antigüedad.

La dinámica de los regímenes políticos no se desarrolla de manera puramente interna, aislada, por fuera de la interacción entre diferentes organizaciones sociales. La expansión militar y/o imperialista de unas sociedades sobre otras, de unos Estados contra otros, es un lugar común y un *leitmotiv* que atraviesa el Mediterráneo Antiguo, por circunscribirnos a las situaciones que nos conciernen. El enfrentamiento entre quienes se erigen en dominadores y los subyugados no concluye con el final de las guerras expansivas e imperialistas. Adaptaciones, levantamientos, revueltas, nuevas alianzas, etc., permiten ver diferentes formas de acomodamiento, cuestionamiento y resistencia a la autoridad establecida por el más fuerte. El poder de los conquistadores se reproduce en tanto y en cuanto éstos, represiva y/o consensualmente, sean capaces cada vez de quitar de en medio o hacer lugar a las manifestaciones y reivindicaciones que los sometidos plantean ante la dominación. Pero esto conlleva también, en el corto, mediano o largo plazo según cada caso, la posibilidad de que las organizaciones estatales imperiales, generalmente de amplio alcance territorial, entren en crisis, se desorganicen, sufran caídas más o menos abruptas, se dispersen o se resignifiquen, dando lugar a nuevas configuraciones políticas. Estas crisis no dejan de estar presentes de una o de otra manera como un horizonte tangible para el funcionamiento de los regímenes políticos, necesariamente entroncados en sistemas estatales determinados, siempre en interacción unos con otros.

Estos diferentes procesos han producido sus expresiones culturales distintivas, esto es, un conjunto de legados que constituye para el estudioso de la Antigüedad la fuente de acceso a la información para el análisis que se propone. Pero al mismo tiempo, estos testimonios, tales como aquellos que clasificamos como obras literarias, son producciones discursivas inscritas en sus respectivos contextos históricos, configuradas con determinados fines, articuladas con otras prácticas sociales con las que conformaban una trama singular. A su modo, cada una ha desarrollado formas de pensamiento siguiendo ciertos derroteros dentro de las perspectivas estéticas disponibles, incluso forzándolas. Los regímenes políticos no han sido ajenos tampoco a tales derivas culturales.

A lo largo de las páginas de este libro, los lectores tendrán la oportunidad de encontrarse con las producciones específicas de los expositores que participaron en nuestro IV Coloquio, pero también tendrán la posibilidad de comparar las diversas perspectivas, de advertir similitudes y diferencias entre las problemáticas históricas que fueron tratadas así como entre los marcos teórico-metodológicos a los que los autores recurren en sus investigaciones. Tendrán así, en cierto modo, la ocasión de reconstruir el estimulante clima de trabajo que vivimos durante el desarrollo del encuentro. Y para que esto sucediera, es necesario reconocer –y agradecer– a los expositores y asistentes al evento por su excelente predisposición a lo largo de las dos jornadas; al Dr. Ricardo Manetti, director del Centro Cultural Paco Urondo, y su equipo de colaboradores, por toda la asistencia brindada durante el evento; y a nuestro propio equipo de colaboradores del PEFSCEA –Sergio Amor, Sergio Barrionuevo, Marcos Cabobianco, Augusto Gayubas, Alejandro Mizzoni, Diego Paiaro, Emanuel Pfoh, Fernando Piantanida, Mariano Requena, Agustín Saade, Pablo Sarachu, Marianela Spicoli y Mariano Splendido– que, como siempre, se ha hecho presente para garantizar las actividades del Programa.

Como señalábamos en el comienzo, en el marco de IV Coloquio PEFSCEA celebramos los primeros diez años desde la creación del Programa. Se trata de una década en la que la búsqueda inicial que nos guió, orientada hacia la creación de nuevos espacios para el pensamiento de las sociedades antiguas que evitara los tradicionales compartimentos estancos en que suelen distribuirse las investigaciones, se ha visto plasmada de múltiples modos. En diez años, el Programa ha celebrado cuatro coloquios internacionales, otras tantas jornadas de actualización bibliográfica, y una colección ("Estudios del Mediterráneo Antiguo") que ya lleva diez volúmenes editados. En el transcurso de la década, varios de nuestros colaboradores se han doctorado; otros están en vías de hacerlo. Y lo que es más importante, el PEFSCEA se ha posicionado como un espacio de referencia acerca de la Historia Antigua, reconocido tanto a nivel nacional como en el extranjero. El árbol ha comenzado a dar sus frutos; valió la pena plantarlo, vale la pena que lo sigamos cuidando.

M. Campagno, J. Gallego y C.G. García Mac Gaw

PRIMERA PARTE:
ANTIGUO EGIPTO Y PRÓXIMO ORIENTE

SURGIMIENTO DE LO ESTATAL Y LIDERAZGO LOCAL EN EL VALLE DEL NILO (IV-III MILENIOS A.C.)

Marcelo Campagno

(CONICET / UNIVERSIDAD DE BUENOS AIRES)

Los estudios sobre el surgimiento del Estado –tanto en el valle del Nilo como en otras coordenadas espaciotemporales– tienden a enfocar los comienzos de tal proceso en las dinámicas comunales y especialmente en sus formas de liderazgo, para ampliar posteriormente el foco, conforme avanza el análisis del proceso en la línea temporal, hacia la realeza y el dispositivo político-administrativo del Estado. Tal estrategia analítica implica como mínimo un salto de escala que no siempre se toma en cuenta, desde un escenario local, acotado al nivel de una entidad comunitaria, con unas formas de liderazgo asociables a lo que en términos antropológicos –más allá de discusiones puntuales– se da en llamar sociedades de jefatura, hasta una escala al menos regional, incluso macrorregional, respecto de la que se analiza principalmente la élite política que se constituye en el dominio de ese espacio.

Uno de los subproductos de semejante estrategia ha sido la invisibilización de los espacios comunales y de sus líderes en las etapas posteriores del proceso, una vez que el análisis se centra en el ámbito estatal y particularmente en la figura del rey. Por cierto, los testimonios de liderazgo local en tiempos estatales son flagrantemente escasos, pero no suelen ser mucho más abundantes para las épocas preestatales. En efecto, con independencia del problema de la escasez de evidencia, todo sugiere que es la pregunta misma sobre el liderazgo local la que no se plantea, y creo que esa ausencia es sintomática del sesgo decididamente evolucionista a partir del cual se considera el proceso: como la expectativa es "ascendente", se pasa de la comunidad al Estado, de los jefes a los reyes, y una vez que los segundos aparecen, los primeros se pierden de vista. A contrapelo de tal perspectiva, aquí se intentará considerar la evidencia funeraria, iconográfica y textual sobre indicios de liderazgo comunal antes y después del advenimiento de lo estatal en el valle del Nilo –esto es, en un espectro temporal que abarca *grosso modo* el IV y el III milenio a.C.–, con el doble objetivo de conferirle alguna visibilidad al problema y de intentar pensar qué sucede con esas formas de liderazgo local en el marco del proceso en el que surge y se consolida a escala global la lógica estatal.

Veamos, ante todo, qué tipo de testimonios se hallan disponibles para considerar la cuestión del liderazgo en tiempos preestatales en el valle del Nilo. Desde el punto de vista de la evidencia funeraria, tenemos, a partir de la fase Nagada I, a comienzos del IV milenio a.C., la aparición de un tipo de tumbas de formato rectangular, que no reemplazan pero comienzan a coexistir con formas anteriores, provenientes del período Badariense (segunda mitad del V milenio a.C.), de aspecto oval, que siguen el perímetro que determina la forma del cuerpo en posición fetal. Las nuevas tumbas de tipo rectangular poseen un tamaño algo mayor, que tiende a ser ocupado por una mayor cantidad de objetos que conforman el ajuar funerario, lo que además implica mayor diversidad en la procedencia de determinados bienes. Y lo que puede apreciarse en la evidencia disponible es que una minoría de tumbas tiende a concentrar mayor cantidad y calidad de bienes en sepulcros de mayor tamaño, mientras que la mayor parte de las tumbas continúa en una línea similar a la del período previo (cf. Wilkinson: 1996, 75-85; Friedman: 2008; Campagno: 2002, 151-153 [con bibliografía]).

En este marco, algunos de los objetos que aparecen en los ajuares funerarios merecen un análisis un poco más detenido, porque pueden ser significativos para la discusión específica de las formas de liderazgo en tiempos predinásticos. Me refiero a aquellos que podrían ser comprendidos como insignias de liderazgo. En una tumba hallada en el-Omari, por ejemplo, un individuo aparece portando entre sus manos un bastón de 35 cm de largo, como si se tratara de un cetro (Debono y Mortensen: 1990, lám. 28.1). En diversas tumbas aparece un tipo de mazas que, dado el tipo de materiales con los que fueron realizadas (porfirio, diorita, breccia) difícilmente hayan sido empleadas para su uso inicial, como armas de golpe, y en cambio hayan estado destinadas a enfatizar el sesgo guerrero de quienes las poseían, de modo similar a lo que sucedería posteriormente respecto de la figura del rey (Hoffman: 1982, 145; Midant-Reynes: 1992, 172, 183; Campagno: 2002, 154-155). Es posible trazar así una relación entre este tipo de objetos y los ocupantes de las tumbas, en el sentido de que aquellos hubieran sido utilizados desde temprano para simbolizar la posición destacada de sus poseedores, tal como ocurriría en tiempos estatales.

La iconografía del período agrega una serie de imágenes que también vale la pena considerar en este punto. Por ejemplo, un fragmento cerámico de Nagada I contiene la representación de un objeto muy similar a la Corona Roja del Bajo Egipto de tiempos dinásticos (Wainright: 1923; Baines: 1995, 95-96, 98-99). El tiesto corresponde, obviamente, a una época muy anterior a la de la consolidación estatal de esa simbología. Pero lo que es probable es que ese tocado o corona ya preexistiera como atributo de algún personaje local mucho antes de su articulación en un equilibrio simétrico con la Corona Blanca del Alto Egipto. Por otra parte, la decoración de diversos cuencos de Nagada I representa un tipo de individuos que se destacan respecto de los otros que componen las escenas por su mayor tamaño, por sus posiciones centrales y sus brazos en alto, por sus atuendos (que incluyen tocados probablemente de plumas y una cola postiza de animal que pende de la cintura hacia atrás, similar a la que el rey egipcio llevaría en tiempos posteriores), y por la portación de una maza, asociable a las que recién considerábamos respecto de los ajuares funerarios contemporáneos. Además, aparecen interactuando con los personajes de menor tamaño, a quienes parecen tomar por sus cuellos o retenerlos mediante sogas, de modo parecido a lo que sucedería con los prisioneros en tiempos estatales (Dreyer *et al.*: 1998, 84, 111-115; Hendrickx: 1998, 204-207; cf. Fig. 1.a). En un período ligeramente posterior, a comienzos de Nagada II (*c.* 3600 a.C.), la decoración de otros cuencos también representa personajes destacados con estuches fálicos, portando algún objeto a la manera de cetros o de bumeranes, usualmente en interacción con figuras con rasgos femeninos muy marcados (Vandier: 1952, 286-268, 352-353; Midant-Reynes: 1992, 165-167, 180-182). Diversas estatuillas de estas épocas, por otro lado, representan individuos con una barba postiza, que también puede ser interpretable en el sentido de destacar ciertos atributos que después son frecuentes en la caracterización simbólica del monarca en el antiguo Egipto (Vandier: 1952, 419-428; Midant-Reynes: 1992, 169).

Todas estas representaciones se relacionan directamente con el contexto funerario. Por su parte, en el ámbito de la iconografía rupestre, tanto en el desierto oriental como en el occidental, también aparece una gran cantidad de escenas muy compatible con las que acabamos de referir. En el desierto oriental suele aparecer la representación de un tipo de embarcaciones en las que se presenta uno o más personajes de gran tamaño, muchas veces con los brazos levantados, portando mazas, arcos, cetros y tocados de plumas u otros semejantes a la Corona Roja que se mencionaba recién. A estas escenas de navegación, que más que probablemente poseerían algún sentido ritual, hay que agregar otras asociadas a la caza de animales salvajes (particularmente del hipopótamo) y algunas más que describen escenarios de combate, donde pueden apreciarse armas y luchas cuerpo a cuerpo (Winkler: 1938; Redford y Redford: 1989; Wilkinson: 2000a).

En cuanto al desierto occidental, las imágenes rupestres genéricamente contemporáneas del período Predinástico también suelen presentar escenas de caza y de interacción con animales salvajes, así como otras representaciones muy compatibles con el imaginario general que se desprende de la iconografía del valle del Nilo y del desierto oriental (Huard y Leclant: 1980). En particular, vale la pena detenerse en las imágenes que han sido documentadas en tiempos recientes en la región de Gilf Kebir, cercana a la actual frontera entre Egipto, Libia y Sudán. Hay una escena, documentada en la llamada "Caverna de las Bestias", en la que se representa un personaje de gran tamaño que blande una especie de hacha, y debajo del cual aparece a la izquierda un personaje invertido, tal como expresa la posterior convención egipcia para referir a quienes han sido muertos, mientras que hacia la derecha se extienden dos filas de individuos, que han sido trabajados aprovechando una grieta de la roca, unos hacia arriba y otros hacia abajo, lo que podría implicar dos grupos frente a frente (Bárta y Frouz: 2010, 35 ss.; cf. Fig. 1.b). Más allá del sentido específico de toda la representación, que obviamente se nos escapa, otra vez puede notarse una escena compuesta por acciones entre unos individuos de mayor tamaño y otros de menor porte, que probablemente tenga algún significado ritual, en la que los primeros aparecen blandiendo mazas o hachas, lo que quizás enfatiza cierto perfil más guerrero, más ligado a la violencia.

Si hacemos un pequeño balance de la evidencia disponible para pensar en formas de liderazgo en la época previa a la aparición del Estado, tenemos entonces, por un lado, un conjunto minoritario de tumbas cuyo mayor tamaño, así como la mayor variedad y calidad de bienes de sus ajuares, permite suponer un estrato de élite en este tipo de sociedades, que es tal vez el ámbito del cual emergen figuras de liderazgo, probablemente caracterizadas por ciertas insignias, como las mazas referidas respecto del mismo contexto funerario. En cuanto a lo que transmite la iconografía, yo subrayaría dos características de esos líderes. Una es la que asocia esos personajes a la esfera de lo ritual, que se aprecia en esas escenas en las que personajes de mayor tamaño interactúan con otros con los brazos levantados, presidiendo escenas relacionadas con embarcaciones, involucrando quizás el ejercicio de cierta violencia ritual, como podría inferirse del tipo de acciones ejercidas sobre los personajes de menor tamaño. Y la otra característica, en relación con la primera, es precisamente el posible vínculo entre estos líderes y ciertas formas de violencia, sea porque los rituales parecen violentos, sea por el uso de la maza –que, en su origen, es un arma de guerra– o del hacha –que también connota violencia–, sea también por el hecho de que estos personajes aparecen asociados a escenas de caza de grandes animales salvajes o a escenas de combate, que podrían sugerir un vínculo más estrecho entre liderazgo y guerra.

Ciertamente, se podría plantear que otras posibilidades acerca del ejercicio del liderazgo deberían permanecer abiertas. Algunos autores, entre otros Michael Hoffman (1989), tomando en cuenta las dinámicas de especialización del trabajo que se observan en Hieracómpolis a partir del IV milenio a.C., han enfatizado cierto perfil más económico del liderazgo, más ligado a la administración de cierta producción de excedentes para el intercambio o la acumulación. Esto no se puede descartar completamente. Pero lo cierto es que, en todo caso, la iconografía de la época no rescata este tipo de atribuciones. Así como la iconografía destaca sistemáticamente las prácticas de caza por sobre la agricultura y la ganadería, a pesar del papel cada vez más decisivo de estas últimas en la producción, cuando representa figuras más destacadas que otras, enfatiza estos rasgos más ligados al ritual y la violencia, y no otros que, si bien podrían haber estado presentes, no son retenidos. Hay allí una selección iconográfica de rasgos del liderazgo que me parece que es significativa.

¿Qué pasa con estas mismas cuestiones cuando pasamos a tiempos estatales? Si uno considera nuevamente el ámbito funerario, la tradición egiptológica nos impele a observar las tumbas que van teniendo mayor envergadura, desde la tumba U-j de Abidos, a comienzos de la fase Nagada III (*c.* 3200 a.C.), pasando por las mastabas de los reyes y la élite de la Dinastía I, en el inicio del III milenio a.C., hasta las grandes tumbas del Reino Antiguo, tanto las gigantescas pirámides reales como las grandes mastabas de la alta élite, tanto en Menfis como en las provincias, profusas en representaciones iconográficas y textos, sobre todo lo cual se conoce muchísimo (cf. *e.g.* Reisner: 1936; Snape: 2011, 7-85). Me gustaría considerar, en cambio, otro tipo de tumbas, mucho menos tratadas, aunque la información se encuentre igualmente disponible. Se trata de tumbas contemporáneas de todos esos grandes sepulcros de la élite, pero muy reducidas en tamaño y espectacularidad. Por ejemplo, las tumbas exploradas por Guy Brunton (1927) en la zona de Qau-Badari, al norte del Alto Egipto, en las que el ajuar funerario, aunque presente, es bastante módico, limitándose en general a algunos cuencos, y en ciertos casos a algún tipo de collares y amuletos; mucho más ocasionalmente puede aparecer algún objeto asociable al entorno estatal, como un vaso con inscripciones jeroglíficas, lo que tal vez significa que esos individuos podían tener cierto acceso a las élites, probablemente indirecto, quizás a través de vínculos de patronazgo. Pero, en general, la imagen que transmiten los ajuares de estas tumbas no es muy diferente de la que producen los sepulcros de la época preestatal. Es cierto que, para el Reino Antiguo, existe un mayor nivel de variedad de formas en el conjunto de tumbas menos ricas en términos de ajuar o tamaño: si se consideran diversos cementerios de la población general de la época (por ejemplo, en Giza, en Gurob, en Naga ed-Der), se aprecian desde pequeñas tumbas ovales muy similares a las conocidas casi 2.000 años antes hasta tumbas de pozo y pequeñas mastabas relacionadas entre sí y formando pequeños grupos, posiblemente de parentesco (Grajetzki: 2003, 24-26). Pero en todo caso, no puede haber contraste mayor que el que se establece entre este tipo de tumbas, que probablemente correspondían a la población aldeana, y las de la élite estatal.

Tenemos entonces que, más allá del impacto que producen las grandes tumbas de la realeza y de la alta élite, hay toda una población mayoritaria cuyos sepulcros ofrecen una imagen muy distinta y mucho más comparable a la de tiempos preestatales. Más allá de que las pequeñas mastabas recién indicadas, o algunos objetos de esos módicos ajuares (por ejemplo, el vaso con inscripciones) nos dan algún margen para sospechar la existencia de élites en el medio aldeano, es cierto que este tipo de tumbas no arroja información explícita acerca de formas de liderazgo. Sin embargo, la información textual acude aquí al relevo. Los textos del Reino Antiguo contienen varias menciones de un cargo muy significativo: el de *ḥqȝ nwt*, jefe de aldea (Moreno García: 1999, 232). La primera referencia conocida de un *ḥqȝ* es de tiempos de la Dinastía III: se trata de un fragmento de una jarra procedente de Elefantina, en la que se menciona el jefe de una aldea llamada Itiutau (Kahl *et al.*: 1995, 170-171; Moreno García: 2004, 89). El *ḥqȝ* aparece en relación con una cantidad de bienes, que probablemente, de acuerdo con lo que se interpreta, estaría tributando a esferas superiores del Estado. De hecho, poco tiempo después, los papiros de Gebelein (Dinastía IV) también hacen referencia a ḥq3w nwwt, que son jefes de aldea encargados de proveer paños a la administración estatal, en lo que también parece ser una secuencia tributaria intermediada por tales jefes (Posener-Krieger: 1975, 219; Moreno García: 2004, 89).

En otros textos, especialmente en los Decretos de Coptos (Dinastía VI), aparece una serie de referencias a estos mismos jefes. En el Decreto de Coptos G, el rey comanda a un funcionario: jr.k wpt 3ḥt pr-šnꜥ pn ḥnꜥ ḥrj-tp ḥq3w nwwt ḏ3ḏ3t nt 3ḥt, "harás la división del campo de la per-shena con el encargado, los jefes de aldea y el consejo del campo" (Sethe: 1933, 294: 15-16; Strudwick: 2005, 121). Y en el Decreto de Coptos M también se hace referencia a que jrj ḥ3ty-ꜥ sḏ3wtj-bjtj smr wꜥtj jmj-r ḥm-nṯr ḥrj-tp ḥq3w nwwt ntjw jm ḥr ḥr.f, "los gobernadores, tesoreros del rey del Bajo Egipto, amigos únicos, intendentes de sacerdotes, encargados, jefes de aldeas que están allí harán bajo su autoridad" (Sethe: 1933, 301: 1-2; Strudwick: 2005, 114). Lo que interesa destacar en este punto es la mención de estos personajes ligados al liderazgo aldeano en un contexto referido a una división de campos que comanda el rey o al final de una secuencia jerárquica de funcionarios ligados a la administración estatal, lo que implica a la vez la participación y la fuerte subordinación de los ḥq3w nwwt en las tareas determinadas por el dispositivo estatal.

La iconografía del III milenio a.C., por su parte, también representa a los ḥq3w nwwt. En una escena de la mastaba de Ti en Saqqara (Steindorff: 1913, lám. 129; Kanawati: 1987, 114; cf. Fig. 2.a) aparecen tres personajes, claramente identificados como ḥq3w nwwt, compareciendo ante las autoridades para un recuento tributario, postrados frente a los escribas que toman nota. Este tipo de escenas se reitera en otras tumbas de nobles del Reino Antiguo (por ejemplo, la de Mereruka en Saqqara [Duell: 1936, láms. 36-38] o la de la reina Meresankh en Giza [Dunham y Simpson: 1974, 18, fig. 9]; cf. Fig. 2.b), en escenas en las que los ḥq3w aparecen postrados o atados, rindiendo cuentas ante los funcionarios, que los fuerzan a doblar la espalda o portan varas para golpearlos. Una maqueta algo más tardía, del Reino Medio, hallada en la tumba de Meket-Ra, describe una escena similar, en la que un personaje es golpeado por la espalda cuando comparece frente al dignatario, mientras se hace el recuento de ganado (Winlock: 1955, 84-86, figs. 13-15). De manera que la imagen que la élite parece trazarse respecto de estos líderes es la de personajes representativos y pasibles de ser fuertemente sometidos.

Sin embargo, hay alguna otra línea de evidencias que permite sospechar que estos *ḥq3w* no solamente serían pasibles de sufrir ese tipo de sometimientos, sino que quizás podrían tener alguna autonomía, un poco más amplia de la que esas escenas sugieren. Por un lado, existe un tipo de pequeñas estatuas, como la de Ankhudjes (Fitzwilliam Museum E.35.1907), en las que el personaje representado se identifica explícitamente como *ḥq3* (Moreno García: 2001). Esto parece implicar que tales individuos podrían tener cierto acceso tanto al bien de prestigio que esos objetos significaban como a la posibilidad de ser representado en una estatua, por lo que podría inferirse que no estaban en el más bajo estrato de la población campesina. Y por otro lado, algunos textos de principios del Primer Período Intermedio aportan información compatible con lo que sugieren estas pequeñas estatuas. Una inscripción en la estela de Hasi (CGC 1649) menciona a un personaje que dice de sí mismo: *jnk mrjj n nb.f ḥzjj n ḥq3w.f*: "Yo fui uno amado de su señor, alabado de sus jefes" (Sethe: 1933, 152: 2-3; Moreno García: 2001, 149). De este modo, Hasi enfatizaba que fue alguien que gozaba de la estima de su señor, es decir, de quien estaba por encima de él, pero también de los *ḥq3w* sobre los cuales el propio Hasi tendría preponderancia. Así, los *ḥq3w* aparecerían como personajes subordinados pero lo suficientemente ponderables como para ser mencionados por el aprecio que tenían acerca de su superior. Esto nos remite a una distinción social que se hace visible en el Primer Período Intermedio, entre el grande (*wr / ꜥ3*) y el pequeño (*nḏs*), en donde el grande es, en términos de Juan Carlos Moreno García, un "magnate" rural, y el pequeño no implica un campesino de base sino alguien que está, en la escala social, por debajo del grande (Moreno García: 2004, 91-95; 2013, 139-140). En el texto de la Estela de El Cairo CGC 20503 se dice: *jr.n(.j) mrrt ꜥ3w ḥzzt nḏsw*: "yo hice lo que amaban los grandes, lo que alababan los pequeños" (Sethe: 1933, I, 151: 11; Moreno García: 2004, 92), lo que refleja la misma estructura del texto de la estela de Hasi, incluso utilizando los mismos verbos, de modo que la relación señor (*nb*) / jefe (*ḥq3*) parece reflejar la de grande / pequeño, por lo que podría pensarse que esos *ḥq3w* se enmarcasen en lo que se conocería luego como *nḏsw*.

Si hacemos ahora un nuevo balance de lo inferible acerca de liderazgo local durante el III milenio a.C., lo que puede verse es que, por un lado, las prácticas funerarias ligadas al ámbito aldeano registran una continuidad, e incluso yo diría cierto empobrecimiento, respecto de épocas preestatales, si se comparan los ajuares de las élites a comienzos del IV milenio a.C. y lo que puede apreciarse a lo largo del milenio subsiguiente. En las representaciones iconográficas y en los textos, los líderes locales aparecen como responsables por colectivos mayores, como representantes del ámbito aldeano, subordinados claramente al dispositivo estatal, pero también, de acuerdo con lo que veíamos respecto de las pequeñas estatuas y los textos de las estelas, ligados a cierto prestigio local o cierta preponderancia que les permite acceder a ciertos bienes de prestigio o ser reconocidos por quienes se hallaban en un nivel sociopolítico superior.

Ahora bien, ¿qué sucede en tiempos estatales con el sesgo ritual y guerrero que parece poseer el liderazgo preestatal? En los testimonios disponibles para el III milenio a.C., tal sesgo desaparece por completo. ¿Se trata de un efecto de la crónica escasez de evidencia? Nunca es posible descartar esa posibilidad. Sin embargo, hay razones para sospechar que esa desaparición no es accidental. Por un lado, respecto del ámbito ritual, la característica dominante desde que existe el Estado es que lo fundamental del ritual pasa por la figura del rey, es decir, que queda en la esfera del propio Estado. Tanto la iconografía –por ejemplo, los paneles del rey Djeser en el contexto de la pirámide de Saqqara (Firth y Quibell: 1935, II, láms. 15-16, 42), o la estela del rey Qahedjet de la Dinastía III (Ziegler: 1990, 56)- como los textos –fundamentalmente los Textos de las Pirámides (Sethe: 1908-10; Allen: 2005)- afirman categóricamente que el rey, en su condición de rey-dios, es quien hace los rituales de salvaguarda cósmica, quien interactúa directamente con las divinidades. No quita esto que no haya habido lo que Barry Kemp (2006, 141-142; Bussmann: 2011) referiría como tradiciones locales, que podrían haber existido al margen del plano propiamente estatal. Por ejemplo, existe para la época una diversidad de pequeños objetos votivos –en Abidos, en Hieracómpolis, en Elefantina– que tienen un aire de familia con lo egipcio, pero que son bastante distintos a lo que produce la tradición canónica estatal, y que probablemente refieran a algún tipo de religiosidades más locales, expresadas de distintas maneras, y sin una intervención demasiado constrictiva por parte del Estado. Sin embargo, ese tipo de objetos, que posiblemente guardan alguna relación con rituales propiciatorios celebrados en diversos contextos locales, no manifiesta asociación alguna con figuras de liderazgo de base. En tiempos estatales, la relación por excelencia entre liderazgo y ritual se condensa exclusivamente en la figura del "rey ritualista" (Cervelló Autuori: 2009).

En cuanto a la violencia, sucede algo similar: se transforma en un atributo que el Estado claramente retiene de modo exclusivo. De hecho, un testimonio como la Paleta de Narmer (Quibell: 1900, lám. 29) refleja al mismo tiempo ese sesgo ritual y violento concentrado en la figura del rey. En efecto, la masacre del enemigo es fundamentalmente un ritual de garantía cósmica, pero se ejerce sobre los vecinos de Egipto que el Estado visualiza, desde comienzos de la Dinastía I, como enemigos: los libios (por ejemplo, en el cilindro de Narmer; cf. Quibell: 1900, lám. 15), los nubios (en una etiqueta de Aha; cf. Petrie: 1901, láms. 3, 11) y los asiáticos (en una etiqueta de Den; cf. Amélineau: 1899, lám. 33). Y además de la violencia que el Estado ejerce hacia afuera, el Estado monopoliza también la violencia que se ejerce hacia adentro. Por ejemplo, en la iconografía de un vaso del rey Khasekhem (Dinastía II), la diosa Nehkbet se posa sobre un anillo con la palabra *bš*, "rebelde", frente al *serekh* del rey, una imagen que probablemente celebra la supresión de algún foco de rebelión interna (Quibell: 1900, lám. 36). En diversos documentos del III milenio a.C., aparecen referencias a los *rḫyt*, un tipo de avefrías que simbolizan a la población subordinada, que son presentados pendiendo ahorcados (registro superior de la cabeza de maza de Escorpión; cf. Quibell: 1900, lám. 35), o por debajo de los pies del rey (pedestal de Djeser; cf. Firth y Quibell: 1935, II, lám. 58), o con un cuchillo a la altura del cuello sugiriendo una acción de decapitación (Piedra de Palermo; cf. Wilkinson: 2000b, 97-98), lo que parece afirmar la percepción de la propia población egipcia como objeto de la violencia estatal. Por lo tanto, el Estado monopoliza la violencia para ejercerla tanto afuera como adentro de Egipto, y ese monopolio implica que los atributos de violencia que caracterizaban al liderazgo local debían ser necesariamente confiscados (cf. Campagno: 2013).

Para concluir este análisis, me gustaría retornar a la observación inicial a propósito del evolucionismo y de los obstáculos que tal doctrina impone para el pensamiento del liderazgo local en las sociedades antiguas. En efecto, para la mirada evolucionista, cuando se observa la escena del vaso de la tumba U-239 de Abidos, se ve ya el camino que conduce directamente hasta la Paleta de Narmer, el camino que va de los jefes a los reyes. No se trata de negar los elementos en común sino, en todo caso, de advertir que, para seguir con la imagen vial, hubo algún camino que condujo a Narmer, mientras que la mayor parte de ellos condujo a los *ḥq3w nwwt* del Reino Antiguo. Yo diría que la mirada que conduce exclusivamente del líder de la tumba U-239 a Narmer es, precisamente, la ilusión evolucionista (cf. Fig. 3), a la que llamaría *vía de la arquitectura funeraria*: si se ponen en secuencia las tumbas que van del período Badariense a Nagada I, II y III, y luego de la Dinastía I hasta la IV, la ilusión nos hace ver sólo progresión y crecimiento, lo cual parece confirmar lo que el evolucionismo propone respecto de un desarrollo siempre en ascenso.

Mientras ésta es claramente la vía preferida por el evolucionismo, yo quisiera proponer aquí la *vía cerámica*: si se consideran ciertos cuencos de épocas tempranas del Predinástico, de alta calidad en cuanto a su elaboración y propuesta iconográfica, vemos que para Nagada III dan paso a un tipo de cuencos bastante más sencillos, y para el Reino Antiguo desembocan, en cuanto a la producción cerámica dominante, en un tipo de cuencos decididamente toscos. En este contexto, puede apreciarse algo que Norman Yoffee (2005, 92) ha denominado "evolución de la simplicidad". Esto es, que la emergencia de lo estatal no solamente tiende a generar mayor expansión cuantitativa, como se observa en el tamaño de las tumbas de las élites, sino también a simplificar, a reducir la variabilidad. En cierto modo, es algo similar a esa "evolución de la simplicidad" que se puede advertir en la producción cerámica lo que puede verse respecto del liderazgo local una vez que se constituye el mundo estatal. La expresión del liderazgo de base pudo permanecer en figuras como las de los *ḥqꜣw nwwt*. Sin embargo, esos jefes de aldea quedarían despojados de los aspectos rituales y guerreros, capturados ahora por el dispositivo estatal. Esos jefes locales y ese despojo dicen tanto y quizás más sobre el mundo que advendría que toda la parafernalia en torno de la figura excluyente del poderoso rey-dios.

Bibliografía

Allen, J.P. (2005). *The ancient Egyptian Pyramid texts*, Atlanta.

Amélineau, E. (1899). *Les nouvelles fouilles d'Abydos 1895-1896*, Paris.

Baines, J. (1995). "Origins of Egyptian kingship", en D. O'Connor y D.P. Silverman (eds.), *Ancient Egyptian kingship*, Leiden, 95-156.

Bárta, M. y Frouz, M. (2010). *Swimmers in the sand. On the Neolithic origins of ancient Egyptian mythology and symbolism*, Praha.

Brunton, G. (1927). *Qau and Badari*, London.

Bussmann, R. (2011). "Local traditions in early Egyptian temples", en R.F. Friedman y P.N. Fiske (eds.), *Egypt at its origins, 3. Proceedings of the Third International Confe-*

rence: "Origin of the State. Predynastic and early Dynastic Egypt", London, 27th July-1st August 2008, Leuven, 747-762.

Campagno, M. (2002). *De los jefes-parientes a los reyes-dioses. Surgimiento y consolidación del Estado en el antiguo Egipto*, Barcelona.

Campagno, M. (2013). "Coercion, creation, intervention: three capacities of the early Egyptian state", en E. Frood y A. McDonald (eds.), *Decorum and experience. Essays in ancient culture for John Baines*, Oxford, 214-219.

Cervelló Autuori, J. (2009). "El rey ritualista. Reflexiones sobre la iconografía del festival de Sed egipcio desde el Predinástico tardío hasta fines del Reino Antiguo", en M. Campagno, J. Gallego y C.G. García Mac Gaw (eds.), *Política y religión en el Mediterráneo Antiguo*, Buenos Aires, 61-102.

Debono, F. y Mortensen, B. (1990). *El Omari. A Neolithic settlement and other sites in the vicinity of Wadi Hof, Helwan*, Mainz.

Dreyer, G., Hartung, U., Hikade, T., Köhler, E.C., Müller, V. y Pumpenpeier, F. (1998). "Umm el-Qaab. Nachuntersuchungen im frühzeitlichen Königsfriedhof. 9./10. Vorbericht", *Mitteilungen des Deutschen Archäologischen Instituts abteilung Kairo* 54, 77-167.

Duell, P. (1936). *The Mastaba of Mereruka, part I*, Chicago.

Dunham, D. y Simpson, W.K. (1974). *The Mastaba of Queen Mersyankh III*, Boston.

Firth, C.M. y Quibell, J.E. (1935). *Excavations at Saqqara. The Step Pyramid*, Cairo, 2 vols.

Friedman, R.F. (2008). "The cemeteries of Hierakonpolis", *Archéo-Nil* 18, 8-29.

Grajetzki, W. (2003). *Burial customs in ancient Egypt. Life in death for rich and poor*, London.

Hendrickx, S. (1998). "Peaux d'animaux comme symboles prédynastiques", *Chronique d'Egypte* 73, 203-230.

Hoffman, M.A. (1982). "General summary and conclusions. Issues in Predynastic culture history", en Id., (ed.), *The Predynastic of Hierakonpolis*, Cairo, 139-148.

Hoffman, M.A. (1989). "Packaged funerals and the rise of Egypt", *Archaeology* 42, 48-51.

Huard, P. y Leclant, J. (1980). *La culture des chasseurs du Nil et du Sahara*, Alger.

Kahl, J., Kloth, N. y Zimmermann, U. (1995). *Die Inschriften der 3. Dynastie. Eine Bestandsaufnahme*, Wiesbaden.

Kanawati, N. (1987). *The tomb and its significance in ancient Egypt*, Guizeh.

Kemp, B.J. (2006). *Ancient Egypt. Anatomy of a civilization*, 2^a ed. London.

Midant-Reynes, B. (1992). *Préhistoire de l'Égypte. Des premiers hommes aux premiers Pharaons*, Paris.

Moreno García, J.C. (1999). *Ḥwt et le milieu rural égyptien du IIIe millénaire. Economie, administration et organisation territoriale*, Paris.

Moreno García, J.C. (2001). "Ḥqȝw, «jefes, gobernadores» y élites rurales en el III milenio antes de Cristo. Reflexiones acerca de algunas estatuas del Imperio Antiguo", en J. Cervelló Autuori y A.J. Quevedo Álvarez (eds.), ... *Ir a buscar leña. Estudios dedicados al Prof. Jesús López*, Barcelona, 141-154.

Moreno García, J.C. (2004). *Egipto en el Imperio antiguo (2650-2150 antes de Cristo)*, Barcelona.

Moreno García, J.C. (2013). "The territorial administration of the kingdom in the 3rd Millennium", en Id. (ed.), *Ancient Egyptian administration*, Leiden-Boston, 85-151.

Petrie, W.M.F. (1901). *The royal tombs of the earliest dynasties, part II*, London.

Posener-Krieger, P. (1975). "Les papyrus de Gébélein. Remarques préliminaires", *Revue d'Egyptologie* 27, 211-221.

Quibell, J.E. (1900). *Hierakonpolis I*, London.

Redford, S. y Redford, D.B. (1989). "Graffiti and petroglyphs old and new from the eastern desert". *Journal of the American Research Center in Egypt* 26, 3-49.

Reisner, G.A. (1936). *The development of the Egyptian tomb down to the accession of Cheops*, Cambridge.

Sethe, K. (1908-10). *Die altaegyptischen Pyramidentexte*, Leipzig, 2 vols.

Sethe, K. (1933). *Urkunden des Alten Reichs*, Leipzig, vol. I.

Snape, S. (2011). *Ancient Egyptian tombs. The culture of life and death*, Malden.

Steindorff, G. (1913). *Das Grab des Ti*, Leipzig.

Strudwick, N. (2005). *Texts from the Pyramid age*, Atlanta.

Vandier, J. (1952). *Manuel d'archéologie égyptienne. I: Les époques de formation*, Paris.

Wainright, G.A. (1923). "The red crown in early Prehistoric times", *Journal of Egyptian Archaeology* 9, 26-33.

Wilkinson, T.A.H. (1996). *State formation in Egypt. Chronology and society*, Oxford.

Wilkinson, T.A.H. (2000a). "Rock drawings of the eastern desert. Survey expedition december 1999", en D. Rohl (ed.), *The followers of Horus. Eastern desert survey report*, Abingdon, vol. I, 158-165.

Wilkinson, T.A.H. (2000b). *Royal annals of ancient Egypt. The Palermo stone and its associated rragments*, London-New York.

Winkler, H. (1938). *Rock-drawings of southern upper Egypt*, London, vol. I.

Winlock, H.E. (1955). *Models of daily life in ancient Egypt*, Cambridge, Mass.

Yoffee, N. (2005). *Myths of the archaic State. Evolution of the earliest cities, States, and civilizations*, Cambridge.

Ziegler, C. (1990). *Musée du Louvre. Catalogue des stèles, peintures et reliefs égyptiens de l'ancien empire et de la première période intermédiaire*, Paris.

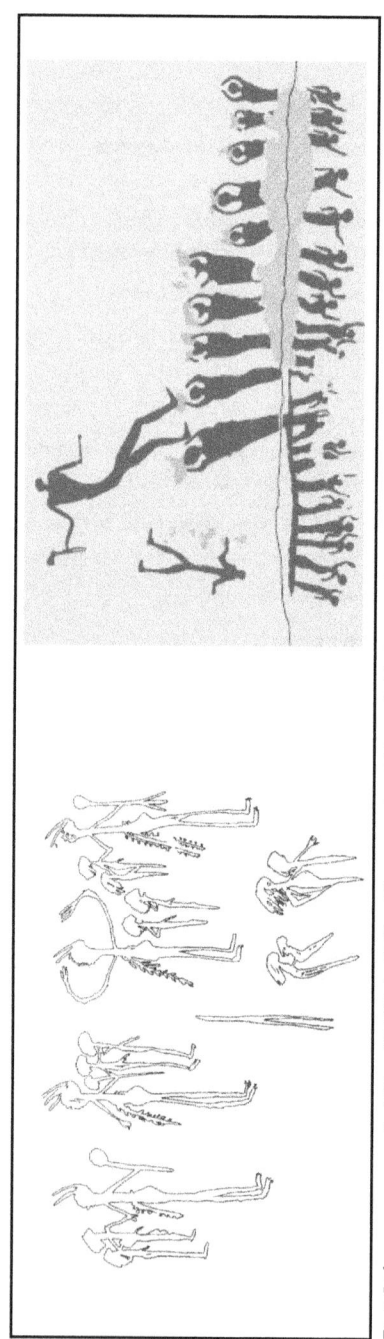

Fig.1 Liderazgo pre-estatal. a) Vaso U-239 de Abidos (Dreyer et al.: 1998, 114); b) Caverna de las Bestias (Gilf Kebir) (Bárta y Frouz: 2010, 40)

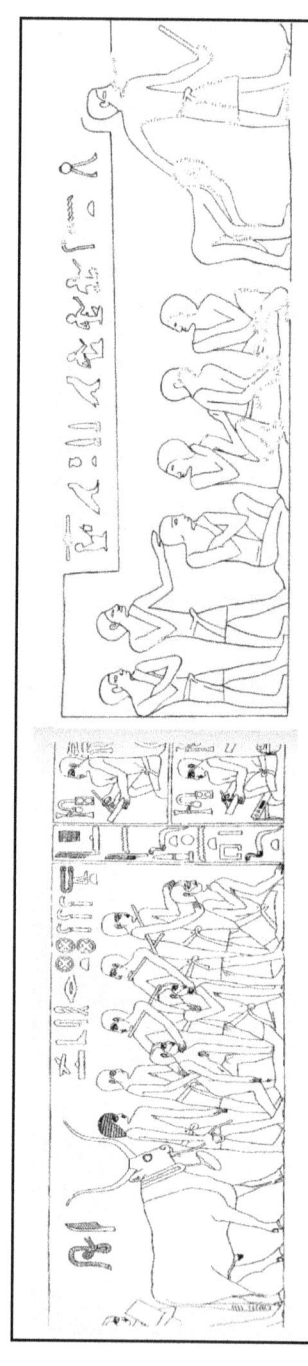

Fig. 2: Liderazgo local estatal: los ḥqȝw nwwt. a) Mastaba de Ti (Kanawati: 1987, 114); b) Mastaba de Meresankh (Dunham y Simpson: 1974, Fig. 9)

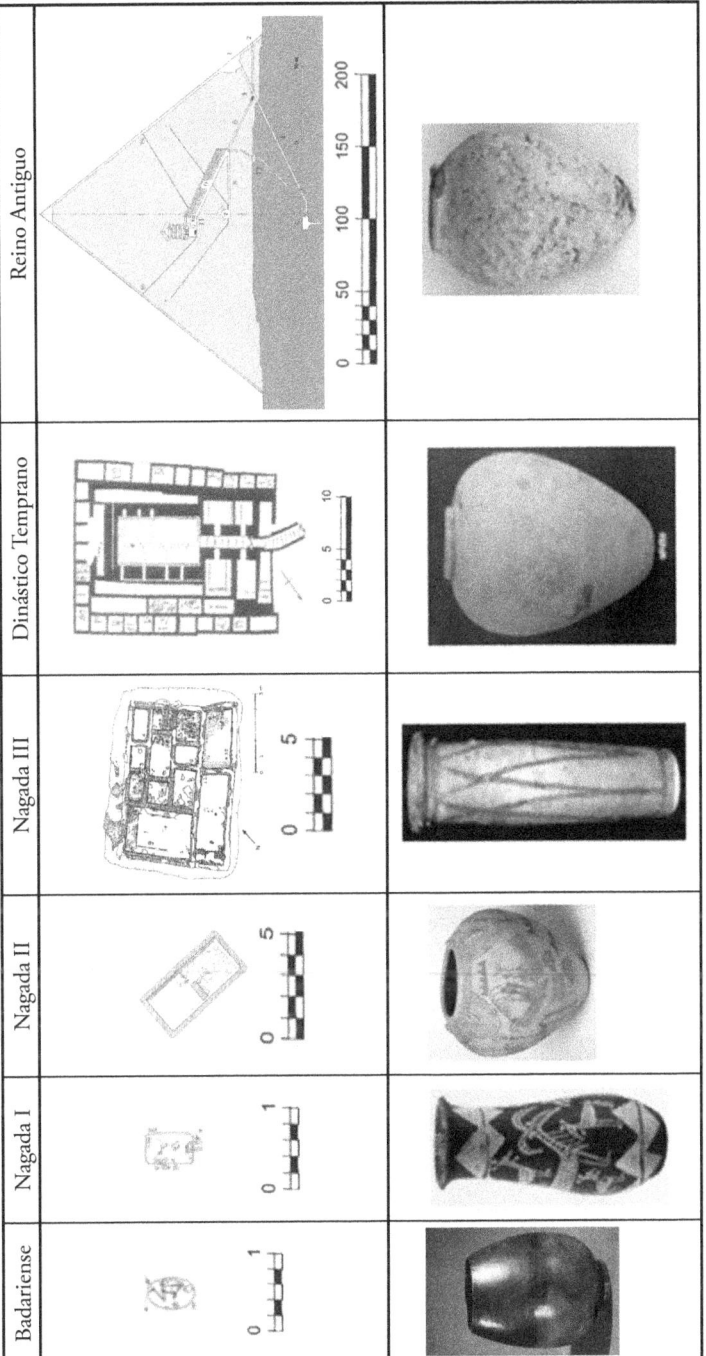

Fig. 3. La ilusión evolucionista: la vía funeraria y la vía cerámica (imágenes en escalas diversas).

GUERRA, TERRITORIO Y CAMBIO SOCIAL EN EL VALLE DEL NILO PREESTATAL

Augusto Gayubas
(CONICET / UNIVERSIDAD DE BUENOS AIRES)

En 1970, el antropólogo Robert L. Carneiro publicó un famoso artículo en el cual sintetizaba sus ideas acerca del proceso que habría dado origen históricamente a las sociedades de jefatura y al Estado en contextos primarios. El argumento central –para el cual proponía una lectura comparativa de diversas situaciones histórico-sociales, incluyendo entre ellas el valle del Nilo del período Predinástico– apuntaba a considerar la presión poblacional como un factor que, en escenarios de circunscripción ambiental, habría motivado conflictos militares entre aldeas y subsecuentes conquistas territoriales que, a su vez y dada la constricción geográfica –los vencidos no tendrían a dónde escapar o desplazarse–, habrían derivado, sucesivamente, en la emergencia de sociedades de jefatura y en la aparición de lazos de dominación estatal (Carneiro: 1970).

A lo largo de las décadas, Carneiro realizó ajustes de uno u otro tipo a su teoría, llegando a publicar en 2012 una reformulación en la cual señaló la necesidad de no considerar la circunscripción como el punto de *inicio* de todo proceso de cambio social –pues, como han apuntado no pocos autores, existen testimonios de la aparición de jefaturas y Estados en contextos carentes de este tipo de constreñimiento geográfico–, sino como un factor que, en determinadas circunstancias, pudo haber *acelerado* un proceso en marcha, entendiendo dicho proceso como una necesidad histórica que tendría lugar toda vez que se verificara un espacio de concentración de recursos (Carneiro: 2012). De cualquier manera, a la hora de considerar la emergencia de jerarquías sociopolíticas en el valle del Nilo, Carneiro optó por mantener intacto el argumento en torno a la existencia y a la centralidad explicativa de la circunscripción ambiental.

En lo que respecta a la emergencia de sociedades de jefatura en el valle del Nilo –prescindiremos en el presente trabajo de una discusión sobre el origen del Estado, que también forma parte de las reflexiones de Carneiro pero excede nuestro propósito–, el antropólogo publicó en 1989 un artículo en colaboración con la arqueóloga Kathryn A. Bard en el cual se propuso poner a prueba su enfoque teórico[1]. Allí postuló que la existencia de evidencia de guerra en el contexto de aparición de testimonios de diferenciación social en los cementerios del Alto Egipto hacia comienzos del período Predinástico, sería indicio de que el proceso de "complejización social" habría estado asociado a una dinámica de conflicto entre las aldeas agrícolas asentadas en el valle. A la vez, esta dinámica de conflicto fue interpretada en clave de lucha por recursos escasos –en concreto, por la conquista de tierras– en un escenario de presunta presión poblacional cuyos efectos –emergencia de jefaturas y, posteriormente, Estado– habrían estado condicionados por el carácter circunscrito del valle. Según sintetizan los autores,

> "a medida que fueron teniendo lugar sucesivas conquistas y amalgamaciones, el tamaño de las unidades políticas en el valle del Nilo necesariamente aumentó. Las aldeas autónomas pronto dieron paso a *jefaturas*, que eran agregados unificados de aldeas previamente independientes, bajo el control de un líder político supremo" (Bard y Carneiro: 1989, 17)[2].

Si bien –como señalaremos más adelante– el hincapié puesto en la conquista territorial sería reemplazado, en las reflexiones teóricas más recientes de Carneiro, por el encumbramiento de un líder capaz de movilizar seguidores y coordinar alianzas con un objetivo militar, lo cierto es que la ecuación que vincula la circunscripción ambiental con la jerarquización sociopolítica en el valle del Nilo se mantiene prácticamente intacta.

En los párrafos que siguen, procuraremos evaluar el abordaje teórico de Carneiro en su relación con el estudio de la emergencia de sociedades de jefatura en el valle del Nilo, atendiendo para ello a cuatro preguntas que podemos formular del siguiente modo: 1) ¿contamos con testimonios de guerra correspondientes al período que atañe a la emergencia de jerarquías sociopolíticas?; 2) ¿contamos con testimonios que permitan

---

1 Sobre el problema del surgimiento del Estado, véase Campagno (2002; 2011).
2 Debemos destacar que Bard (1992) concluiría por abandonar el enfoque teórico centrado en la hipótesis de la circunscripción.

postular una relación entre el proceso de jerarquización preestatal y la guerra?; 3) ¿existen indicios que permitan sostener el carácter circunscrito del valle del Nilo y alguna forma de presión poblacional en el período estudiado?; y 4) ¿puede el cambio de énfasis del autor, de la idea de sucesivas conquistas territoriales hacia la figura de un líder asociado a la coordinación de alianzas, ofrecer algún punto de reflexión en relación con lo testimoniado en el valle del Nilo?

Estas preguntas gravitan, a grandes rasgos, en torno a dos períodos: el período Neolítico (*c.* 5500-3900 a.C.), en el cual se infiere la adopción de pautas ganaderas e incipientemente agrícolas en el valle del Nilo, y la fase Nagada I (*c.* 3900-3600 a.C.) correspondiente a comienzos del período Predinástico, en la cual, sumado a un creciente proceso de sedentarización, se testimonia cierta diferenciación social en el Alto Egipto –tumbas diferenciadas por sus dimensiones y ajuares, insignias y representaciones de liderazgo– que no parece responder a una sociedad estatal –es decir, basada en el monopolio legítimo de la coerción– sino a una sociedad de jefatura –caracterizada por la existencia de una élite y de alguna forma de liderazgo institucionalizado sostenido en mecanismos no coercitivos y regulado por la lógica del parentesco–[3].

Guerra

La primera pregunta que merece ser considerada es si existen indicios de prácticas de guerra en el valle del Nilo de los períodos correspondientes a la aparición de sociedades de jefatura. Si atendemos a una serie de indicadores que suelen ser tomados en consideración por los arqueólogos que analizan este tipo de problema en diversos contextos, podemos sugerir una respuesta afirmativa (Gayubas: 2014a, 150-153). Restos de armas que pudieron haber sido empleadas en la actividad militar (hachas, lanzas y flechas de piedra y de sílex) aparecen en el registro arqueológico del valle del Nilo desde al menos fines del período Paleolítico, sumándose a ellas las mazas de piedra a partir del período Neolítico (Gilbert: 2004, 33-72). Si bien las mazas parecen haber tenido una funcionalidad estrictamente militar en estos períodos, las hachas, lanzas y flechas pudieron haber sido empleadas alternativamente en otras actividades como, por ejemplo, la cacería. De todos modos, el testimonio temprano de puntas

---

3   Véase Hendrickx, Huyge y Wendrich (2010); Campagno y Gayubas (2015). Para una caracterización de las "sociedades de jefatura", véase Campagno (2000).

de flechas o dardos incrustadas en huesos humanos hacia fines del período Paleolítico –un individuo hallado en Wadi Kubbaniya, al sur de Egipto, y un grupo de cadáveres en el cementerio 117 de Jebel Sahaba, a la altura de la segunda catarata del Nilo[4]–, así como el registro del empleo de este tipo de armas por los contingentes militares de la época dinástica[5], colaboran con una lectura en clave bélica.

Precisamente, los restos humanos con lesiones o puntas de proyectiles incrustadas en huesos son otro de los indicadores privilegiados para el registro de este tipo de práctica social en un contexto arqueológico. En el valle del Nilo, además de los referidos correspondientes a fines del período Paleolítico, se testimonian durante el Neolítico y el Predinástico lesiones en cráneos y en antebrazos que parecen haber sido provocadas por el impacto de armas (Gilbert: 2004, 73-80).

Un tercer indicador lo conforman los patrones defensivos de asentamiento y fortificaciones, respecto de los cuales se ha sugerido que ciertas áreas de residencia del período Neolítico pudieron haber sido establecidas en terreno ligeramente elevado a lo largo del borde del desierto con el objetivo de aprovechar las características defensivas del terreno (Gilbert: 2004, 100-101). Por otro lado, hacia Nagada I se ha datado un modelo realizado en arcilla de una muralla con dos personajes situados detrás como si fueran centinelas, que sugiere la representación de un muro defensivo; los restos de un muro de dos metros de espesor hallados en Nagada y datados hacia Nagada II también han llevado a algunos autores a reconocer allí lo que pudo ser una construcción con finalidad defensiva, en un contexto ligeramente posterior que coincide con la aparición de los primeros indicios de estatalidad en el Alto Egipto (Gilbert: 2004, 102-103).

Finalmente, las representaciones iconográficas son otro indicador que arroja información sobre la práctica de la guerra. En el valle del Nilo, determinados motivos pintados sobre vasos cerámicos de fines de Nagada I presentan a personajes destacados por su tamaño y su atuendo, sosteniendo con lazos o disponiéndose a golpear con algún tipo de arma a otros personajes de menor tamaño que parecen representar a prisioneros, lo cual aparenta evocar una situación de sometimiento de

---

4   Véase Wendorf (1968); Wendorf y Schild (1986).
5   Véase Shaw (1991, 31); Campagno (2002, 164; 2004, 689, n. 1).

enemigos vencidos militarmente[6]. En suma, si se atienden las distintas líneas de evidencia en su conjunto, consideramos que efectivamente existen razones para sugerir que la guerra no estaba ausente en el valle del Nilo en los períodos en que aparecen las sociedades de jefatura, lo cual colabora con el escenario de conflicto propuesto por Carneiro.

Guerra y jerarquización

La mención a las representaciones iconográficas nos conduce a la segunda pregunta formulada párrafos más arriba. ¿Existen indicios de algún tipo de relación entre la guerra y la jerarquización sociopolítica en el contexto de la aparición de sociedades de jefatura en el valle? Los motivos en vasos cerámicos de fines de la fase Nagada I, que remiten a un probable contexto militar, destacan la figura de un personaje representado en mayor tamaño, con un tocado en la cabeza y cola postiza, que es quien ejerce la violencia sobre los personajes de menor tamaño. La escena del personaje sosteniendo un arma –probablemente una maza– recuerda el motivo faraónico del rey sometiendo a enemigos vencidos, y la representación de personajes sostenidos con lazos tiene también expresiones más tardías en relación con el atributo victorioso del rey (Köhler: 2002). El tipo de escena representada, el tamaño del personaje central, el atuendo y el empleo de lo que parece ser una maza –que en algún momento del período Predinástico adquiriría un valor simbólico como indicador de prestigio o autoridad–, parecen apuntar a una figura de prestigio, acaso un líder o un jefe, asociado –siquiera simbólicamente– con la actividad militar (Hendrickx, Huyge y Wendrich: 2010, 27). Algunas escenas que vinculan a este tipo de personajes con el universo de la cacería también parecen apuntar en esta dirección, en la medida en que la figura del cazador tiende a destacar los aspectos vitales –fuerza, destreza, coordinación– que son típicos de la actividad de un líder guerrero. Esto último halla su expresión más elocuente en la escena de la cacería del hipopótamo que aparece representada en uno de los vasos previamente mencionados (U-415/1) debajo del motivo del sometimiento del enemigo, lo cual parece anticipar su carácter como un "importante elemento de simbolismo real que refiere a la destrucción de

---

6   Se trata de dos vasos hallados, respectivamente, en las tumbas U-239 (Dreyer *et al.*: 1998, 84, 111-115) y U-415 (Dreyer *et al.*: 2003, 80) del cementerio U de Abidos, y los vasos E3002 de Bruselas (Scharff: 1928, 268-269) y UC15339 del Petrie Museum de Londres (Petrie: 1920, pl. XVIII.74).

los enemigos y al mantenimiento del orden sobre el caos" (Hendrickx: 2011, 78).

Por lo tanto, contamos con testimonios que permiten asociar las figuras de liderazgo correspondientes al momento en que se infiere un tipo de organización social de jefatura, con el ámbito de la guerra, lo cual es solidario con la vinculación propuesta por Carneiro entre el proceso de jerarquización sociopolítica y la actividad militar.

Guerra y territorio

Como hemos señalado en la introducción de este trabajo, en su nueva aproximación teórica al problema, Carneiro subraya que, en determinados contextos carentes de presión poblacional, la concentración de recursos pudo promover por sí misma la competencia –por tierras o recursos de diversa índole– que pudo provocar, a su vez, la clase de conflictos militares que habrían de conducir a la emergencia de sociedades de jefatura. Al dificultar los movimientos de población que hubieran permitido evadir el conflicto o bien los efectos de una derrota militar, la circunscripción ambiental no habría sino *acelerado* un proceso que estaría implícito en el devenir de toda sociedad que habitara en las inmediaciones de un espacio rico en recursos. Por mucho que se podría discutir el fundamento evolucionista de este enunciado, lo cierto es que, al abordar la sociedad del valle del Nilo, el autor mantiene intacta la hipótesis de la centralidad de la circunscripción ambiental para explicar la guerra y la aparición de jefaturas. La pregunta que surge es, pues: ¿puede postularse un escenario de circunscripción ambiental y de presión poblacional en el valle del Nilo de comienzos del período Predinástico?

Esta pregunta encontró respuesta hace algunas décadas, por mucho que Carneiro no se refiera a ella en su reciente publicación[7]. En palabras de Ciro Cardoso (1990, 40), "no existen indicaciones de escasez de tierras en Egipto de fines del cuarto milenio", afirmación que puede extenderse a los períodos previos. Las estimaciones de Karl Butzer (1976, 84-85) permitieron desestimar la existencia de un escenario de presión poblacional que pudiera explicar los procesos de cambio social acaecidos a lo largo del IV milenio a.C. en el valle del Nilo. Así, de acuerdo con

---

7   La única mención de Carneiro a las reflexiones de los "egiptólogos" respecto a este problema aparece en su respuesta a los comentarios críticos incluidos al final de su artículo. No obstante, allí no refiere autores ni da una respuesta satisfactoria a los cuestionamientos formulados sobre la base de la evidencia disponible.

Barry Kemp (2006, 73), "es difícil imaginar [...] que en una tierra en la que la población era relativamente pequeña y los recursos naturales tan abundantes, la competencia por recursos por pura necesidad fuera un factor importante en la emergencia de la dominación política"[8].

Esta constatación no ha evitado que algunos egiptólogos consideraran la posibilidad de conectar la emergencia de jerarquías sociopolíticas durante el período Predinástico con alguna forma de competencia o conflicto por tierras y recursos, ya sea debida a una combinación de ambición y un sentido místico de la identidad (Kemp) o a una voluntad de poder (Anđelković), en este último caso incluso recuperando la idea de la circunscripción como condicionamiento territorial. Al respecto, conviene destacar la diferenciación propuesta por Branislav Anđelković (2004, 542-543) entre lucha por tierra —entendida como un conflicto económico entablado por un recurso escaso, no verificable en el período considerado— y lucha por territorio —es decir, un conflicto vinculado a la dimensión social y política del espacio, cuya consideración para el período que nos ocupa puede resultar de utilidad–. En relación con ello, la propuesta de Kemp (2006, 74), si bien adolece de cierto psicologismo al sugerir la existencia de una especie de ambición innata como motor de la competencia entre entidades políticas, apunta de un modo interesante la necesidad de tomar en cuenta el "sentido de derechos territoriales" –que el autor relaciona al concepto de "soberanía"– que pudo haber incidido en el establecimiento de relaciones conflictivas entre las comunidades que se habrían asentado en el valle del Nilo hacia el período analizado.

Estas observaciones son de interés si se considera la situación del valle del Nilo a partir del VI-V milenios a.C., en que la intensificación del proceso de aridización que paulatinamente fue convirtiendo a las sabanas circundantes en lo que son actualmente los desiertos oriental y occidental de Egipto, parece haber motivado el traslado de poblaciones cazadoras-recolectoras y probablemente ganaderas de las sabanas hacia el valle, las cuales habrían entrado en contacto entre sí y con las poblaciones presumiblemente cazadoras-recolectoras y pescadoras del valle[9]. El testimonio hacia este período de restos humanos con lesiones, las primeras mazas de guerra y posibles patrones defensivos de asentamiento permiten sugerir el carácter conflictivo de estos contactos (Gayubas: 2014a, 156).

---

8   Véase también Hoffman (1979, 343); Campagno (2004, 693); Gayubas (2014b, 19-21); Hendrickx (2014, 263).
9   Véase Hassan (1988, 144); Bard (1994, 24-25); Hendrickx y Huyge (2014, 243-244).

Según hemos señalado, la disponibilidad de tierras y recursos que puede inferirse para estos períodos impide que dichos conflictos sean considerados en términos de una lucha por recursos escasos en un contexto –no verificado– de circunscripción ambiental. En todo caso, la modalidad de los movimientos de población y de las relaciones entabladas por los grupos humanos debió haberse basado, no sólo en condiciones ecológicas, sino también en disposiciones culturales (Hassan: 2002, 330). En este sentido, el territorio –y aquí debe recordarse la distinción subrayada por Anđelković– debe ser considerado en lo que tiene de social, pues como observa el antropólogo Pierre Clastres (1996 [1980], 200), "la localidad del grupo local es su territorio, como reserva natural de recursos alimenticios, ciertamente, pero también y sobre todo como espacio *exclusivo* de ejercicio de los derechos comunitarios". Esta percepción de exclusividad, que implica a su vez un "movimiento de exclusión", se asienta en un principio político que podemos identificar con el sentido de autoafirmación o "soberanía" que Kemp atribuye a las comunidades predinásticas y que parece expresar el antagonismo que sería intrínseco a la identificación parental de cada comunidad (Gayubas: 2014a, 149)[10].

Lo cierto es que este escenario de movimientos de población y el posterior establecimiento de asentamientos cada vez más permanentes en el valle del Nilo, pudo dar lugar a una dinámica de alternancia de relaciones de conflicto militar y de intercambio que pudo, a su vez, haber incidido en el encumbramiento de figuras de autoridad asociadas al ámbito militar y en la conformación de alianzas de cierta estabilidad cuya coordinación pudo haber sido uno de los aspectos privilegiados del liderazgo (Gayubas: 2015). En cualquier caso, la circunscripción ambiental no aparece como uno de los factores involucrados en dicho proceso.

Guerra, territorio y cambio social

Como anticipáramos al comienzo de este trabajo, en su reformulación de la hipótesis de la circunscripción, Carneiro modificó su modo de entender la forma en que la guerra pudo haber contribuido a la emergencia de sociedades de jefatura, desplazando el énfasis de "la conquista militar sucesiva de una aldea tras otra" a "las acciones del líder militar *ad hoc* de una aldea que, actuando como la cabeza de una alianza, condujo repetida y exitosamente a un grupo de aldeas en acciones militares contra sus enemigos" (Carneiro: 2012, 17). Aunque la autoridad de un

---

10 Sobre el parentesco como lógica de articulación social dominante en las sociedades no estatales del valle del Nilo predinástico, véase Campagno (2002, 137-145).

líder guerrero y la conformación de ciertas alianzas entre aldeas habrían durado habitualmente "sólo durante el tiempo de guerra", circunstancias específicas pudieron crear las condiciones para la permanencia o institucionalización de dicha forma de liderazgo y de los vínculos o agrupamientos así establecidos (Redmond: 1994, 130). El escenario de movimientos de población hacia el valle del Nilo correspondiente a los milenios VI-V a.C. parece compatible con la idea de una intensificación e imprevisibilidad de episodios de violencia bélica que pudo incidir, en el contexto de sedentarización subsiguiente, en la conformación de redes de alianzas y obligaciones coordinadas por figuras de autoridad asociadas de un modo u otro al ámbito militar (Gayubas: 2015). De este modo, las representaciones de líderes en escenas de violencia que, según hemos señalado, permiten vincular la jerarquización sociopolítica de comienzos del período Predinástico con la guerra, constituyen un testimonio solidario con la imagen propuesta por Carneiro de jefes cuyo prestigio se habría sostenido, no sólo en el éxito militar, sino también en la coordinación de alianzas, la movilización de seguidores y la administración de recursos.

En relación con esto último, Carneiro (2012, 18) advierte, tomando en consideración testimonios etnográficos, que si

> "la persona que condujo repetida y exitosamente a aldeas aliadas en la guerra no era exactamente un jefe guerrero especialmente designado, sino que era el jefe de aldea regular, elevado en tiempo de guerra a la posición de comandante militar de una alianza de aldeas, aumentando sus poderes en consecuencia, el escenario esbozado [...] aun se mantendría".

Ello permitiría comprender que, aun allí donde ciertos liderazgos no estuvieran conectados de un modo directo con la actividad militar –pero sí con la posibilidad de su realización–, el modo de simbolizarlos recurriría a la imaginería asociada a la guerra –y, como se puede pensar en el valle del Nilo, al universo de la cacería como práctica con un fuerte simbolismo militar–. Respecto a esta cuestión, el antropólogo sostiene que, en las circunstancias señaladas, "un grupo cerrado de formidables guerreros pudo devenir «personalmente leal» al líder, de este modo contribuyendo a su encumbramiento como «jefe *permanente*»" (Carneiro: 2012, 18)[11]. Este punto es de interés, dado que permite pensar

---

11   Algo de esto parece haber sido advertido por Clastres (1996 [1980], 237) en su abordaje teórico de sociedades del registro etnográfico, al observar la existencia de sociedades con grupos especializados de guerreros que disponían de un "casi-monopolio de la capacidad militar de la sociedad, de algún modo el monopolio de la violencia organizada".

la existencia de relaciones de dependencia personal en torno a este tipo de figuras de liderazgo que, en alguna medida, pudieron sustraerse de los principios reguladores del parentesco.

Estas reflexiones habilitan la posibilidad de pensar en la constitución de lazos de fidelidad personal en el valle del Nilo predinástico a partir del escenario ya propuesto de conformación de alianzas y movilización de seguidores por parte de un líder o jefe en un contexto de actividad militar. Algo de ello se ha pensado en relación con la posibilidad de interpretar ciertas figuras de liderazgo del período Predinástico en términos de realeza sagrada y, de este modo, de los jefes como personajes cósmicamente centrales que pudieron haber dispuesto de un séquito personal que los distanciaría de las normas reguladoras del parentesco (Campagno: 2011, 60-65). Dada la relación que se verifica a lo largo de la historia del antiguo Egipto entre el ámbito de la guerra y el ámbito del cosmos, entre los aspectos militar y religioso del rey, consideramos que la aparición de un liderazgo de índole militar, o bien asociado de un modo u otro con la práctica o la simbolización de la guerra, en el valle del Nilo predinástico puede estimarse compatible con dicha formulación en lo que a la conformación de un grupo de seguidores respecta.

***

Sintetizando, hemos podido confrontar las reflexiones teóricas de Carneiro acerca de la emergencia de sociedades de jefatura y, en particular, su propuesta en relación con el valle del Nilo, con la evidencia arqueológica e iconográfica disponible. Testimonios de guerra y de formas de liderazgo asociadas a lo militar a comienzos del período Predinástico permiten aceptar la relación entre la violencia bélica y la jerarquización sociopolítica propuesta por el antropólogo. El escenario de circunscripción ambiental, sin embargo, no encuentra sustento documental. En cambio, hemos propuesto que ciertos movimientos de población en dirección al valle del Nilo hacia el período Neolítico pudieron crear un contexto de intensificación e imprevisibilidad de conflictos bélicos vinculados a un antagonismo inherente a la identificación parental de los grupos y a una percepción del territorio como espacio de ejercicio de derechos comunales. Según hemos sugerido, dicho escenario pudo incidir en el encumbramiento de líderes asociados a la actividad militar que, en el marco de un creciente proceso de sedentarización, pudieron destacar por sus habilidades para consolidar alianzas, movilizar seguidores y administrar recursos. Las formas de representar a los líderes durante la fase Nagada I, en escenas de violencia bélica y cacería –práctica con un fuerte simbolismo militar–, contribuyen a esta interpretación.

En suma, si bien la teoría de la circunscripción continúa sin resolver, a nuestro entender, el problema de la emergencia de sociedades de jefatura en el valle del Nilo, la evidencia de actividad militar disponible en los períodos considerados nos permite sugerir que la guerra –es decir, el "mecanismo" privilegiado por Carneiro en su análisis– debe ser tenida en cuenta en un abordaje de la cuestión.

Bibliografía

Anđelković, B. (2004). "The upper Egyptian commonwealth: a crucial phase of the State formation process", en Hendrickx, Friedman, Ciałowicz y Chłodnicki (eds. 2004), 535-546.

Bard, K.A. (1992). "Toward an interpretation of the role of ideology in the evolution of complex society in Egypt", *Journal of Anthropological Archaeology* 11, 1-24.

Bard, K.A. (1994). *From farmers to pharaohs. Mortuary evidence for the rise of complex society in Egypt*, Sheffield.

Bard, K.A. y Carneiro, R.L. (1989). "Patterns of Predynastic settlement location, social evolution, and the circumscription theory", *Cahiers de Recherches de l'Institut de Papirologie et d'Egyptologie de Lille* 11, 15-23.

Butzer, K.W. (1976). *Early hydraulic civilization in Egypt. A study in cultural ecology*, Chicago.

Campagno, M. (2000). "Hacia un uso no-evolucionista del concepto de «sociedades de jefatura»", *Boletín de Antropología Americana* 36, 137-147.

Campagno, M. (2002). *De los jefes-parientes a los reyes-dioses. Surgimiento y consolidación del Estado en el antiguo Egipto*, Barcelona.

Campagno, M. (2004). "In the beginning was the war: conflict and the emergence of the Egyptian State", en Hendrickx, Friedman, Ciałowicz y Chłodnicki (eds. 2004), 689-703.

Campagno, M. (2011). "En los umbrales: intersticios del parentesco y condiciones para el surgimiento del Estado en el valle del Nilo", en M. Campagno, J. Gallego y C.G. García Mac Gaw (eds.), *El Estado en el Mediterráneo antiguo. Egipto, Grecia, Roma*, Buenos Aires, 45-79.

Campagno, M. y Gayubas, A. (2015). "La guerra en los comienzos del antiguo Egipto: reflexiones a partir de la obra de Pierre Clastres", *Cuadernos de Marte. Revista Latinoamericana de Sociología de la Guerra* 8, 11-46.

Cardoso, C.F.S. (1990). *Antigüidade oriental. Política e religião*, São Paulo.

Carneiro, R.L. (1970). "A theory of the origin of the State", *Science* 169, 733-738.

Carneiro, R.L. (2012). "The circumscription theory: a clarification, amplification, and reformulation", *Social Evolution & History* 11 (2), 5-30.

Clastres, P. (1996). *Investigaciones en antropología política* [1980], Barcelona.

Dreyer, G., Hartung, U., Hikade, T., Köhler, E.C., Müller, V. y Pumpenmeier, F. (1998). "Umm el-Qaab. Nachuntersuchungen im frühzeitlichen Königsfriedhof. 9./10. Vorbericht", *Mitteilungen des Deutschen Archäologischen Instituts abteilung Kairo* 54, 77-167.

Dreyer, G., Hartmann, R., Hartung, U., Hikade, T., Köpp, H., Lacher, C., Müller, V., Nerlich, A. y Zink, A. (2003). "Umm el-Qaab. Nachuntersuchungen im frühzeitlichen Königsfriedhof. 13./14./15. Vorbericht", *Mitteilungen des Deutschen Archäologischen Instituts abteilung Kairo* 59, 67-138.

Gayubas, A. (2014a). "Pierre Clastres y la guerra en el valle del Nilo preestatal", en M. Campagno (ed.), *Pierre Clastres y las sociedades antiguas*, Buenos Aires, 143-162.

Gayubas, A. (2014b). "Estudios sobre la guerra en el valle del Nilo preestatal: un balance crítico", en C. Di Bennardis, A.E. Koldorf, L. Rovira y F. Luciani (eds.), *Experiencias de la diversidad*, Rosario, 15-25.

Gayubas, A. (2015). "Warfare and socio-political hierarchies: reflections on non-state societies of the Predynastic Nile valley", *Gladius* 35, 7-20.

Gilbert, G.P. (2004). *Weapons, warriors and warfare in early Egypt*, Oxford.

Hassan, F.A. (1988). "The Predynastic of Egypt", *Journal of World Prehistory* 2, 135-185.

Hassan, F.A. (2002): "Conclusion. Ecological changes and food security in the later Prehistory of North Africa: looking forward", en Id. (ed.), *Droughts, food and culture. Ecological change and food security in Africa's later Prehistory*, New York, 321-333.

Hendrickx, S. (2011). "Iconography of the Predynastic and early Dynastic periods", en E. Teeter (ed.), *Before the Pyramids. The origins of Egyptian civilization*, Chicago, 75-81.

Hendrickx, S. (2014). "The emergence of the Egyptian state", en Renfrew y Bahn (eds. 2014), 259-278.

Hendrickx, S. y Huyge, D. (2014). "Neolithic and Predynastic Egypt", en Renfrew y Bahn (eds. 2014), 240-258.

Hendrickx, S., Huyge, D. y Wendrich, W. (2010). "Worship without writing", en W. Wendrich (ed.), *Egyptian Archaeology*, Oxford, 15-35.

Hendrickx, S., Friedman, R.F., Ciałowicz, K.M. y Chłodnicki, M. (eds. 2004), *Egypt at its origins. Studies in memory of Barbara Adams. Proceedings of the International Conference "Origin of the State. Predynastic and early Dynastic Egypt"*, Leuven.

Hoffman, M.A. (1979). *Egypt before the pharaohs*, New York.

Kemp, B.J. (2006). *Ancient Egypt. Anatomy of a civilisation*, 2ª ed. London-New York.

Köhler, E.C. (2002). "History or ideology? New reflections on the Narmer palette and the nature of foreign relations in pre- and early Dynastic Egypt", en E.C.M. van den Brink y T.E. Levy (eds.), *Egypt and the Levant. Interrelations from the 4th through the early 3rd Millennium BCE*, London, 499-513.

Petrie, W.M.F. (1920). *Prehistoric Egypt*, London.

Redmond, E.M. (1994). *Tribal and chiefly warfare in South America*, Ann Arbor.

Renfrew, C. y Bahn, P. (eds. 2014). *The Cambridge World Prehistory*, Cambridge, vol. I.

Scharff, A. (1928). "Some prehistoric vases in the British Museum and remarks on Egyptian Prehistory", *Journal of Egyptian Archaeology* 14 (3-4), 261-276.

Shaw, I. (1991). *Egyptian warfare and weapons*, Buckinghamshire.

Wendorf, F. (1968). "Site 117: a Nubian final Paleolithic graveyard near Jebel Sahaba, Sudan", en Id. (ed.), *The Prehistory of Nubia*, Dallas, II, 954-995.

Wendorf, F. y Schild, R. (1986). *The Wadi Kubbaniya Skeleton. A late Paleolithic burial from southern Egypt*, Dallas.

LA REBELIÓN PRIMIGENIA EN EL ANTIGUO EGIPTO Y EN SUAZILANDIA

Marcos Cabobianco
(UNIVERSIDAD DE BUENOS AIRES)

Este análisis se relaciona con cierta piedra de toque de la discusión antropológica con la que me topé cuando trabajé por primera vez *la rebelión primigenia* en los relatos míticos del Antiguo Egipto: la caracterización de la ceremonia *Ncwala* de los swazi como un *ritual de rebelión*. El debate suscitado en torno a dicha caracterización es amplio y complicado[1]. Por lo que logré entrever, el eje de discusión corría en paralelo a mi propia (y aún tenue) línea de investigación, y tuve la impresión de que el *Ncwala* –expuesto como taquigrafía narrativa en la concisa etnografía de Hilda Kuper (1947, 197-225)– coincidía en su despliegue secuencial casi punto por punto con las fases del *mito de la rebelión primigenia*. Pensé que podría ser útil comparar experiencias tan distantes y tan cercanas a la vez, pero también pensé que podía tratarse de una ilusión óptica y descarté esa tarea. Cuando –más tarde– por razones distintas tuve la oportunidad de reabordar la problemática, encontré en la bibliografía especializada otros denominadores comunes válidos para los relatos de la rebelión primigenia de los antiguos egipcios y el ritual de rebelión de los swazi. Como una de las cuestiones que emergió de las nuevas lecturas definitivamente remite a la relación entre la organización política y su representación en clave mítico-narrativa, reuní mis viejas notas y decidí arriesgarme a dejar planteadas aquí aquellas inquietudes iniciales.

Introducción

La primera vez que la posibilidad de una relación estrecha entre el Antiguo Egipto y los lejanos ancestros de los swazi recibió cierta atención fue en los escritos de Frederick Ellenberger, un misionero de Lesotho

---

[1] Cf. Gluckman (1963); Biedelman (1966); Apter (1983); Lincoln (1989, 53-74); Schroter (2003).

que en 1912 publicó una monumental *History of Basuto, ancient and modern*. Para Ellenberger (1997 [1912]), los pueblos Bantú de África boreal se habrían originado en el Antiguo Egipto. El híper-difusionismo del misionero europeo es difícil –por no decir imposible– de sostener hoy en día. Sin embargo, tal vez pueda mostrarse ahora que –por lo menos en un aspecto– habría una relación estrecha que, aunque no puede probarse estrictamente *genealógica*, quizás pueda revelarse *morfológica*. Consideraremos la posibilidad de que haya por lo menos dos aspectos puntuales que comparten estas situaciones africanas: el de una figura de máxima autoridad a la que le cabe la caracterización de *realeza sagrada*[2]; y el de la forma *mítica*[3] de una narrativa compacta discernible en sus fases, que permite expresar la amenaza de una agresión que el rey sufre como una rebelión[4], a la postre aplacada. Lo primero ha sido discutido en innumerables ocasiones por especialistas, y –con particular arrojo– fue abordado por Cervelló Autuori (1996) en su tesis de doctorado, *Egipto y África. Origen de la civilización y la monarquía faraónicas en el contexto africano*. En cambio, lo segundo –la cuestión del mito de la rebelión primigenia como punto de comparación entre Egipto y otras situaciones africanas– no ha recibido la misma atención.

El mito de la rebelión primigenia

El tema de la *rebelión primigenia* es, dentro de las mitologías de las civilizaciones arcaicas, y particularmente en diversas fuentes corres-

---

2   El rey divino es un ser que detenta un poder sobre la naturaleza, poder que ejerce voluntaria o involuntariamente; es considerado el "centro dinámico del universo", es decir, un aglutinador cósmico y social; es una suerte de fetiche de cuyas acciones y curso de vida dependen la armonía y la prosperidad universales, por lo que es necesaria una severa regulación de su comportamiento; es sacrificado cuando sus poderes decaen por vejez, enfermedad o cualquier otra circunstancia entendida como un impedimento, con objeto de asegurar que el mundo y la sociedad, concomitantes con él, no decaigan a su vez (Cervelló: 1996, 111; Frazer: 2003 [1922]).

3   Durante mucho tiempo se pensó que los mitos eran la forma más primitiva, menos evolucionada o pre-lógica de dar explicación a los misterios de la vida, la naturaleza y la muerte, entre otros temas que suelen producir ansiedad y necesidad de respuesta a los seres humanos. Probablemente fue Georges Dumézil (1935-36, 242) uno de los primeros investigadores en notar que los ritos que se practican en las fiestas tienen uno o varios propósitos que se justifican en función de uno o varios mitos: "Los ritos periódicos están justificados por el relato de un acontecimiento que sucedió una vez y en la actualidad sólo conserva su influencia por lo cual los hombres no pueden más que conmemorarlo e imitarlo". Mircea Eliade, entre otros, retomaría estas cuestiones como ejes de sus planteos, lo que llevaría a su amplia divulgación.

4   Consideramos que el nacimiento traumático del gobierno o, vale decir, de la realeza faraónica propia de Egipto, es un tema recurrente y constatable en los relatos míticos egipcios; lo hemos estudiado bajo el título de *mito de la rebelión primigenia* (Cabobianco: 2010).

pondientes al Antiguo Cercano Oriente del segundo milenio a.C. y períodos subsiguientes, un tema recurrente. Se trata del levantamiento de un grupo de seres ingratos que pone en peligro la preeminencia del creador del cosmos y de sus legítimos sucesores. En cierto modo, la literatura acerca de un dios primigenio que es amenazado cuando presenta signos de vejez, o los relatos acerca de los peligros que debe afrontar un dios heredero demasiado joven –por poner dos ejemplos arquetípicos–, evidencian un contraste con las expresiones que refieren a una realeza representada como invencible en la monumentalidad y en textos de contenido litúrgico.

En el Antiguo Egipto

Los dioses reyes del Antiguo Egipto suelen ser representados como entidades potentes e invulnerables. Sin embargo, existen algunos testimonios donde tales cualidades son puestas a prueba. Esto puede verse en ciertas inscripciones funerarias del Valle de los Reyes; en papiros con textos de carácter religioso, poético y mágico de la época ramésida; y en estelas mágicas del período Tardío. Fuentes tan dispares coinciden en mostrar a algunos de los dioses asociados del modo más patente con la realeza faraónica sufriendo ciertas violencias. Nos ha interesado cómo, tanto Ra como Horus –principales entre otros– debieron sobreponerse a las amenazas que ponen en riesgo su condición de dioses reyes. Esta situación acontece en un momento extraordinario: cuando aún los dioses vivían en la tierra con los hombres y otros seres[5].

El resumen[6] del esquema al que se ajustan mayormente los relatos míticos de la rebelión primigenia, es el siguiente:

1) El rey se pasea –de algún modo vulnerable (por su juventud o soledad, por ejemplo)– sobre la tierra; mientras tanto, entre los suyos, sus criaturas, se urde una conjura.
2) Esta no permanece en secreto mucho tiempo y se manifiesta como rebelión.

---

5 Pinch (2002, 69) describe el marco amplio donde éste acontece: "Durante el reinado de Ra, los dioses, incluyendo a la Maat, vivían en la tierra, y el creador se ocupaba de su creación en persona. Todo debería haber continuado en armonía con el orden divino, pero dos cosas impidieron que esta era continúe eternamente como una de perfecta paz y alegría. Primero, el dios sol gradualmente se volvía más viejo; segundo, se sucedían complots y rebeliones que minaban su autoridad".

6 Más que resumen es un esqueleto. A diferencia con la descripción del mismo esquema para los swazi y su rito de rebelión, aquí nos limitamos a mostrar las fases "desnudas". Puede encontrarse lo que falta en Cabobianco (2010; 2014), con bibliografía.

3) El rey llama a los que le son leales.
4) En concierto se decide enfrentar a los rebeldes, que han huido al desierto o de él vienen.
5) Los enviados del rey o manifestaciones suyas aterrorizan y masacran a quienes le amenazaron.
6) Aunque –o tal vez "porque"– el poder del rey ha manifestado un nuevo orden, el monarca se separa del resto.
7) Su mayor aislamiento (incapacidad, muerte) es subsanado con la entronización de un sucesor.

En Suazilandia

Suazilandia[7] es conocida por sus elaborados festivales. La mayoría de los festivales tiene lugar durante el mes lunar de *Ncwala*, que dura desde diciembre hasta enero. Es durante dicho mes que la nación reafirma los lazos que la unen con los líderes del país. Además de participar en las danzas rituales y oír los cantos, el rey prueba los frutos de la temporada, es bendecido por los ancestros y, por supuesto, pide por lluvias. Sorprendentemente, todo esto también implica un ritual donde el rey es amenazado, insultado, reacciona como monstruo y es purificado antes de reaparecer en el trono.

Consideremos la secuencia del rito swazi, que a propósito hemos ajustado a las fases del mito egipcio para mostrar qué apropiado puede resultar proceder a la comparación. El resumen del esquema al que se ajusta mayormente el *incwala* es el siguiente[8]:

---

[7] De toda África subsahariana, Suazilandia es la única nación en donde la realeza tradicional sobrevivió al colonialismo y emergió como la institución política central de la época poscolonial. A mediados del siglo XVIII, gran parte de África había sido colonizada por pueblos de habla bantú; se trató de un proceso prolongado que los especialistas consideran pudo haber empezado en el siglo III de nuestra era. A finales del siglo XVIII, en el sur del continente surgieron una serie de líderes poderosos, provenientes de las jefaturas Nguni del área. En esta época hubo conflictos por la posesión de las tierras de cultivo en las cercanías del río Pongola. Los Ngwane (Swazi) fueron derrotados y se retiraron hacia regiones en donde sometieron a los habitantes Sotho. Así se sentaron las bases para lo que sería el reino Swazi. Algunas costumbres Sotho fueron adoptadas. En esta época, los tiempos y las formas de la guerra sufrieron cambios abruptos. En un sentido, cuantitativo si se quiere, puede decirse que el ritmo de las guerras se vio acelerado y la escala de los conflictos creció proporcionalmente. En otro sentido, cualitativo, las formas de la guerra y de la organización social (que son interdependientes) cambiaron drásticamente (Kuper: 1947; Bonner: 2002 [1983]).

[8] A diferencia del resumen del esquema en abstracto para el Antiguo Egipto, que hemos desplegado en anteriores trabajos, aquí daremos lugar a un mínimo de relato del *incwala*.

1) El *incwala* necesita de preparaciones. En representación del rey, los Bemanti (sacerdotes de mar y de río, el principal entre ellos posee prerrogativas reales) viajan por senderos del reino para traer agua especial. Con apenas alimento o descanso durante el trayecto, se encuentran débiles; mientras tanto, entre los regimientos estacionados en la capital, súbditos, liderados por sus jefes y presentes para apoyar la realeza supuestamente, urden una conjura (protagonismo privilegiado tendrá en ella el propio clan del rey, los *Dlamini*).
2) Esta no permanece en secreto mucho tiempo y se manifiesta como rebelión. La primera parte del ritual se llama "pequeño *incwala*" y dura dos días: ya se escuchan canciones donde se insulta y se amenaza al rey. Los regimientos, amenazantes en sus danzas (se pide no lleven armas letales, pero muchos las esconden detrás de sus escudos), se forman imitando una luna creciente.
3) El rey busca a los que le son leales y se aísla en un santuario central llamado *kabayethe*, el gran altar local de la Reina Madre[9]; allí es bañado por sus *tinsila*[10].
4) En concierto se decide enfrentar a los rebeldes. El rey escupe entonces ciertas medicinas poderosas en dirección al Levante, y hace gestos de apuñalar al año nuevo en dirección al Poniente.
5) Los enviados del rey o manifestaciones suyas aterrorizan y masacran simbólicamente a quienes le amenazaron; el comienzo del Gran *Incwala* –aproximadamente catorce días después del "pequeño"– incluye el retorno de jóvenes puros, que tienen que poder soportar una travesía de setenta kilómetros casi sin descanso, para traer una rama de verdor persistente a la capital. Ellos realizan también una suerte de expedición punitiva en donde "roban" un buey especial a un hombre del común (que se muestra enojado, pero también halagado por semejante honor). Este sustituto va a ser golpeado por las manos desnudas de los jóvenes briosos y ultimado por los sacerdotes leales al rey mientras es llamado "toro". Pero el mayor terror y

---

[9] La Reina Madre es la Gran Elefanta, la Tierra, la Hermosa, la Madre del País; mientras que el rey es el León, el Sol, el dios sol también, claro, y el Gran Animal Salvaje. Hilda Kuper (1963) describió la estructura política de los Swazi como una monarquía dual, en la que los privilegios del Rey y de la Reina Madre se limitan recíprocamente.

[10] Los *tinsila* son dos pares de ayudantes rituales muy cercanos al rey, con quien se emparentan mediante heridas del lado derecho e izquierdo del Rey, correspondientes con las heridas hechas a los *tinsila* derecho e izquierdo: ellos muchas veces sirven de escudo contra la hechicería dañina que si no recibiría de lleno el monarca.

respuesta violenta que desarma la rebelión coincide con la aparición del rey como monstruo. Tal es el clímax del Gran *Incwala*[11].

6) Aunque –o tal vez "porque"– el poder del rey ha manifestado un nuevo orden, el monarca se separa[12] del resto: ya antes de aparecer como Silo el rey había caminado desnudo, ataviado solamente con un estuche peneano[13]. Ahora súbitamente se agazapa y desaparece dentro de un agujero. Los *tinsila* lo siguen de cerca, recogiendo cualquier retazo que caiga del traje sagrado, para evitar que caiga en manos de la hechicería enemiga. Los príncipes pegan un salto hacia adelante gritando: "¡Sal Rey de Reyes!" Una y otra vez, el rey les responde, se les acerca, pero vuelve a alejarse[14]. Todos se ven urgidos a avanzar. Los *tindvuna* (los asistentes del rey de los clanes comunes) golpean con sus mazas. La gente danza con más vigor ahora que en cualquier otro momento, mantienen al rey vivo y saludable por sus propios movimientos. Las pantomimas continúan creciendo en intensidad, cada aparición del rey provoca un súbito e inolvidable impacto. Han sido echados los extranjeros, pero también los de su clan, que querían llevarlo consigo.

7) Su mayor aislamiento es subsanado con la entronización. Hay una noche de reclusión, donde la mayoría de los actos festivos se en-

---

11 Ha sido descrito de la siguiente manera por Kuper (1947, 217-218). La citamos *in extenso*: "Allí emerge la figura del horror, como un monstruo de leyenda. Él es Silo, una criatura sin nombre. En su cabeza, un tocado de plumas negras, que caen lacias sobre sus hombros, también le cubren el rostro. Debajo de las plumas se vislumbra una tiara de piel de león. Su cuerpo se halla cubierto de pasto verde brillante y filoso, arrastra tallos por el suelo detrás suyo. En su mano izquierda sostiene un escudo untado de grasa de ganado sagrado, el *mfukwane*. Su mano derecha se encuentra libre, y cuando la mueve, destellan líneas de medicina oscura. El tejido grueso del *umdvtshulva* [un buey considerado "toro" que fue molido a golpes por los jóvenes guerreros el día anterior] se encuentra atado cruzado sobre su pecho, la vesícula biliar reventada del animal queda colgando de la espalda completando el traje. Alrededor del bajo vientre, Silo lleva un cinto de piel de mono plateado (...). Sus ojos brillan a través de las plumas cuando agita la cabeza, su cara se encuentra oscurecida por una medicina negra, por sus piernas y brazos también chorrean líneas de medicina negra. Él es el terror. A medida que las hojas de pasto filosas como cuchillos cortan su piel, él agita el cuerpo poseído por el dolor y la furia".

12 Lo que es seguro es que la figura del rey está separada de las prácticas usuales del pueblo: se transforma en monstruo, se acuesta con su hermana y madre. En un momento dado, arroja una calabaza que estalla, o es recibida, contra/por el escudo de uno de sus guerreros, que se piensa que morirá pronto. Pero ello no quita el que en el ritual de/contra la rebelión se lo insulte y se le diga en la cara que se lo odia, que el pueblo lo odia y por eso se hace magia contra él.

13 Se interpreta que ello aquieta su virilidad: se trata de un seguro colocado por el pueblo para no sufrir su potencia de manera directa. Se intenta domesticar el poder monstruoso, que sin embargo emerge una última –y decisiva– vez.

14 En su traje de criatura poderosa, el rey aparece como reacio a regresar a su nación. Realiza entonces una danza elusiva y alocada, con las rodillas flexionadas, oscilando el cuerpo.

cuentran para todos prohibidos. El rey pasa la noche con su primer mujer ritual (es considerada su madre y su hermana, por lo que es un incesto doble). Todos se levantan temprano y se envían espías reales para asegurarse que se cumplen las más severas normas. El que no lo hace es castigado. Es un día de silencio. En los días que siguen se queman las impurezas en un gran fuego. Cuando todos vuelven al recinto central de la capital, donde se guarda el ganado, encuentran al rey entronizado y renovado: en sus mejillas pintadas lunas llenas. Los regimientos se forman obedientes con el patrón de luna llena. Entonces, además, llueve.

Expresado en líneas generales el mito, que ha sido –a su vez– ilustrado con instancias específicas del rito swazi, procederemos a dejar apuntadas algunas inquietudes.

Interpretaciones abiertas

A partir de la esquematización de las dos situaciones africanas, se aprecian similitudes asombrosas, que podrían no deberse al azar. El Antiguo Egipto y Suazilandia constituyen experiencias históricas que, tal como aconteciera con otros Estados arcaicos, resultan indisociables de una serie de mitos autóctonos (Detienne: 2005 [2003]). El de la rebelión primigenia parece importar a ambas situaciones. Por supuesto, el modo de acceder a las realizaciones puntuales de dicho mito en ambas sociedades difiere: para el Antiguo Egipto nos basamos en textos mayormente literarios; para Suazilandia, en cambio, contamos con el relevo etnográfico. Sin embargo, los especialistas en sociedades antiguas como la egipcia han considerado que no es imposible extender el alcance del análisis etnográfico a los relatos consignados en los textos (Goebs: 2002). En este sentido, la diferencia entre literatura (egipcia) y rito (swazi) sería básicamente de género. El discurso mítico literario es de orden narrativo; el discurso ritual, principalmente gestual y dramático. Consideramos que la forma arquetípica por ambos compartida amerita entonces que nos preguntemos por su denominador común: ¿Por qué se representa la rebelión? ¿Qué relación tiene con el afirmar del poder del Rey?

Quizás valga la pena resaltar aquí la importancia política del mito. Pensemos en las cosas que se hacen con y contra la rebelión. En otros trabajos hemos sugerido que la rebelión primigenia podía pensarse como una reflexión en clave mítica del proceso de surgimiento del Estado. Allí hay un problema, una paradoja. Como explica Marcelo Campagno (2011, 45):

"... En las sociedades donde el parentesco domina, la ausencia del monopolio de coerción no se debe a una *carencia* ni a una presencia demasiado *germinal* para que pudiera ser percibida, tal como las perspectivas evolucionistas tienden a proponer. La inexistencia de tal característica se explica mejor en función de la incompatibilidad de la lógica del parentesco respecto de las prácticas basadas en el monopolio de la coerción. Siendo así, el surgimiento del Estado resulta un proceso paradójico: se produce en un tipo de sociedades cuya estructuración misma tiende a impedir que tal proceso ocurra".

Tal vez estos estados arcaicos africanos poseían una forma potente y sutil a un tiempo de representar dicho "proceso paradójico". Por supuesto, las realizaciones puntuales del mito que aquí consideramos, tanto de la literatura egipcia como del rito swazi, provienen de coordenadas estatales. Por eso, funcionan como la justificación de una sociedad escindida donde una minoría ejerce su supremacía sobre la mayoría a partir del monopolio legítimo de los medios de coerción. Pero esa justificación parece requerir del planteo de un orden previo que el rey subvierte, un orden que amenaza con romper y que amerita entonces resguardar mediante una rebelión, mas no sea en la representación. La naturaleza de esa ruptura posible y la subversión operada profilácticamente requiere nuestra atención tanto como la resolución –del relato o del rito– en clave estatal.

Luc de Heusch (1982, 248-252) realiza una aproximación a los swazi como ejemplo de realeza sagrada basada en lo que llama una "hierogamia incestuosa": la unión simbólica del rey con su madre. El incesto real es visto por él como el acto más extremo y radical, causante del "establecimiento de un contraorden distinto de aquel de la familia, un orden que, al ser negado, trasciende los principios éticos fundamentales de una sociedad de linajes" (Heusch: 1981, 22; 1982, 13-28). La ceremonia *ncwala* sería el *locus* ritual donde dicha subversión es manifestada por el rey y representada a la nación. También señala que en el momento anterior a la ruptura radical, el clan real se comporta como un clan más: los Dlamini quieren llevar al rey (y parecen dispuestos a emplear la fuerza) a sus tierras ancestrales de Maputo, el lugar en donde estaban antes de conquistar y dominar otros clanes. Justo después de este intento agresivo de apropiarse de la realeza, "el rey resiste la tentación [mientras que] los miembros de su clan son echados. (...) El Rey aparece como jefe de la nación y no como el representante de un grupo familiar" (Heusch: 1982, 281). Al distanciarse y excluirse de su propio clan, corta sus lazos de parentesco. Esto ya se encuentra señalado porque él es el nexo de las transgresiones; por tal razón, una serie de prohibiciones cuidan de su poder absoluto y monstruoso.

Según Rita Astuti (1988, 610), Luc de Heusch "traduce al idioma del ritual y del análisis de símbolos los desarrollos históricos esquematizados por Hilda Kuper en su etnografía de los swazi". Recordemos que para Kuper (1947, 11) el rango de la aristocracia surge de las conquistas que esta realizó. Diferencia la tribu, un grupo basado en el parentesco, de la nación, que implica un número de tribus que deben lealtad a una autoridad central. La posibilidad de este nuevo orden (*estatal*, podríamos decir) tuvo como requisito la pérdida de autonomía de los clanes conquistados (Kuper: 1947, 111-113; cf. Bonner: 2002 [1983], 3). Dice Astuti (1988, 610):

"la interpretación de Heusch acerca de la Realeza Sagrada y de sus mecanismos rituales parece marcadamente similar a la reconstrucción histórica de Kuper: él argumenta que la acción ritual del rey sagrado constituye una ruptura fundamental contra el parentesco; ella interpreta el proceso histórico de las conquistas y asimilaciones de la realeza como resultado del debilitamiento de los grupos parentales. (...) el hiato histórico que existe entre sociedades que aún se basan en el parentesco y sociedades donde el Estado ha emergido debe ser comprendido como una referencia clara a la dramática ruptura operada por el rey con su transformación en *monstruo sagrado*. (...) La discontinuidad a nivel histórico es un reflejo de ello teniendo lugar en el ritual. Por lo tanto, cuando el rey comete ritual y simbólicamente incesto, él se encuentra, de hecho, contribuyendo a la emergencia del Estado".

El problema es que más allá del preclaro señalar de Astuti respecto al común denominador de ruptura del parentesco entre guerras de conquista y ritual de la realeza sagrada, no se resuelve la paradoja de cómo ha surgido el Estado. Campagno (2011, 45) sugiere lo siguiente:

"Una forma posiblemente promisoria de afrontar estas preguntas difíciles es la que apunta a determinar no las causas del Estado sino las *condiciones* en las que lo estatal fue posible. En este sentido, vale la pena notar que el parentesco constituye tramas sociales discretas, que no se extienden indefinidamente y que, por el contrario, tienden a contraponerse respecto de otras tramas parentales. Los ámbitos que se extienden *entre* diversas tramas de parentesco –y que aquí llamaré *intersticiales*– implican espacios sociales extraparentales y, por ello, terrenos propicios para esperar la emergencia de prácticas que se sustraigan a los principios que regulan la lógica del parentesco".

Dos de los escenarios propuestos por Campagno (2011, 52-55, 60-65) refieren a las guerras de conquista y a la realeza sagrada. Ellos presentan *posibilidades* de emergencia de lo estatal, pero no son la *causa eficiente* del surgimiento del Estado (Campagno: 2014, 215-216). La incertidumbre que resulta de ello puede ser un factor crucial sobre el que reflexiona el mito, tanto en Egipto como en Suazilandia. Podemos sugerir así que las representaciones del mito de la rebelión primigenia dan cuenta de una tensión política entre las diferentes lógicas de organización social.

En anteriores trabajos (Cabobianco: 2010; 2014) hemos analizado con mayor detenimiento el mito egipcio de la rebelión primigenia, interpretando que la realeza inicialmente amenazada podría ser comprendida como la proyección al plano mítico de un tipo de liderazgo distinto al que caracteriza a las dinámicas estatales, correspondiente a un mundo que aún no conocía la violencia monopolizada, y que el final de la rebelión simboliza la emergencia de un gobierno sostenido a partir de entonces por el poder de coerción. Reconsiderando el mito egipcio a la luz del rito swazi, con sus ceremonias que incluyen amenazas contra el rey, se aprecia con mayor claridad la tensión entre esas lógicas de organización social que corresponden al parentesco y al Estado.

A su modo, tanto los relatos egipcios como el rito swazi proveen una realización puntual del mito de la rebelión primigenia. Pero en ambas parece reconocerse un denominador común, relacionado con la ruptura de la dominancia del parentesco. El desarrollo de una investigación detallada de estas cuestiones se encuentra por fuera de las pretensiones de este artículo. Este abordaje no quiere –ni puede, por ahora– ser más que un gesto de aproximación al cruce entre una Historia y una Antropología que en los dichos se asume como dada, pero en los hechos discurre por sendas paralelas. Tómese entonces como unas notas y reflexiones tentativas, que, quizás, colaboren en promover osadías de mayor alcance.

Bibliografía

Apter, A. (1983). "In disprase of the king: rituals «against» rebellion in South-East Africa", *Man* n.s. 18, 521-534.

Astuti, R. (1988). "History and the swazi Ncwala: sacred kingship and the origin of the State", *Africa: Rivista di Studi e Documentazione dell'Istituto Italiano per l'Africa e l'Oriente* 43 (4), 603-620.

Biedelman, T.O. (1966). "Swazi royal ritual", *Africa* 36, 373-405.

Bonner, P. (2002). *Kings, commoners and concessionaires. The evolution and dissolution of the nineteenth-century Swazi State* [1983], Cambridge.

Cabobianco, M. (2010). *La rebelión primigenia en los relatos míticos egipcios del Reino Nuevo y períodos posteriores*, Tesis de licenciatura (inédita), Universidad de Buenos Aires.

Cabobianco, M. (2014). "Contra el Estado en los relatos míticos del Antiguo Egipto", en Campagno (ed. 2014), 181-197.

Campagno, M. (2011). "En los umbrales. Intersticios del parentesco y condiciones para el surgimiento del Estado en el valle del Nilo", en M. Campagno, J. Gallego, C.G. García Mac Gaw (eds.), *El Estado en el Mediterráneo antiguo. Egipto, Grecia, Roma*, Buenos Aires, 45-79.

Campagno, M. (2014). "Pierre Clastres y el problema del surgimiento del Estado", en Campagno (ed. 2014), 201-219.

Campagno, M. (ed. 2014), *Pierre Clastres y las sociedades antiguas*, Buenos Aires.

Cervelló Autuori, J. (1996). *Egipto y África. Origen de la civilización y la monarquía faraónicas en el contexto africano*, Sabadell.

Detienne, M. (2005). *Cómo ser autóctono. Del puro ateniense al francés de raigambre* [2003], Buenos Aires.

Dumézil, G. (1935-36). "Temps et mythes", *Recherches Philosophiques* 5, 235-251.

Ellenberger, F. (1997). *History of Basuto, ancient and modern* [1912], Morija.

Frazer, J. (2003). *La rama dorada* [1922], Buenos Aires.

Gluckman, M. (1963). *Order and rebellion in tribal Africa*, London.

Goebs, K.A. (2002). "A functional approach to Egyptian myth and mythems", *Journal of Near Ancient Religions* 2, 27-59.

Heusch, L. de (1981). *Why marry her? Society and symbolic structures*, Cambridge.

Heusch, L. de (1982). *Rois nés d'un cœur de vache*, Paris.

Kuper, H. (1947). *An African aristocracy. Rank among the Swazi*, London.

Kuper, H. (1963). *The Swazi. A South African kingdom*, New York.

Lincoln, B. (1989). *Discourse and the construction of society*, New York.

Pinch, G. (2002). *Egyptian mythology. A guide to the gods, goddesses, and traditions of Ancient Egypt*, New York.

Schroter, S. (2003). "Rituals of rebellion – Rebellion as ritual: a theory reconsidered", *Studies in Religion* 29, 41-58.

LAS FORMACIONES SOCIALES EN LAS POSTRIMERÍAS DE LA PREHISTORIA PALESTINENSE: EL PERÍODO CALCOLÍTICO[1]

Pablo F. Jaruf

(UNIVERSIDAD DE BUENOS AIRES)

El período Calcolítico (ca. 4500-3800/3600 a.C.) es la etapa arqueológica previa a la emergencia del primer urbanismo en el Levante meridional. Algunos arqueólogos lo han definido como una sociedad de jefatura. Esta posición es discutida por quienes consideran que aún se conservaban formas de organización más igualitarias. En un intento por conciliar ambas posturas, se ha argumentado la coexistencia de dos élites en tensión, una de ellas legitimada por su función religiosa, y la otra caracterizada por el control y la acumulación de excedentes agrícolas. Ahora bien, estos enfoques, si bien poseen aportes positivos, no logran ofrecer una visión coherente de la formación social del período, lo que consideramos es producto de la aplicación acrítica de los modelos neoevolucionistas. Lo que proponemos, en cambio, es analizar la evidencia desde el marco teórico del materialismo histórico, y en particular del concepto de modo de producción comunitario-patriarcal.

Nuestra conclusión es que, a pesar de que durante el Calcolítico surgió la metalurgia y se desarrollaron las actividades artesanales vinculadas con los productos secundarios, en especial la tejeduría y los productos derivados de la leche, no hay indicios claros de la presencia de jefaturas. Si bien es posible que las innovaciones técnicas y las modificaciones en ciertas formas de producción hayan implicado cambios en la toma de decisiones, las mismas no habrían producido un efecto disruptivo en las dinámicas comunitarias predominantes.

---

1   Este trabajo fue realizado en el marco del proyecto PICT 2010-0883, "Economía y sociedad en el Calcolítico Palestinense (4500-3600 a.C.): producción e intercambio", dirigido por el Dr. Ianir Milevski (Departamento de Antigüedades de Israel, Programa Raíces, MINCyT) y el Dr. Bernardo Gandulla (Universidad de Buenos Aires).
Quisiera agradecer, por sus lecturas y comentarios críticos, a la Lic. María Laura Canciani, a la Lic. Iskra de la Cruz Hernández, al Dr. Bernardo Gandulla y al Dr. Ianir Milevski. Dicho esto, es menester remarcar que el contenido del artículo es de mi entera responsabilidad.

Neoevolucionismo y mecanicismo economicista

El objetivo de este trabajo es bosquejar las probables formas de liderazgo presentes en el período arqueológico del Levante meridional definido como Calcolítico Ghassuliense (Gilead: 2011) o tardío (Garfinkel: 1999). Este período se extendió, aproximadamente, desde el 4500 hasta el 3800/3600 a.C.[2], y ocupó las regiones actuales del Estado de Israel, los territorios bajo la Autoridad Palestina, el este del Reino de Jordania, y parte de la península del Sinaí.

Los investigadores, para reconstruir las formas de liderazgo de la prehistoria tardía del Próximo Oriente, han solido recurrir a las etapas propuestas por los antropólogos neoevolucionistas (*e.g.* Stein y Rothman: eds. 1994): banda, tribu, jefatura, estado (Service: 1984), o igualitaria, de rango, estratificada, estado (Fried: 1967). Según estos esquemas, las sociedades se clasifican, principalmente, por el grado de centralización del poder político. En base a estos esquemas, algunos arqueólogos han propuesto que el Calcolítico palestinense era una sociedad de jefatura[3]. Estas últimas, según Levy (2005, xii) "son sociedades relativamente grandes, con administración centralizada y sistemas de producción (...) orientados a las necesidades de una élite gobernante", siendo por tanto "la primera evidencia de institucionalización de la desigualdad social". Siguiendo a este mismo autor, en este período, tanto el desarrollo de los productos secundarios como de la metalurgia habrían tenido un impacto revolucionario en la estructura social (Levy: 1995; 2007). La mayor división social del trabajo habría generado un aumento en la productividad, un crecimiento demográfico y, en consecuencia, una competencia por los recursos. Este escenario habría favorecido la emergencia de una élite de tipo sacerdotal, la cual habría obtenido el control sobre determinados territorios y los medios de producción estratégicos.

Sin embargo, hay investigadores que no comparten esta posición[4]. Por ejemplo, según Gilead (1988; 2002), la especialización laboral durante este período era mínima, por lo que la producción no superaba los niveles de subsistencia. En consecuencia, las formas de liderazgo aún corresponderían a las comunitarias tradicionales, es decir, sin la presencia de una jefatura gobernante. En lo que respecta a la religión,

---

2   La cronología de este período es bastante discutida (*e.g.* Lovell y Rowan: eds. 2011).
3   *E.g.* Gal *et al.* (2011); Gopher y Tsuk (eds. 1996); Levy (1995).
4   *E.g.* Gilead (1988); Joffe (2003); Joffe *et al.* (2001).

este autor sostiene el predominio de formas de mediación chamánicas. Su propuesta, en consecuencia, es que estaríamos ante una sociedad básicamente igualitaria.

Ahora bien, más allá del contraste entre estas dos posiciones, ambas comparten un mismo supuesto: que las innovaciones técnicas en la producción tienen consecuencias directas en la centralización y jerarquización de las formas de liderazgo. Es así que algunos, enfatizando los cambios socioeconómicos, interpretan la evidencia en clave de jefatura, mientras que otros, relativizando y minimizando estos aspectos, sostienen la permanencia de formas de organización social más igualitarias.

En un intento por superar estas contradicciones, Bourke (2001; 2002) ha propuesto que durante el Calcolítico habrían coexistido dos tipos de élites en tensión. Según este autor:

"Las «élites» rituales del Calcolítico temprano obtenían su legitimidad, probablemente, de su habilidad para mediar el control sobre el mundo natural a través de símbolos y rituales religiosos. [Pero] con el tiempo, la intensificación y la diversificación de la práctica agrícola pudo haber provocado la emergencia de élites «seculares», las cuales basarían su poder de manera más directa en el control de excedentes agrícolas" (Bourke: 2002, 23).

Esta hipótesis, si bien permite integrar el conjunto de la evidencia, a nuestro entender no explica de manera satisfactoria la coexistencia de estas dos élites, pues ambas debieron sustentarse en la producción de un excedente agropastoril, por lo que no sería posible diferenciar una de la otra. Nuestra propuesta, en este trabajo, es problematizar el supuesto de que las innovaciones técnicas tienen un efecto directo en la centralización y jerarquización de las formas de liderazgo. Para esto recurrimos al marco teórico del materialismo histórico, y en especial al concepto de modo de producción comunitario-patriarcal. Desde nuestro punto de vista, las innovaciones técnicas son el resultado de determinadas relaciones de producción, y son estas últimas las que, a través de un proceso dialéctico con los demás elementos de lo social, determinan la formación social de un período.

Una propuesta alternativa: el modo de producción comunitario-patriarcal

En las sociedades preestatales predomina el modo de producción comunitario primitivo (Marx: 1971, 433-440). Por lo tanto, las formas de liderazgo en este tipo de sociedades responden a las relaciones de desigualdad vinculadas con el parentesco, la edad o el género, cuya relación estructura de manera jerarquizada la toma de decisiones respecto de la producción y reproducción de las condiciones materiales de existencia.

Dicho esto, resulta conveniente distinguir, como hace Suret-Canale (1978), entre un modo de producción comunitario primitivo propiamente dicho, más aplicable a sociedades de cazadores y recolectores, de un modo de producción tribo-patriarcal, ya propio de sociedades agropastoriles. Según este autor, en dicho modo de producción:

"(…) el estado de las fuerzas productivas (fundada sobre la agricultura, sobre las primeras formas de división del trabajo) permite la producción de un plusproducto. Pero la organización social, marco de las actividades productivas, permanece como una herencia de la época anterior: la comunidad patriarcal o aldeana está muy próxima a la comunidad primitiva. Diversas formas de diferenciación social aparecen sin embargo, y se desarrollan más o menos en función del estado de las fuerzas productivas, de las condiciones geográficas, de las circunstancias históricas, etc. Pero la aparición de estas contradicciones internas no ha conducido todavía a la aparición del Estado" (Suret-Canale: 1978, 210-211).

En este modo de producción, por tanto, aún tendríamos la permanencia de una organización de tipo comunitaria en un contexto de surgimiento de formas de desigualdad social. Además, este proceso se daría en relación con el grado de desarrollo de las fuerzas productivas y la producción de un excedente. Empero, debemos decir que nos resulta preferible cambiar la denominación de tribo-patriarcal por la de comunitario-patriarcal, ya que consideramos que el concepto de tribu no da cuenta, de manera clara, del tipo de relaciones de propiedad al que estamos haciendo referencia (Jaruf *et al.*: 2014).

Estas consideraciones nos permiten señalar que la relación entre las innovaciones técnicas y la centralización-jerarquización de las formas de liderazgo no son de efecto directo. Si bien el desarrollo de las fuerzas productivas implica cambios en las relaciones de producción y, en consecuencia, en la toma de decisiones, es la influencia de las relaciones dominantes en una formación económico-social concreta la que determina los efectos de las innovaciones técnicas (*e.g.* Sereni: 1973). Ahora bien, para poder caracterizar a una formación, es necesario no sólo dar cuenta de los aspectos económicos, sino también de los políticos e ideológicos. Es justamente a través de la relación dialéctica entre estos diferentes aspectos de lo social que se puede llegar a ofrecer una visión coherente de la formación social de un período.

Producción e intercambio

La economía del Calcolítico palestinense era agropastoril. Los principales cereales que se cultivaban eran el trigo y la cebada. Con respecto a la horticultura, es posible que haya habido una amplia manipulación del olivo, e incluso ya una domesticación (*e.g.* Meadows: 2001). Las tinajas de almacenamiento de granos y aceite son más grandes en comparación con el período Neolítico (Garfinkel: 1999), por lo que la producción parece haber aumentado. Con relación a los silos, poseemos evidencias incluso en las etapas preghassulienses, como en el sitio de Tel Tsaf (Garfinkel *et al.*: 2009). Con respecto a la ganadería, debemos señalar la domesticación completa de la oveja y la cabra, lo que indica también un importante desarrollo del pastoralismo (Levy: 1983). Asimismo, existen amplias evidencias de actividades artesanales vinculadas con productos secundarios, como la tejeduría y los derivados de la leche (Grigson: 1995).

En relación con la producción artesanal, podemos señalar la presencia de talleres especializados en pedernal (Gilead *et al.*: 2004), así como en basalto (Graham-Philip y William-Thorpe: 2001). Pero, sin lugar a dudas, la principal innovación del período es la metalurgia. Según la evidencia disponible, podemos hablar de dos industrias diferentes: una con moldes y crisoles de arcilla, que utilizaba cobre puro; y otra con la técnica de cera perdida, que utilizaba cobre con altos contenidos de arsénico y antimonio (Golden: 2010). Con respecto a la primera industria, las fuentes se localizaban en Feinan, Transjordania, y todos los pasos de la producción se realizaban en sitios de la zona de Beersheba, como Shiqmim y Abu Matar. En lo que concierne a la técnica de la cera perdida, las fuentes no eran locales, y posiblemente el material provenía de la región de Transcaucasia (Hauptmann: 2007, 302-304). Lamentablemente, desconocemos los sitios de producción, por lo que no poseemos evidencia suficiente para dar cuenta de su organización. Sin embargo, según los análisis petrográficos de los núcleos de arcilla de algunas cabezas de maza de cobre arsenical, es probable que estos sitios se hayan ubicado en, o cerca de, el desierto de Judea (Goren: 2008).

En lo que respecta al intercambio, las redes de circulación de bienes no habrían excedido el radio de los 20 km, estando restringidas sólo a determinadas áreas: el Valle de Hula y cierta zona de Galilea, el Valle del Jordán, la Sefelá y la cuenca de Beersheba (*e.g.* Milevski y Barzilai: 2010). Puede ser que estas restricciones se hayan debido, en parte, a las propias limitaciones del transporte. Con relación a esto último, hay que señalar que, a pesar de la sugerencia de algunos autores (*e.g.* Levy: 2007), no existieron bestias de carga durante este período (Milevski: 2009). Sucede que, según los datos zooarqueológicos, los primeros restos de asnos (*Equus asinus*) pertenecerían a la Edad del Bronce temprano I (Horwitz y Tchernov: 1989). Esta situación también podría explicar la escasa presencia de bienes provenientes de largas distancias (*e.g.* Jaruf: 2013, 51-56).

En suma, el desarrollo del pastoralismo y de los productos secundarios habría implicado una mayor división social del trabajo con respecto al período Neolítico, lo que es correlativo con la mayor cantidad y tamaño de los dispositivos de almacenamiento, es decir, con el aparente aumento de la producción. Estos cambios, sumados a la presencia de talleres especializados en pedernal, basalto y cobre, suponen la existencia de una forma de organización social capaz de redistribuir un excedente mediante el cual mantener a estos artesanos.

Arquitectura, cementerios e iconografía

Según el esquema neoevolucionista, estas innovaciones técnicas y los cambios en la producción debieron implicar una centralización de las formas de liderazgo, es decir, la emergencia de un grupo social jerarquizado y diferenciado que estaría a cargo de la redistribución del excedente mencionado. Sin embargo, no existen suficientes indicios que nos permitan inferir la existencia de una jefatura.

Por ejemplo, con respecto a la arquitectura, no hay disparidad en la forma de las estructuras[5], y puede ser que las escasas diferencias de sus dimensiones se deban, más bien, al tamaño de las familias (Jaruf *et al.*: 2014, 168-169). Un rasgo a destacar, sin embargo, es la presencia de grandes asentamientos en las regiones semiáridas, en especial en los valles del Jordán meridional y de Beersheba. De todas maneras, es importante señalar que estos sitios no poseían murallas, lo que indica la ausencia de conflictos regulares. Esta situación se ve confirmada por la manifiesta

---

5   Predominan los diseños rectangulares, y en especial el tipo *broadroom* (se trata de una estructura rectangular que tiene su entrada en el centro de una de las paredes largas).

ausencia de objetos que pudieran servir como armas (Rosen: 1984). Además, no hay iconografía de guerreros ni de escenas de violencia[6].

Tampoco existen evidencias de diferenciación social en los cementerios del período. Durante el Neolítico, lo más común era enterrar los cadáveres debajo del suelo o las paredes de las casas, o bien en sus inmediaciones. Esta costumbre no se abandona en este período, pero ahora la principal práctica es el enterramiento secundario en cementerios (*e.g.* Rowan: 2014). La misma presenta una variabilidad regional. En las zonas fértiles de la costa mediterránea, el piedemonte contiguo y la alta Galilea, se practicaba el entierro en osarios que eran colocados al interior de cuevas, mientras que en las regiones semiáridas del valle del Jordán y el norte del Néguev se enterraban en estructuras como túmulos, dólmenes, cistas o tumbas circulares.

Dicho esto, la presencia de algunos objetos foráneos en las cuevas de Peqi'in y Nahal Qanah, como artefactos de cobre arsenical, de oro, de electro y de marfil, condujo a algunos investigadores a clasificarlos como bienes de prestigio (Gal *et al.*: 2011; Gopher y Tsuk: eds. 1996). Asimismo, las diferencias en el tamaño de las tumbas circulares del sitio de Shiqmim han llevado a algunos investigadores a proponer la existencia de una cierta desigualdad social (Levy y Alon: 1985). Sin embargo, es menester señalar que en ningún caso se ha logrado asociar de manera clara ningún bien de prestigio con algún difunto en particular (Rowan: 2014), por lo que es posible que los mismos, antes de ser propiedad de determinados individuos, hayan sido propiedad de las comunidades. Por su parte, los tamaños de las tumbas circulares podrían responder al tamaño de las familias enterradas allí antes que al estatus de sus miembros. Además, hay que señalar que la mayoría de los cementerios se caracterizan por la ausencia de bienes de lujo y la aparente igualdad en las condiciones de entierro (Joffe: 2003).

Con respecto a las diferencias entre las formas y la decoración de los osarios, algunos arqueólogos también han propuesto que serían el reflejo de desigualdades de estatus (*e.g.* Gal *et al.*: 2011). Por ejemplo, en el caso de la cueva de Peqi'in, los osarios antropomorfos con mayor decoración serían propiedad de sujetos con mayor rango, mientras que

---

[6] La posible evidencia sobre violencia interpersonal es muy escasa (*e.g.* Dawson *et al.*: 2013). De todos modos es preciso señalar que según algunos autores (Joffe y Dessel: 1995; Yekutieli: 2012), existen indicios de confrontaciones violentas, pero que se ubicarían en la fase que ellos denominan Calcolítico Final (ca. 3800-3500 a.C.), y que en parte serían la causa del final del período.

los osarios con forma de cajas sin decoración servirían de entierro para los demás miembros de la sociedad. Sin embargo, obsérvese que, a pesar de las distinciones, todos compartían el mismo lugar de entierro.

En lo que respecta a la ubicación de estas cuevas, algunos arqueólogos (*e.g.* Levy: 1995) han propuesto que respondía a una estrategia para controlar determinados caminos y recursos. Un estudio realizado por Winter-Livneh *et al.* (2012) parece confirmar esta sugerencia al demostrar que los territorios observables desde las cuevas completan el campo de visión de los sitios de habitación. En relación con esto último, los estudios petrográficos de las vasijas y osarios hallados en las cuevas de Peqi'in, Qarqar y Quleh-Mazor, indican que las mismas no estaban adscriptas a un solo asentamiento sino a varios, cuyas distancias variaban en decenas de kilómetros (*e.g.* Cohen-Weinberger: 2013). Es posible, por tanto, que algunas de estas cuevas fueran sitios de enterramiento para los miembros de distintas aldeas, o bien de una familia ampliada cuyos parientes habitaban en diferentes lugares.

Por su parte, con relación a la posible existencia de un grupo sacerdotal, algunos arqueólogos han propuesto la existencia de templos o santuarios[7]. Los mismos se encontrarían en los sitios de Tuleilat al-Ghassul, Ein Gedi y Gilat. Sin embargo, no todos comparten esta posición. Por ejemplo, en el caso de Ein Gedi, el hecho de que fuera un sitio aislado, sin evidencias de ocupación permanente, limita las posibilidades de suponer la presencia de un grupo sacerdotal propiamente dicho (Gilead: 2002). Por otro lado, el edificio de Gilat no parece estar diferenciado del resto de las estructuras del sitio, por lo que es posible que se tratara de una unidad residencial, y que la evidencia de culto refiera a una actividad de escala doméstica (Joffe *et al.*: 2001). Por último, la única representación iconográfica probable de un grupo de sacerdotes se encuentra en un fresco de Ghassul, la cual, según Drabsch y Bourke (2014), refleja un acto ritual, mientras que para otros, como por ejemplo Gilead (2002), sería más bien la representación de chamanes.

Por último, permanece la debatida cuestión sobre los artefactos de metal, en especial los de cobre arsenical. Estos últimos suelen ser considerados como indicios claros de la existencia de una desigualdad social, no sólo por el material y la técnica exótica con la que fueron elaborados, sino también por la forma de los objetos, los cuales se asemejan a coronas, estandartes o bastones de mandos, e incluso cabezas de maza.

---

7   *E.g.* Alon y Levy (1989); Miroschedji (1993); Seaton (2008); Ussishkin (2014).

Estos motivos, sin embargo, se ven replicados en los osarios ya mencionados, y parecen reflejar, antes que posiciones de liderazgo, un mismo universo simbólico común (Gošić y Gilead: 2015). Por su parte, puede ser que estos motivos reflejen la identidad o las creencias de los artesanos que los fabricaron (Goren: 2008). Incluso, la forma y el tamaño de las mazas sugiere que no fueron utilizadas en combates reales (Shimelmitz y Rosenberg: 2013).

En resumen, lo que parece predominar es cierto igualitarismo social tanto en la arquitectura como en los modos de entierro, y si bien es posible hallar algunos indicios de desigualdad, como el caso de los objetos de cobre arsenical, los mismos no son suficientes para inferir la existencia de un grupo social diferenciado con mayor estatus, a la manera de una jefatura.

Conclusiones

Tanto las posiciones que sostienen la existencia de una sociedad de jefatura, como las que lo critican argumentando una sociedad más igualitaria, comparten el supuesto de que las innovaciones técnicas y el aumento de la producción tienen un efecto directo en la centralización y jerarquización de las formas de liderazgo. En este trabajo hemos problematizado esta suposición. Para este objetivo hemos analizado, desde el marco teórico del materialismo histórico, y en especial del concepto de modo de producción comunitario-patriarcal, la cultura material del período. Consideramos que este proceder nos permite lograr una caracterización más coherente, superando las limitaciones de los enfoques mencionados.

Nuestra conclusión es que, por un lado, el Calcolítico del Levante meridional se habría caracterizado, con respecto al período Neolítico, por una mayor división social del trabajo, y, en especial, por el surgimiento de la metalurgia y el desarrollo del pastoralismo y los productos secundarios. Estos cambios habrían implicado una mayor producción y un crecimiento demográfico, parte del cual se utilizaría, seguramente, para mantener a artesanos especializados. La existencia de un sistema que debió necesitar cierto nivel de redistribución nos indica que algún grado de desigualdad en la toma de decisiones debió haber existido.

Sin embargo, la ausencia de una evidencia clara que nos permita identificar la existencia de una jefatura, nos sugiere que estos cambios no habrían producido un efecto disruptivo en las dinámicas comunitarias predominantes. El crecimiento demográfico, por su parte, en lugar de fomentar la competencia, parece haber resultado en la ampliación de las familias, o bien en alianzas, como parece indicar la ubicación de los cementerios y los presuntos santuarios.

En resumen, si bien la formación social del período debió experimentar cambios, estos últimos se habrían mantenido dentro del marco comunitario tradicional, por lo que la toma de decisiones aún debió estar fundada en las desigualdades establecidas por el parentesco, la edad y el género. Es posible, por tanto, que fueran los cabezas de familia quienes, mediante diversos mecanismos, estuvieran a cargo de las decisiones comunitarias, sin adoptar, por ello, la forma de una jefatura.

Bibliografía

Alon, D. y Levy, T.E. (1989). "The archaeology of cult and the Chalcolithic sanctuary at Gilat", *Journal of Mediterranean Archaeology* 2 (2), 163-221.

Bourke, S.J. (2001). "The Chalcolithic period", en B. Macdonald, R. Adams y P. Bienkowski (eds.), *The Archaeology of Jordan*, Sheffield, 107-163.

Bourke, S.J. (2002). "The origins of social complexity in the south Jordan valley: new evidence from Teleilat Ghassul, Jordan", *Palestine Exploration Quarterly* 134, 2-27.

Cohen-Weinberger, A. (2013). "Provenance study of clay ossuaries and other vessels", en D. Shalem, Z. Gal y H. Smithline (eds.), *Peqi'in. A Late Chalcolithic Burial Site, Upper Galilee, Israel*, Jerusalem, 387-390.

Dawson, L., Levy, T.E. y Smith, P. (2003). "Evidence of interpersonal violence at the Chalcolithic village of Shiqmim (Israel)", *International Journal of Osteoarchaeology* 13, 115-119.

Drabsch, B. y Bourke, S. (2014). "Ritual, art and society in the Levantine Chalcolithic: the «processional» wall painting from Teleilat Ghassul", *Antiquity* 88, 1081-1098.

Fried, M.H. (1967). *The evolution of political society. An essay in political anthropology*, New York.

Gal, Z., Shalem, D. y Smithline, H. (2011). "The Peqi'in cave: a Chalcolithic cemetery in upper Galilee, Israel", *Near Eastern Archaeology* 74 (4), 196-206.

Garfinkel, Y. (1999). *Neolithic and Chalcolithic pottery of the southern Levant (Qedem 39)*, Jerusalem.

Garfinkel, Y., Ben-Shlomo, D. y Kuperman, T. (2009). "Large-scale storage of grain surplus in the sixth millennium B.C.: the silos of Tel Tsaf", *Antiquity* 83, 309-325.

Gilead, I. (1988). "The Chalcolithic period in the Levant", *Journal of World Prehistory* 2 (4), 397-443.

Gilead, I. (2002). "Religio-magic behavior in the Chalcolithic period of Palestine", en S. Ahituv y E.D. Oren (eds.), *Aharon Kempinski memorial volume. Studies in archaeology and related disciplines*, Beersheva, 103-128.

Gilead, I. (2011). "Chalcolithic culture history: Ghassulian and other entities in the southern Levant", en Lovell y Rowan (eds. 2011), 12-24.

Gilead, I., Marder, O., Khalaily, H., Fabian, P., Abadi, Y. y Israel, Y. (2004). "The Beit Eshel Chalcolithic flint workshop in Beersheva: a preliminary report", *Mitekufat Haeven: Journal of the Israel Prehistoric Society* 34, 245-263.

Golden, J. (2010). *Dawn of the metal age. Technology and society during the Levantine Chalcolithic*, London.

Gopher, A. y Tsuk, T. (eds. 1996). *The Nahal Qanah cave. Earliest gold in the southern Levant*, Tel Aviv.

Goren, Y. (2008). "The location of specialized copper production by the lost wax technique in the Chalcolithic southern Levant", *Geoarchaeology* 23 (3), 374-397.

Gošić, M. y Gilead, I. (2015). "Casting the sacred: Chalcolithic metallurgy and ritual in the southern Levant", en N. Laneri (ed.), *Defining the sacred. Approaches to the archaeology of religion in the Near East*, Oxford-Philadelphia, 161-175.

Graham-Philip y William-Thorpe, O. (2001). "The production and consumption of basalt artifacts in the southern Levant during the fifth-fourth millennia B.C.: a geochemical and petrographic investigation", en A.R. Millard (ed.), *Archaeological sciences 1997*, Oxford, 11-30.

Grigson, C. (1995). "Plough and pasture in the early economy of the southern Levant", en Levy (ed. 1995), 245-268.

Hauptmann, A. (2007). *The archaeo-metallurgy of copper. Evidence from Faynan, Jordan*, Berlin.

Horwitz, L.K. y Tchernov, E. (1989). "Animal exploitation in the early Bronze age of the southern Levant", en P. de Mirsochedji (ed.), *L'urbanisation de la Palestine à l'âge du bronze ancien. Bilan et perspectives des recherches actuelles*, Oxford, 279-296.

Jaruf, P. (2013). "Los vínculos interregionales de la iconografía ghassuliense", *Antiguo Oriente* 11, 43-73.

Jaruf, P., Gandulla, B. y Milevski, I. (2014). "La estructura social del Calcolítico palestiniense: una propuesta de interpretación desde el materialismo histórico", *Antiguo Oriente* 12, 149-184.

Joffe, A.H. (2003). "Slouching toward Beersheva: Chalcolithic mortuary practices in local and regional context", en B.A. Nakhai (ed.), *The Near East in the southwest. Essays in Honor of William G. Dever*, Boston, 45-67.

Joffe, A.H. y Dessel, J.P. (1995). "Redefining chronology and terminology for the Chalcolithic of the southern Levant", *Current Anthropology* 36 (3), 507-518.

Joffe, A.H., Dessel, J.P. y Hallote, R.S. (2001). "The «Gilat woman»: female iconography, Chalcolithic cult, and the end of southern Levantine Prehistory", *Near Eastern Archaeology* 64 (1-2), 8-23.

Levy, T.E. (1983). "The emergence of specialized pastoralism in the southern Levant", *World Archaeology* 15 (1), 15-36.

Levy, T.E. (1995). "Cult, metallurgy and rank societies. Chalcolithic period (ca. 4500-3500 BCE)", en Id. (ed. 1995), 226-244.

Levy, T.E. (2005). "Foreword", en J. Clarke (ed.), *Archaeological perspectives on the transmission and transformation of culture in the eastern Mediterranean*, London, x-xii.

Levy, T.E. (2007). *Journey to the copper age. Archaeology in the Holy Land*, San Diego.

Levy, T.E. y Alon, D. (1985). "Shiqmim: a Chalcolithic village and mortuary centre in the northern Negev", *Paléorient* 11 (1), 71-83.

Levy, T.E. (ed. 1995). *The archaeology of society in the Holy Land*, London.

Lovell, J.L. & Rowan, Y.M. (eds. 2011). *Culture, chronology and the Chalcolithic. Theory and transition*. Oxford.

Marx, K. (1971). *Elementos fundamentales para la crítica de la economía política (Grundrisse) 1857-58* [1953], Buenos Aires, vol. 1.

Meadows, J. (2001). "Olive domestication at Teleilat Ghassul", en L. Hopkins y A. Parker (eds.), *The ancient Near East. An Australian postgraduate perspective*, Sydney, 1-14.

Milevski, I. (2009), "The copper age and inequality in the southern Levant, a review article: Levy, Thomas E. 2007. *Journey to the copper age. Archaeology in the Holy Land*. San Diego: San Diego Museum of Man", *Mitekufat Haeven: Journal of the Israel Society of Prehistory* 39, 1-28.

Milevski, I. y Barzilai, O. (2010). "Exchange networks in the late Prehistory of the southern Levant", leído en *7ᵗʰ International Congress on the Archaeology of the Ancient Near East*, London.

Miroschedji, P. de (1993). "Cult and religion in the Chalcolithic and early Bronze age", en A. Biran y J. Aviram (eds.), *Biblical archaeological today, 1990. Pre-congress symposium: population, production and power*, Jerusalem, 208-220.

Rosen, S.A. (1984). "The adoption of metallurgy in the Levant: a lithic perspective", *Current Anthropology* 25 (4), 504-505.

Rowan, Y.M. (2014). "The mortuary process in the Chalcolithic period", en M. Sebbane, O. Misch-Brandl y D.M. Master (eds.), *Master of fire. Copper age art from Israel*, Princeton-Oxford, 100-113.

Seaton, P. (2008). *Chalcolithic cult and risk management at Teleilat Ghassul. The Area E sanctuary*, Oxford.

Sereni, E. (1973). "La categoría de «formación económico-social»" [1970], en C. Luporini y E. Sereni (eds.), *El concepto de "formación económico-social"*, Buenos Aires, 55-95.

Service, E. (1984). *Los orígenes del Estado y de la civilización. El proceso de la evolución cultural* [1975], Madrid.

Shimelmitz, R. y Rosenberg, D. (2013). "Dull-edged weapons and low-level fighting in the late Prehistoric southern Levant", *Cambridge University Journal* 23 (3), 433-452.

Stein, G. y Rothman, M.S. (eds. 1994). *Chiefdoms and early States in the Near East. The organizational dynamics of complexity*, Madison-Wisconsin.

Suret-Canale, J. (1978). "Las sociedades tradicionales en África tropical y el concepto de modo de producción asiático" [1974], en A. Ruiz Rodríguez *et al.*, *Primeras sociedades de clase y modo de producción asiático*, Madrid, 199-233.

Ussishkin, D. (2014). "The Chalcolithic temple in Ein Gedi: fifty years after its discovery", *Near Eastern Archaeology* 77 (1), 15-26.

Winter-Livneh, R., Svoray, T. y Gilead, I. (2012). "Secondary burial cemeteries, visibility and land tenure: a view from the southern Levant Chalcolithic period", *Journal of Anthropological Archaeology* 31 (4), 423-438.

Yekutieli, Y. (2012). "Egypt and the southern Levant during the Naqada period: contact and resistance", en AA. VV., *Imports during Naqada period. A workshop investigating two sides of an Egyptian and southern Levantine phenomenon (Conference held at the W.F. Albright Institute of Archaeological Research, November 29, 2012)*, Jerusalem.

PODERES LOCALES DURANTE EL PERÍODO PALEOBABILÓNICO[1]

Andrea Seri

(UNIVERSIDAD NACIONAL DE CÓRDOBA /
UNIVERSIDAD NACIONAL DE ROSARIO)

Desde antes del desciframiento de la escritura cuneiforme en la segunda mitad del siglo XIX, por consiguiente, desde antes de que pudiera escribirse la historia de la Mesopotamia antigua a partir de fuentes nativas, influyentes pensadores occidentales habían caracterizado a diversos reinos de Oriente como formas de "despotismo oriental". Algunos pensaban que estas sociedades habían permanecido relativamente estancadas hasta la llegada de los colonizadores europeos. Ya en el siglo XX, esa versión del poder político oriental fue abonada con teorías que reafirmaban el carácter totalitario de los monarcas asiáticos[2]. Con el tiempo se forjó eso que Norman Yoffee (2005, 2) llama uno de los mitos del estado arcaico, es decir, que los primeros estados estaban

---

[1] Abreviaturas para las fuentes cuneiformes: AbB = Altbabylonische Briefe; ABIM = Altbabylonische Briefe des Iraq Museum; *ARN* = *Altbabylonische Rechtsurkunden aus Nippur*; AS = Assyriological Studies; *BAP* = *Beiträge zum altbabylonischen Privatrecht*; *BDHP* = *Business Documents of the Hammurabi Period*; BE = Babylonian Expedition of the University of Pennsylvania; BIN = Babylonian Inscriptions in the Collection of J. Nies; CT = Cuneiform Texts from Babylonian Tablets… in the British Museum; *JAOS* = *Journal of the American Oriental Society*; *JCS* = *Journal of Cuneiform Studies*; *JEOL* = *Jaarbericht van het Vooraziatisch-Egyptisch Genootschap Ex Oriente Lux*; LH = Laws of Hammurabi; *LIH* = *Letters and Inscriptions of Hammurabi*; *MAOG* = *Mitteilungen der Altorientalischen Gesellschaft*; MDOG = Mitteilungen der Deutschen Orient-Gesellschaft; MHET = Mesopotamian History and Environment: Texts; MLC = Signature of the Morgan Library Collection; OBTIV = *Old Babylonian Tablets from Ishchali and Vicinity*; OECT = Oxford Editions of Cuneiform Texts; TCL = Textes cunéiformes du Louvre: *TJA* = *Tablettes juridiques et administratives de la IIIe Dynastie d'Ur et de la 1e Dynastie de Babylone*; TLB = Tabulae cuneiformes a F. M. Th. de Liagre Böhl Collectae; *TS* = *Tell Sifr textes cunéiformes conservés au British Museum*; UCP = University of California Publications in Semitic Philology; UET = Ur Excavation Texts; VAS = Vorderasiatische Schriftdenkmäler der Königlichen Museen zu Berlin; *WO* = *Die Welt des Orients*; YBC = Signature of the Yale Babylonian Collection; YOS = Yale Oriental Studies.

[2] Para una síntesis de ese recorrido intelectual ver Anderson (1974, 462-495).

regidos por déspotas que controlaban el flujo de bienes, servicios e información y que imponían la ley y el orden.

En asiriología, el interés por las formas de gobierno se acentuó a partir de la década de 1940. Inicialmente el análisis estuvo centrado en la transición de regímenes igualitarios y democráticos a estados autócratas y autoritarios[3]. Por lo general se veía a las asambleas y a otros órganos colectivos como antiguos sobrevivientes de sistemas políticos pretéritos reducidos ahora a expresiones locales. A partir de la década pasada hubo un renovado interés por el estudio de los poderes locales[4]. En mi análisis sostengo que el apartarse de visiones que privilegian la centralidad del Estado permite comprender complejidades en la articulación de redes de poder superpuestas que no son aparentes desde una perspectiva eminentemente estatal. Investigo un grupo de instituciones con relativa independencia del Estado a los fines de considerar otras constelaciones de poder que operaban en la sociedad. Trazaré, entonces, el rol de autoridades locales como el jefe de la ciudad, los ancianos, la ciudad y la asamblea[5].

El contexto histórico y las fuentes

El período Paleobabilónico se extiende desde el 2000 al 1600 a.C.[6]. Bajo el marco de esta periodización de carácter filológico se encuadran procesos políticos y económicos que distan de ser homogéneos. De una etapa de competencia entre varios reinos con diferentes niveles de éxito en cuanto a la expansión y a la dominación territorial, se pasó a la hegemonía de Hammurabi durante las últimas dos décadas de su reinado, y a la continuidad, en ocasiones un tanto turbulenta, de sus sucesores. Las especificidades espaciotemporales de este conglomerado de reinos a lo largo de cuatrocientos años son difíciles de establecer debido a la

---

3   Son clásicos los trabajos de Jacobsen (1943) y Diakonoff (1969). En 1982, Finet editó un volumen sobre los poderes locales en Mesopotamia y las regiones adyacentes. Dos artículos dentro de esa compilación se refieren al período Paleobabilónico, el de Kraus (1982) y el de Kupper (1982).

4   La tendencia se inauguró un lustro antes con un artículo de Yoffee (2000). Ver Fleming (2004), Seri (2005) y Charpin (2010).

5   Existían otras instituciones como el *bābtum*, "distrito de la ciudad", el *kārum*, "autoridad del puerto" y los jueces locales, pero el estudio de las mismos excede el alcance de este artículo. Para el rol del *ḫazannum*, generalmente traducido como "alcalde", ver Taylor (2010).

6   Por convención, adopto la cronología media que sitúa al reinado de Hammurabi entre 1792 y 1750 a.C.

disparidad de la evidencia documental y arqueológica disponible. Existen grandes lagunas. De todas maneras, para el período Paleobabilónico el historiador cuenta con un corpus excepcional[7].

A diferencia de etapas anteriores, caracterizadas por la preservación de gran cantidad de documentos provenientes de instituciones como templos y palacios, en el Paleobabilónico aparece además un importante número de tablillas que registran transacciones privadas. Se cuentan, entre otras, cartas, compraventa de inmuebles, de esclavos, préstamos de cebada y plata, contratos de matrimonio, de divorcio, de herencia, división de propiedades. Existen también documentos sobre disputas entre particulares y entre particulares y el Estado. Esta situación privilegiada en cuanto a la disponibilidad de fuentes se ve opacada por factores como la desigual distribución de la evidencia en términos geográficos y tipológicos, el desconocimiento del lugar de proveniencia de algunos materiales por haberse originado en excavaciones poco profesionales o clandestinas, la falta de documentos provenientes de sitios importantes, la práctica de conservación o descarte de tablillas por parte de los antiguos, y el azar de los hallazgos arqueológicos. Un problema al que se le ha prestado poca atención en la literatura especializada es el de la excepcionalidad o la regularidad que representa la documentación. A pesar de esos inconvenientes, los textos permiten elaborar un cuadro de situación bastante aproximado aunque necesariamente provisional.

Los poderes locales

Una de las dificultades para este tipo de análisis es que a diferencia de lo que sucede en Grecia y Roma, en Babilonia no existían tratados que explicaran el funcionamiento de las instituciones. De manera que se impone armar un mosaico del que faltan muchas piezas y en el que las características del objeto de estudio no son evidentes. Para esta reconstrucción rastreé términos en documentos cuneiformes de archivo y, a partir de esos registros, efectué cruces de información con datos provenientes de las colecciones de leyes.

---

[7] Se desconoce el número documentos de archivo existentes. Muchos aún permanecen sin publicar en los depósitos de museos. Tampoco se sabe la cantidad de tablillas en colecciones privadas. En un artículo del 2013 se estimó que el número de documentos de archivos paleobabilónicos publicados en forma completa alcanza los 31.000 (Charpin: 2013, 45).

El jefe de la ciudad (rabiānum)

Durante el período Paleobabilónico el término *rabiānum*, "jefe", se utilizaba para designar a dos cargos distintos que no tenían relación entre sí. Por un lado, se usaba como título monárquico de ciertos reyes[8]. Por el otro, se empleaba para designar a la autoridad ejercida de manera temporal por un representante de los poderes locales. Éste último cargo es el que se discutirá en este trabajo.

El carácter fragmentario de la evidencia hace imposible reconstruir una secuencia completa de *rabiānum*s en localidades determinadas. Contamos con ejemplos que provienen de épocas y espacios distribuidos de manera irregular. Esto impide brindar detalles sobre la duración del puesto y la manera en que se seleccionaba al candidato. La evidencia tampoco permite afirmar si había variaciones en las diferentes ciudades en distintos momentos históricos o si las prácticas eran similares en diversos ámbitos históricos y geográficos.

Ha habido diferentes interpretaciones en cuanto al período de tiempo en el que se ejercía el cargo de *rabiānum*[9]. Mi estudio de los documentos publicados después de los años 70 muestra que no es posible, al menos aún, reconstruir secuencias de *rabiānum*s y que la rotación anual es improbable dada la fragmentación documental (Seri: 2005, 74). Tampoco se pueden generalizar conclusiones a partir de los datos existentes.

El *rabiānum* era designado para actuar como representante de los poderes locales de cuyo seno provenía, es decir, de los ancianos y de la ciudad[10]. Los miembros de esas instituciones formaban parte de las élites

---

8 Como título real, *rabiānum* solía estar seguido por un gentilicio, *e.g.*, *rabiān amurrî*, usado por los reyes Zabāya (*Syria* 45, 243; RIM 4, 112; Steinkeller: 2004, 146) y Abī-sarê (UET 8 65; YOS 14 sello 93) de Larsa, por Itūr-šarrum (AS 22, 119) y Sîn-gāmil (*Sumer* 2, 20) de Diniktum, por Arīm-Līm hijo de Ibâya (RIM 4, 700) de Mê-Turān, por Abda-el (*AS* 22, 26) de la región de Ešnuna, y por Ammī-Ištamar (RIM 4, 810) de ubicación desconocida. Itūr-Šamaš de Kisurra portaba el título de *rabiān rababî* (*MDOG* 13, 15) y Sūmu-Šamaš es hijo de Apil-Sîn, *rabiān amnāni* (CT 48 83) de Šadlaš (Seri: 2005, 55-96).

9 Landsberger (1955, 127) sugirió que el puesto de *rabiānum* rotaba anualmente entre los ancianos de la ciudad (*šībūt ālim*). Szlechter (1958, 109) objetó la rotación anual porque descubrió que un *rabiānum* ejerció por tres años consecutivos. Harris (1975, 60) planteó que en Sippar el cargo podía ejercerse sólo por un año, pero que era posible ejercerlo varias veces. Con nuevos documentos de Dilbat y Kutalla, Stol (1976, 80) sostuvo que la alternancia anual no era una práctica general.

10 La sospecha de Landsberger (1955, 127) está hoy confirmada por documentos que listan a los ancianos por nombre (*e.g.*, MHET II/2 n° 164). Que el *rabiānum* provenía

locales y actuaban en representación de la comunidad[11]. En general, el *rabiānum* tenía una independencia relativa del Estado ya que las inscripciones de los sellos de estos hombres no contienen la leyenda "servidor del rey", como es el caso de otros funcionarios reales[12].

El *rabiānum* tomaba decisiones sobre propiedades y personas. Podía proteger viviendas (ABIM 3, CT 43 110), autorizar obras (AbB 13 111), e intervenir en el intercambio de casas (*TJA* H 57). Era responsable de que personas de su ciudad comparecieran ante la justicia (*LIH* I 47, YOS 12 60). Su jurisdicción incluía delitos cometidos en la ciudad, especialmente en casos de robo de bienes (LH § 22, YOS 14 40, YOS 8 1, AbB 9 109) y abducción de personas (AbB 6 181). Junto con los ancianos y la ciudad, el *rabiānum* administraba bienes raíces, incluida la venta de propiedades urbanas[13]. Aunque algunos de esos bienes pertenecían a las autoridades, los documentos no aclaran por qué esas instituciones poseían propiedades o qué uso le daban a la plata obtenida de las ventas. El *rabiānum* podía recolectar impuestos, aunque se desconoce el alcance jurisdiccional (*e.g.* AbB 13 109; AS 16, 211; *OBTIV* 180; Haradum II n° 30 [Joannès: 2006]). Sus responsabilidades incluían ser testigo de actividades económicas y legales, lo que se explica por los posibles litigios que pudieran surgir a futuro. Las tablillas que lo tienen como testigo incluyen una variedad de asuntos, como casamientos, adopciones, donaciones, herencias, préstamos y recibos de plata, de granos y de otros productos, venta y contratación de esclavos, contratos de trabajo, alquiler y venta de propiedades inmuebles.

El *rabiānum* desempeñaba un papel en actividades rurales, ya que aparece como testigo en préstamos de granos para semilla, de plata para compra de productos agrícolas, en la contratación de trabajadores y en la venta de vacas y bueyes. Referencias breves indican que tenía cierta

---

también de "la ciudad" se desprende de algunos contratos (MHET II/5 n° 617 y n° 706, posiblemente también de YOS 13 352). Ver la opinión de Charpin (2007, 178-179).

11 Las actividades de ciertos *rabiānum*s muestran su situación económica y social privilegiada. Las hijas de alguno de ellos eran religiosas *nadītum* del dios Šamaš (Seri: 2005, 75).

12 Una excepción podría ser el caso del sello de Ibni-Eraḫ (YOS 14 42), servidor de Dāduša, un rey que había muerto cuando Ibni-Eraḫ aparece como *rabiānum*. Las opciones son que esta persona había dejado de ser funcionario al asumir como *rabiānum*, o bien que fue un líder local cooptado por autoridades reales.

13 Estas propiedades pertenecen a la ciudad (MHET II/5 n° 706, VAS 18 17), a la ciudad y al *rabiānum* (MHET II/6 n° 871), y al *rabiānum* y a los ancianos (MHET II/6 n° 903). En otros documentos el propietario no se menciona (MHET II/2 n° 164 y 617, YBC 4207). Una de las propiedades no tiene dueño (YOS 12 194).

autoridad sobre los graneros locales (*e.g.* CT 52 54, UCP 9/4 5). Junto con los ancianos, el *rabiānum* ocasionalmente repartía granos entre trabajadores (AbB 13 44, OECT 13 193) y era intermediario en el reclutamiento de trabajadores rurales (Stol: 1976, 90-96; Yoffee: 1977, 94-109). También intervenía en la distribución, asignación, alquiler y venta de tierras arables y huertos[14].

Los ancianos (šībūt ālim)

Las características de este cuerpo colegiado son difíciles de trazar en las fuentes y se ignoran detalles de su composición. Sólo en pocas tablillas aparecen listados por nombre. Indudablemente estos hombres eran notables, pero se desconoce si la designación incluía criterios de edad, riqueza, vínculos familiares y privilegios hereditarios. Tampoco se sabe la duración del cargo, si era vitalicio o si se renovaba periódicamente. La cantidad de personas que integraban la institución es incierta, aunque pudo haber variado en función de la cantidad de habitantes[15].

Los ancianos realizaban transacciones inmobiliarias tales como venta de propiedades urbanas, y alquiler e intercambio de campos y casas. En las ventas, la operación podía estar encabezada por un *rabiānum* y a veces también incluía a miembros de la ciudad[16]. En un caso, un individuo alquiló un campo de parte de un número de hombres y de los ancianos de la ciudad (YOS 13 491). Según un documento, el *rabiānum* y los ancianos le escribieron a un funcionario en relación con la producción estimada de un huerto que había sido descuidado (AbB 10 37). Otro cuenta que un hombre se dirigió a los ancianos para protestar porque el tamaño del rebaño a su cargo se había triplicado (YOS 2 52). Los ancianos intervenían, además, en asuntos de irrigación de campos[17].

---

14 Un *rabiānum* es intermediario entre el propietario y los funcionarios reales que rentan un campo por un año (BIN VII 211). Una tablilla registra la transferencia de una parcela a un funcionario por parte del *rabiānum* y de otros doce hombres (YOS 13 352). Y otras documentan asignaciones de campos (AbB 7 110 y YBC 4496).

15 Una carta menciona veinte ancianos reunidos para tratar un caso (YOS 2 50), otros documentos mencionan seis (*MAOG* IV 290), siete (MHET II/2 n° 164) y ocho (YOS 13 499).

16 Además de los ejemplos citados en el análisis del *rabiānum*, hay un documento en el que los ancianos venden una casa perteneciente a un hombre que pudo haber sido un *rabiānum* (*BDHP* 27); ver también VAS 29 19.

17 Una carta de Hammurabi insta a que los ancianos estén presentes durante trabajos en un canal de irrigación (BIN 7 7). Otra da cuenta de un conflicto por la irrigación de campos (AbB 10 171).

Hay casos de conflictos por la tenencia de tierras en los que los ancianos intervenían de diferentes maneras[18].

En casos referidos a robos, los ancianos solían actuar en concierto con el *rabiānum* o con otras autoridades (ABIM 33, ZATH n° 9, YOS 8 1, UCP 10/1 107). En ciertas tablillas de división de propiedad, los ancianos aparecen entre los testigos (*JCS* 26, 142-3 D), o en relación con la división de partes (CT 43 2). En la mediación de disputas legales, colaboraban con el *rabiānum*, con los jueces, con la ciudad, o con el distrito de la ciudad (*bābtum*)[19]. Funcionarios reales y jueces recurrían a los ancianos para resolver litigios, dirimir reclamos y prestar testimonio. Los ancianos compartían la función de bisagra entre la sociedad y el Estado con el *rabiānum*, con quien testificaban ante jueces (CT 8 6b), reclutaban trabajadores y redistribuían cebada (AbB 13 44) y raciones de comida (OECT 13 193), y recolectaban ciertos tributos[20].

La ciudad (ālum)

Como institución de autoridad, la ciudad está escasamente registrada. Sin embargo, existen indicios que permiten identificarla como un cuerpo colegiado diferente al de los ancianos y al de la asamblea[21]. Hay documentos en los que los ancianos y la ciudad aparecen lado a lado como entidades diferenciadas. Por ejemplo, un documento (TIM 4 5/6) sobre la disputa entre dos hermanos menciona que la ciudad se reunió en asamblea, investigó y dio un veredicto. Luego, ante la ciudad y los ancianos, una de las partes pagó lo que debía. Un *rabiānum* ofició de primer testigo[22]. De otra tablilla se desprende que los jueces no inte-

---

18   En una ocasión los ancianos amenazaron con confiscar por una deuda impaga (CT 33 20). En otra, reasignaron un campo que pertenecía a un soldado en servicio (CT 6 27b). A veces el poder central recurría a los ancianos para determinar la tenencia de un campo (OECT 3 40).

19   Los ancianos y el *rabiānum* interactúan en la mediación de disputas por campos (CT 48 19, VAS 7 7 + 152), y por el robo del tocado de (la estatua de) una diosa (TCL 11 245). Los jueces junto con los ancianos regulan la división de una propiedad (*BAP* 80). Los jueces, el *rabiānum* y los ancianos intervienen en la confirmación de derechos de propiedad de un jardín (*TS* 71). Los ancianos aparecen con el *bābtum* en el arbitraje de un litigio sobre una casa (VAS 7 56). Los ancianos adjudicaron un caso junto a tres hombres, dos de los cuales eran militares (YOS 14 72).

20   *AS* 16, Haradum II n° 30 (Joannès: 2006), MLC 202, MLC 203, MLC 256, MLC 443.

21   Ver la opinión de Charpin (2007, 178-179).

22   Otros ejemplos muestran a la ciudad y a los ancianos como entidades separadas: TCL 1 232, NBC 6757, VAS 13 20, *JEOL* 25 46, *TS* 58, TCL 40, Riftin 47, OECT 3 47,

graban la institución de la ciudad, porque se los nombra por separado junto con la ciudad y otras autoridades (MHET II/5 n° 837, TS 58). Una carta afirma que un funcionario real resolvió un caso legal junto con la ciudad y los ancianos, y que, debido a un nuevo reclamo, el rey mismo instruyó a su funcionario sobre cómo proceder (TCL 7 40). Aquí, nuevamente, los ancianos y la ciudad se mencionan de manera separada.

Generalmente se presenta a la ciudad como colectivo, sin enumerar a sus miembros. No obstante, hay ejemplos donde se lista a individuos que presumiblemente pertenecían a la ciudad[23]. Estos contratos registran transacciones inmobiliarias e incluyen al *rabiānum* u otra autoridad, a una lista de personas y a los ancianos. En el primer documento, el *rabiānum*, seis hombres y los ancianos vendieron una casa perteneciente a la ciudad; uno de esos hombres era un conocido sacerdote sanga y muy posiblemente otro haya sido un *rabiānum* (CT 48 19). En el segundo, un *rabiānum* y unos nueve hombres venden una casa que la compradora adquiere de la ciudad y el *rabiānum* (MHET II/5 n° 617)[24].

Otros dos documentos provenientes de la misma ciudad proveen información adicional. En el primero, un funcionario, más de dieciocho hombres y los ancianos venden una propiedad descripta como "casa de la ciudad" (VAS 29 19). En el segundo, se registra la venta de otra "casa de la ciudad" por parte de un *rabiānum*, diez hombres, y los ancianos (VAS 18 17)[25]. Es posible que, debido a que la casa se denomina "casa de la ciudad", los hombres que se enumeran entre el funcionario, el *rabiānum* y los ancianos sean representantes de la ciudad.

Como el *rabiānum* y los ancianos, la ciudad efectuaba transacciones inmobiliarias. Varios documentos muestran que ciertas propiedades pertenecían a la ciudad (MHET II/5 n° 706; VAS 18 17, 29 19). A veces esta institución era propietaria junto con el *rabiānum* (MHET II/6 n° 871) y con los ancianos (VAS 13 20). Cuando se consideran los inmuebles de la ciudad, se ve una estrecha colaboración entre el *rabiānum*, la ciudad y los ancianos. La ciudad aparece también como

---

y UCP 10/1 107.

23 A diferencia de los documentos de los ancianos, donde después de la lista de nombres, se especifica que son *šībūt ālim*, en los casos donde se nombran individuos vinculados a la ciudad, no hay aclaración. Nótese que en Haradum II 30 (Joannès: 2006), la ciudad le reclama impuestos a una persona que había ejercido el cargo de *rabiānum* y él restituye los bienes a individuos que parecen representar a la ciudad.

24 Ver YOS 13 256, un fragmentario certificado de propiedad de campos, que menciona a cuatro hombres y a los ancianos.

25 Ver en paralelo YOS 13 491.

vendedora de propiedades que pertenecían a terceras partes (YOS 12 321, MHET II/1 n° 96), y además decidía sobre algunas propiedades rurales. En una ocasión, la ciudad otorgó un campo después de que el poseedor del mismo muriera sin dejar herederos (CT 6 27b).

Los habitantes recurrían a la ciudad para obtener soluciones a algunos de sus problemas legales. Esto incluía la petición de certificaciones y la intervención en caso de delitos que ocurrían dentro de su territorio[26]. En la resolución de disputas, la ciudad actuaba con los ancianos, el *rabiānum*, los jueces, y funcionarios reales[27]. En una carta se menciona que una ciudad inició un reclamo contra un hombre que había comprado un huerto cinco años antes (VAS 16 142).

La asamblea (puḫrum)

Durante mucho tiempo se tendió a ver a las asambleas paleobabilónicas como sobrevivientes de formas de gobierno primitivas reducidas ahora a organismos locales dedicados a la resolución de conflictos legales (*e.g.* Jacobson: 1943, 165; Evans: 1958; Diakonoff: 1969, 183-185; Szlechter: 1970). En la actualidad, esa visión evolucionista se ha dejado de lado, puesto que las asambleas del período Dinástico Temprano no son ancestros directos de las del período Paleobabilónico (Yoffee: 2000).

Los documentos registran varios tipos de asambleas. La que aquí nos interesa es la que actuaba como uno de los poderes locales dentro del ámbito urbano. Es posible que esta asamblea haya estado conformada por diferentes partes cuya presencia pudo haber dependido del problema en consideración, aunque es posible que ciertas figuras, como por ejemplo los jueces, hayan sido miembros permanentes o hayan tenido responsabilidades vinculantes. Sin embargo, no hay descripciones autóctonas de los miembros de la asamblea.

Algunas tablillas mencionan como integrantes de la asamblea a los *awīlû* (AbB 3 114, 12 2 y 92, 13 64; TCL 18 151), una categoría de

---

26 La ciudad probaría que una mujer era habitante de Ida-Maraṣ (VAS 16 80). La ciudad de Ur expidió una tablilla para certificar que una persona infectó a otra con una enfermedad (UET 5 246). Las Leyes de Hammurabi (§§ 23 y 24) hacen responsable a la ciudad y al *rabiānum* por los bienes robados si el ladrón no es apresado. Un documento afirma que la ciudad liberó a un ladrón (YOS 2 109) y otro que la ciudad y los ancianos penaron a un ladrón (UCP 10/1 107).

27 Así, ciudad y ancianos (TCL 1 232, *JEOL* 25, 46, Riftin 47, *TS* 58, TIM 4 5/6); ciudad, jueces y *rabiānum* (MEHT II/5 n° 387); ciudad y jueces (*TS* 42); ciudad con el *rabiānum* como testigo (YOS 14 1 y CT 47 68a).

amplio rango semántico que puede interpretarse como "hombres", como "hombres libres", o como expresión de respeto, "señores" (Dombradi: 1996, 245; Fortner: 1996, 305-308). A algunos participantes de la asamblea se los menciona con sus títulos, por ejemplo, jueces (AbB 12 2, 13 114)[28], *rabiānum* (VAS 7 149), funcionario *mu'errum*, "barbero" (*gallābum*) y supervisor de mercaderes (AbB 7 88, 12 2), "portador de asiento" (gu-za-la$_2$) y "secretario de registros" (dub-sar za$_3$-ga). Esta diversidad incluye funcionarios reales (*mu'errum, gallābum*, gu-za-la$_2$, dub-sar za$_3$-ga), personas cuya vinculación precisa con el Estado es aún incierta (jueces y supervisor de mercaderes) y un representante de la comunidad (*rabiānum*). Es decir que la asamblea era una institución mixta donde interactuaban representantes de distintos sectores.

Las características y las formas en las que funcionaba la asamblea no se pueden precisar debido a la escasez documental. No hay certezas de quién la presidía[29]. Tampoco se puede establecer si funcionaba *ad hoc* o si se reunía periódicamente a intervalos regulares. Cierta evidencia hace suponer que la asamblea contaba con una estructura interna[30]. Los reclamos y disputas llegaban a la asamblea derivados por el rey (PBS 8/2 173, BE 6/2 10), por los jueces (PBS 5 100) o presentados por las partes en litigio (*ARN* 36; AS 16, 235). Aunque no se preserven discursos pronunciados en la asamblea, hay indicios de discusiones y difamaciones (AbB 12 2, VAS 16 124).

Con respecto a la competencia y a las funciones de la asamblea, en un grupo de tablillas usadas con fines pedagógicos, no necesariamente originadas en hechos reales, la asamblea se expide sobre casos de adulterio (*Sumer* 15, 12-14), ofensa sexual (*JAOS* 86, 359), homicidio (PBS 8/2 173), confirmación de filiación (PBS 5 100), reclamo de maternidad (*ARN* 59) y reclamos por herencias (*ARN* 36+PBS 8/I 47, BE 6/2+*ARN* 68). Hay registros de personas que declaraban en la asamblea (CT 45 60, VAS 7 149).

Comparados con los que mencionan al *rabiānum* o a los ancianos, los documentos relativos a la asamblea son pocos y casi la mitad de esas tablillas son cartas o textos pedagógicos. Cuando la asamblea decidía una

---

28 Nótese que LH § 5 afirma que el juez que revierte su propio veredicto será removido de su cargo en la asamblea.

29 Los candidatos propuestos incluyen, entre otros, al *rabiānum* (Cuq: 1910, 87-91) y al *mu'errum* (Charpin: 1980, 463; cf. Yoffee: 2000, 56).

30 Un hombre sin título tenía un asiento en la asamblea (TLB 4 35: 33-34). Dos documentos de Nippur (BE 6/2 53 y 54) mencionan los títulos aga$_3$-uš pu-uh$_2$-ru-um "pursuivant of the assembly" (Driver y Miles: 1952, 78) y nimgir pu-uh$_2$-ru-um, "heraldo de la asamblea". La mención a "cartas de la asamblea" (*e.g.*, AbB 12 2, 13 64 y TIM 2 110) implica cierta burocracia.

disputa (*WO* 8/2, 169), ésta no comprendía bienes inmuebles, excepto que se tratara de prebendas de templos (BE 6/2 10). La asamblea era el lugar donde se presentaban y se consideraban disputas, pero donde se tomaban sólo algunas decisiones. Otros casos se transferían a autoridades pertinentes, ya sea funcionarios reales, los ancianos, o la autoridad del puerto (*AS* 16, 235).

Conclusiones

Las autoridades aquí estudiadas incluyen aquellas que son relativamente independientes del Estado (el *rabiānum*, los ancianos, y la ciudad) y la asamblea, que tenía un carácter mixto, en donde convergían representantes de las comunidades y funcionarios del Estado. Cuando se habla de la relativa independencia de los poderes locales, es importante tener en cuenta el carácter complejo de la sociedad paleobabilónica. En ese contexto, la existencia de autoridades locales completamente autónomas era imposible, pues el funcionamiento de la economía y de la sociedad se basaba en la interacción y en la interdependencia entre la administración estatal y los representantes de la comunidad.

La estrecha relación entre el *rabiānum*, los ancianos y la ciudad es evidente no sólo por su actuación conjunta en varias actividades, sino también porque el *rabiānum* salía del concejo de ancianos y de la ciudad. Todos ellos eran miembros de las élites locales. Estas autoridades participaban en la administración local de justicia y en asuntos económicos tales como la distribución de ciertos recursos, el manejo de propiedades inmuebles y el reclutamiento de fuerza de trabajo. Los poderes locales operaban como mediadores entre la sociedad y el Estado. Los vínculos entre esas redes de poder estaban marcados por la colaboración y el conflicto. Algunos indicios sugieren que la influencia de las autoridades locales crecía cuando el Estado se debilitaba. La variedad de esas interacciones es un indicador claro de las complejas tramas políticas, económicas y sociales presentes en la sociedad paleobabilónica.

Bibliografía

Anderson, P. (1974). *Lineages of the absolutist state*, London.

Charpin, D. (1980). "Remarques sur l'administration paléo-babylonienne sous les successeurs d'Hammurapi," *Journal of the American Oriental Society* 100, 461-471.

Charpin, D. (2007). "Économie, société et institutions paléo-babyloniennes: nouvelles sources, nouvelles approaches", *Revue d'Assyriologie* 101, 147-182.

Charpin, D. (2010). "Les pouvoirs locaux à l'époque paléo-babylonienne: le cas du maire et des anciens de Harrâdum", en Y. Hazırlayan y Ş. Dönmez (eds.), DUB.SAR É.DUB. BA.A. *Studies presented in honour of Veysel Donbaz*, Istanbul, 41-54.

Charpin, D. (2013). "«Garde ma lettre en témoignage». Le rôle de la correspondance dans le système juridique mésopotamien de la première moitié du deuxième millénaire av.n.è", en U. Yiftach-Firanko (ed.), *The letter. Law, state, society and the epistolary format in the ancient world*, Wiesbaden, 45-60.

Cuq, É. (1910). "Essai sur l'organisation judiciaire de la Chaldée à l'époque de la première dynastie babylonienne", *Revue d'Assyriologie* 7, 65-100.

Diakonoff, I. (1969). "The rise of the despotic state in ancient Mesopotamia", en Id. (ed.), *Ancient Mesopotamia*, Moscow, 173-203.

Dombradi, E. (1996). *Die Darstellung des Rechtsaustrags in den altbabylonischen Prozessurkunden*, FAOS 20, Stuttgart.

Driver, G. y Miles, J. (1952). *The Babylonian laws*, Oxford.

Evans, G. (1958). "Ancient Mesopotamian assemblies", *Journal of the American Oriental Society* 78, 1-11.

Finet, A. (ed. 1982), *Les pouvoirs locaux en Mésopotamie et dans les régions adjacents*, Bruxelles.

Fleming, D. (2003). *Democracy's ancient ancestors. Mary and early collective government*, Cambridge.

Fortner, J. (1996). *Adjudicating entities and levels of legal authority in lawsuit records of the Old Babylonian era*, Cincinnati, Ph.D. Dissertation, Hebrew Union College.

Harris, R. (1975). *Ancient Sippar. A demographic study of an Old Babylonian city (1894-1595)*, Leiden.

Jacobsen, T. (1943). "Primitive democracy in ancient Mesopotamia", *Journal of Near Eastern Studies* 2, 159-172.

Joannès, F. (2006). *Haradum II. Les textes de la période paléo-babylonienne (Samsu-iluna-Ammi-ṣaduqa)*, Paris.

Kraus, F.R. (1982). "*kārum* ein Organ städtischer Selbstverwaltung der altbabylonischen Zeit", en Finet (ed. 1982), 29-42.

Kupper, J.R. (1982). "Les pouvoirs locaux dans le royaume de Mari", en Finet (ed. 1982), 43-53.

Landsberger, B. (1955). "Remarks on the archive of the soldier Ubarum," *Journal of Cuneiform Studies* 9, 121-131.

Seri, A. (2005). *Local power in old Babylonian Mesopotamia*, London.

Steinkeller, P. (2004). "A history of Mashkan-shapir and its role in the kingdom of Larsa", en E. Stone y P. Zimansky (eds.), *The anatomy of a Mesopotamian city. Survey and soundings at Mashkan-shapir*, Winona Lake, 26-42.

Stol, M. (1976). *Studies in Old Babylonian history*, Leiden.

Szlechter, E. (1958). *Tablettes juridiques de la 1ᵉ dynastie de Babylone conservées au Musée d'Art et d'Histoire de Genève*, Paris.

Szlechter, E. (1970). "Les assemblées en Mésopotamie ancienne", en *Liber Memorialis Georges de Lagarde*, Paris-Leuven, 3-21.

Taylor, J. (2010). "Hazannum: the forgotten major", en L. Kogan *et al.* (eds.), *City administration in the ancient Near East*, Winona Lake, 207-223.

Yoffee, N. (1977). *The economic role of the crown in the Old Babylonian period*, Malibu.

Yoffee, N. (2000). "Law courts and the mediation of social conflict in ancient Mesopotamia", en J. Richards y M. van Buren (eds.), *Order, legitimacy, and wealth in ancient states*, Cambridge, 46-63.

Yoffee, N. (2005). *Myths of the archaic state. Evolution of the earliest cities, states, and civilizations*, Cambridge.

LA ALIANZA ASIMÉTRICA EN EL LEVANTE SEPTENTRIONAL: UNA REVISIÓN DE LA RELACIÓN DE "VASALLAJE" HITITA

Emanuel Pfoh

(CONICET / UNIVERSIDAD NACIONAL DE LA PLATA)

El alcance de los conceptos de feudalismo y vasallaje

La imagen de una ordenación socioeconómica feudal y de una presencia de relaciones vasalláticas de dominación política en varias de las principales sociedades del Cercano Oriente antiguo se sostuvo de manera generalizada entre los orientalistas, especialmente durante la primera mitad del siglo XX[1]. En el particular caso del reino de Ḫatti, en efecto, la existencia de una relación de tipo feudal a nivel de la organización interna del reino parecía confirmarse sin lugar a dudas, a partir de una interpretación directa de las principales fuentes textuales descubiertas a principios del siglo XX: un rey poderoso, a quien los funcionarios debían jurarle fidelidad y quien otorgaba tierras y/o favores en retorno, y que además replicaba la práctica de instaurar una relación de subordinación, a través de un juramento en la forma de un tratado de sumisión, obediencia y lealtad, con los reyes o líderes de los reinos conquistados, concretando formalmente así una alianza asimétrica.

La formulación clásica del feudalismo hitita (y, en general, del Cercano Oriente antiguo) la proporciona K. Ebeling en su entrada «Feudalismus» en el *Reallexikon der Assyriologie* de 1971:

> "También en Ḫatti la estructura social se puede caracterizar como feudal. En la cima se ubica el rey y la aristocracia (propietarios de tierras y dignatarios de la corte, en hitita *panku*). Estos últimos se ubican ante el rey de igual modo que en la relación entre un feudatario y un señor feudal, pero con derechos de mérito frente al rey. En los siguientes

---

1   En particular, sobre la región del Levante: cf. Gray (1952a; 1952b); Boyer (1955); Alt (1959a; 1959b); Rainey (1962).

escalones de la pirámide estatal se encuentran los [hombres] libres (comerciantes y sacerdotes), semi-libres (guerreros, artesanos y agricultores) y, finalmente, esclavos (la administración estatal [*sic*]). Sin embargo, las diferencias entre los distintos estamentos tienden a ser menos estrictas en los períodos más recientes. De un Estado feudal se pasa gradualmente a un Estado de funcionarios"[2].

No obstante estas formulaciones, la idea de un "feudalismo hitita" debe revisarse y, probablemente ser totalmente rechazada como posibilidad interpretativa, debido esencialmente al anacronismo que supone y a las características que connota respecto de las relaciones feudovasalláticas medievales. En las ahora viejas, pero aún relevantes, palabras de R. Boutruche (1995 [1968], 201):

"La organización hitita ofrece evidentes analogías con los vínculos de dependencia eurofrancos; no obstante, se impone cierta cautela. Una de las fuentes esenciales, el Código hitita, describe los lazos que ligan al rey con sus subordinados inmediatos; establecidos mediante juramentos renovados periódicamente, invocando y ofrendando a los dioses, unían a jefes de protectorados con una potencia protectora, o a príncipes herederos y altos funcionarios con un soberano, antes que a vasallos con un señor. Detentaban carácter público, no privado. Finalmente, los cargos y dominios concedidos estaban desprovistos de aquellos elementos característicos que hacen a la compleja naturaleza del feudo. De contextura frágil, el Imperio hitita, por una parte, era centralizado en las regiones sometidas directamente al rey; por la otra, [tenía una configuración] federal. Es posible señalar dudas sobre el carácter feudal del reino hitita, en razón ya sea del prestigio ostentado por la monarquía de esencia divina, cuyo representante era deificado luego de la muerte, o bien del mantenimiento de la ley en manos del rey; también se podrían destacar la importancia de las ciudades, donde vivía la aristocracia, los recursos que el poder monárquico extraía en particular de la economía comercial y que le permitieron mantener la administración y un fuerte ejército. Del mismo modo, la sociedad tampoco evidenciaba rasgos feudales; en ella se desconocen escalonamientos de vasallos y subvasallos, de feudos

---

[2] Ebeling (1971, 54; todas las traducciones al castellano son mías). Sin dudas, hablar de "dependientes de palacio" es un mejor modo de referirse a lo que Ebeling llama "esclavos" (*Sklaven*), para distinguirlos de los individuos carentes de toda libertad, por ejemplo, los prisioneros de guerra, aun a sabiendas de que *todos* los súbditos del rey eran sus sirvientes; cf. al respecto Liverani (1976, 80-81).

y subfeudos. En todo caso, la documentación no conservó datos que testimonien relaciones feudovasalláticas personales de carácter privado".

A pesar de esta temprana crítica, la terminología de la relación de vasallaje persistió en los estudios del Cercano Oriente antiguo durante la segunda mitad del siglo XX y continúa en la actualidad sin ser mayormente cuestionada[3]. Sin embargo, deben resaltarse las notables diferencias estructurales entre la relación de vasallaje europea medieval y la relación de subordinación política en el Levante septentrional de la Edad del Bronce Tardío (1550-1200 a.C.), como indicaba Boutruche. La diferencia más relevante a los efectos de la presente discusión tal vez resida en el hecho de que los derechos políticos –si se nos permite esa expresión– de la parte subordinada no estaban explicitados en los tratados hititas, a diferencia de los vínculos feudovasalláticos, y dependían en cambio de la voluntad de la parte superior de la relación (*contra* Westbrook: 2005, esp. 223-224). Asimismo, como había observado M. Bloch (1989 [1940], 172) en su célebre estudio *La société féodale*: "El homenaje vasallático era un contrato genuino y bilateral. Si el señor fallaba en cumplir sus responsabilidades, perdía sus derechos". Esta situación jamás ha sido observada en la relación de alianza entre el rey hitita y los monarcas de la Siria septentrional. La autoridad política de la relación de alianza yacía, en última instancia, en la persona del rey que imponía la subordinación, no en el tratado en sí mismo. Volveremos a esta cuestión más adelante.

Desde el ámbito de la hititología, la idea de un feudalismo hitita fue parcialmente rechazada a partir de los años '70, especialmente por A. Archi (1977) y F. Imparati (1982), aunque la terminología medieval sobrevivió a estas revisiones. Ambos autores propusieron considerar las pautas de la organización interna del reino hitita siguiendo un modelo de los dos sectores, o propio del modo de producción asiático (Archi: 1977, 16; cf. también Zamora: 1997). Con todo, aquí podemos adherir a la crítica que recientemente ha hecho J.D. Schloen no sólo al modelo del feudalismo, sino también al de los dos sectores para el reino de Ḫatti, proponiendo en su lugar un modelo para la sociedad hitita que se sustenta en la autoridad política patriarcal, o mejor, *patrimonial*, de acuerdo con la cual los funcionarios del reino, pero también los reyes extranjeros súbditos del rey hitita, están comprendidos en un modelo

---

3   Cf., por ejemplo, Lafont (1998), quien, no obstante, es cauta en sus observaciones.

estatal que se organiza a partir de premisas análogas a las de la "casa solariega" (*household*), en tanto que

> "[…] existe suficiente evidencia para sostener la opinión de que la dominación hitita estaba legitimada y era implementada de acuerdo con un modelo de autoridad política basado en relaciones propias de la «casa solariega» personal, antes que en un modelo burocrático impersonal. Como en otras partes durante este período [la Edad del Bronce Tardío; EP], el Estado entero y su aparato administrativo era considerado la «casa» del rey y los funcionarios reales eran sirvientes que dependían del rey o, en el nivel más alto, sus «hijos»" (Schloen: 2001, 311).

Ahora bien, teniendo en cuenta la perspectiva de un Estado patrimonial para Ḫatti, de un poder político anclado en una concepción personalizada de las jerarquías políticas del reino, debemos atender al carácter específico que tenían los así llamados "tratados de vasallaje", especialmente con respecto al rol que desempeñaban en la sujeción política de los reinos conquistados o subyugados.

Tratados y alianzas, coerción y dominación

El marco estructural en el que se desarrollan los acontecimientos políticos durante buena parte de la Edad del Bronce Tardío es usualmente referido en los estudios especializados como "internacionalismo", con la intención de describir y explicar la comunicación política entre los grandes poderes del período (Egipto, Ḫatti, Babilonia y Mittani, luego reemplazado este último por Asiria)[4]. En el Levante septentrional, Ḫatti intervino política y militarmente por el control del territorio, derrotando primero a Mitanni y estableciendo luego una zona de disputa con la presencia egipcia en el sur. En este contexto local de dominio externo de Siria podemos comenzar a vislumbrar la clave para comprender la necesidad de pautar fórmulas, en el plano de la expresión ritual-simbólica, de lealtad y obediencia, con sus respectivos castigos y penalidades ante una traición, en estos tratados.

Desde un punto de vista historiográfico, en las investigaciones del Cercano Oriente antiguo, el estudio de las formas de vincular dos entidades sociopolíticas a partir de un pacto o un tratado halla un primer antecedente de importancia en el estudio de V. Korošec, desde una

---

4   Véase Liverani (2003 [2001]); tambén el tratamiento y la discusión en Pfoh (2016, Parte I).

perspectiva jurídica, sobre los tratados hititas de los siglos XIV y XIII a.C.[5]. De acuerdo con este investigador, se puede establecer un formulario básico de los tratados hititas, el cual comprendía:

1) un preámbulo que da el nombre del soberano, legitimándose así su posición dinástica y se pone de relieve el hecho de que pertenece sólo a él toda iniciativa;
2) un prólogo histórico en el que se narra la historia de las condiciones anteriores que condujeron a un príncipe (de Siria, o de Anatolia occidental) a querer establecer relaciones con Ḫatti (aunque en realidad esto no haya sucedido así);
3) las estipulaciones, vale decir, una lista de obligaciones mutuas que siempre tienen mayor gravitación para el protegido que para el rey protector: a) obediencia del pequeño rey o príncipe protegido al rey hitita; b) prohibición al "vasallo" de llevar una política independiente en lo que hace a las relaciones con otras *polities*; c) asistencia militar obligatoria en provecho del rey hitita; d) devolución al rey de Ḫatti de los eventuales fugitivos hititas, sin que haya reciprocidad equilibrada de parte de éste; e) pago de un tributo (a veces ligero, a veces pesado) al soberano hitita; f) asistencia material a las tropas hititas que tengan que establecerse o pasar por el país del pequeño rey o príncipe protegido. El cumplimiento de todas estas instancias le aseguraban al local protegido la estabilidad en su trono así como la sucesión;
4) las disposiciones relativas al depósito del documento en un templo y su lectura pública regular, especialmente ante la presencia del príncipe protegido, para recordarle tanto sus obligaciones así como que la alianza con Ḫatti era la mejor solución;
5) una lista de dioses como testigos[6], cuya cólera se abatiría sobre la parte que no respetase el acuerdo. Debe notarse que la lista de dioses hititas era considerablemente mayor que el listado de dioses del príncipe bajo protección;

---

5 Cf. Korošec (1931; 1960); también Imparati (1999, esp. 359-363, 365 ss. [relaciones de "protectorado" o subordinación], y 363-364 [relaciones paritarias o de hermandad]; Starke (2005-2006, 219 ss.).
6 Cf. Freu y Mazoyer (2007, 375-378).

6) una serie de fórmulas de maldición para el príncipe que no respete el tratado y de bendición para aquél que sí lo haga[7].

La mayor parte de los tratados hititas conocidos son relativos a los reinos llamados "protegidos". Vale decir, como indica Lebrun,

"[…] cuando un país entraba espontáneamente o tras una conquista en el ámbito político hitita, el rey de Ḫatti imponía a este nuevo aliado un tratado de protectorado (hitita *isḫiul*: lit. «vínculo»). [Sin embargo], no era un tratado entre dos estados, sino más bien el establecimiento de un código de relaciones personales que había que observar *cum bona fide*"[8].

No obstante la aparente y manifiesta igualdad de obligaciones, vale decir, la retórica de la simetría que se observa en varios tratados, era evidente que el rey hitita era quien imponía las condiciones y su protegido quien debía observar la mayor parte de las cargas estipuladas[9]. Tanto en lo que respecta a la naturaleza política de estos tratados externos al reino, como a las instrucciones internas del reino, la imposición de una obligación y un juramento *desde arriba*, esto es, de parte desde un superior –la mayoría de las veces el rey, aunque en otras instancias un alto funcionario– sobre un subordinado interno o externo es el procedimiento normativo de la dominación hitita (cf. Miller: 2013, 1-13).

Similares condiciones se detallaban en los tratados con otras organizaciones sociopolíticas de la franja levantina del Mediterráneo, como los reinos de Amurru y de Ugarit[10]. La lealtad de Amurru hacia el reino hitita fue fundamental para la organización del dominio de Siria por parte de Muršili II (*ca.* 1318-1290 a.C.), especialmente ante la irrupción de revueltas en la región de Nuḫašše y en la de Qadeš. Al respecto, poseemos una versión acadia y una hitita del tratado efectuado entre

---

7   Cf. Briend, Lebrun y Puech (1994 [1992], 5-6, 16-17); Beckman (1996, 1-6). Asimismo, como señala Korošec (1960, 66), estos tratados obligaban a los vasallos hititas a acudir cada año a Ḫattušaš, residencia real hitita, para rendir allí los homenajes al soberano y para entregarle el tributo anual.

8   Lebrun, en Briend, Lebrun y Puech (1994 [1992], 16). Cf. Korošec (1931, 21-35); Starke (2005-2006, 218). Al respecto, véanse también las consideraciones en torno a la ideología de la protección y la amistad entre "grandes reyes" y "pequeños reyes" en Liverani (2003 [2001], 183-195); Imparati (1999, 358-387).

9   Esto es algo evidente, por ejemplo, en el tratado que Ḫatti estableció con Kizzuwatna (*ca.* siglo XIV a.C.); cf. Liverani (1973).

10 Véase Singer (1991; 1999). Pequeños reinos, como Amurru y Ugarit, mantenían relaciones entre sus respectivas casas reales y con otras *polities* aun menores también a partir de formulaciones patrimoniales: cf. *CTH* 54; Lackenbacher (2002, 64-66); Freu (2006, 76, 177).

dicho rey y Tuppi-Teššup de Amurru[11]. De igual manera, en el archivo de Ugarit (Ras Šamra) se encontró una copia del tratado entre Muršili II y Niqmepa (1313-1267 a.C.) que estipula similares condiciones de fidelidad, obediencia y (aparente) reciprocidad[12].

Las alianzas y relaciones entre grandes y pequeños reyes en Asia sudoccidental se conducían también a través de protocolos patrimoniales; aunque en el caso de una interacción entre reinos de distinto estatus político, este procedimiento adopta instancias propias de las relaciones patrón-cliente, esto es, relaciones personalizadas de vinculación política que pueden comprenderse como una alianza de dos partes pero que resultan esencialmente asimétricas en su propia estructuración, con una parte superior imponiendo, aunque no de manera absoluta, las condiciones de la alianza y una parte inferior sometida pero alcanzada por los beneficios relativos de la relación, puesto que las relaciones patrón-cliente están siempre mediadas por normas de reciprocidad[13].

En efecto, este tipo particular de vinculación sociopolítica parece ser evidente en la propuesta de alianza que realiza Šuppiluliuma de Ḫatti (*ca.* 1355-1320 a.C.) a Niqmadu II de Ugarit (*ca.* 1350-1315 a.C.), en un contexto de enfrentamiento del reino hitita con otros reinos menores de Siria:

> "Puesto que Nuḫaš[še] y Mukiš están en guerra conmigo, tú, Niqmadu, no les creas: ¡ten confianza en ti mismo! Así como, con anterioridad, tus padres eran amigos y no enemigos de Ḫatti, ¡Tú, Niqmadu, eres de mi enemigo, enemigo, y de mi amigo, amigo! Si tú, Niqmadu, entiendes las palabras del Gran Rey, tu señor, y les eres fiel, tú tendrás el favor del Gran Rey, por lo que el Gran Rey, tu señor, te gratificará"[14].

La proposición condicional, que expresa un intercambio de lealtad política al rey hitita por protección y gratificación para el rey ugarita, evidencia claramente una propuesta de relación que ciertamente puede ser interpretada a partir de las instancias constitutivas del patronazgo. Dicha oferta difícilmente podría haber sido rechazada, puesto que las propuestas de alianzas a través de relaciones personales que realiza el reino

---

11   *CTH* 62. Cf. la traducción en Beckman (1996, 54-59); también Briend, Lebrun y Puech (1994 [1992], 18-25, 26-30).
12   *CTH* 66; Beckman (1996, 59-64); Lackenbacher (2002, 78-85).
13   Sobre las relaciones de patronazgo en la región del Levante, véase en detalle Pfoh (2016: Caps. 7-8).
14   RS 17.132: 3-18 (*PRU* IV, 35-36).

de Ḫatti constituyen, en efecto, un modo particular del que disponen los hititas para manifestar un poderío militar que no hubiera podido ser contrarrestado de manera individual por los pequeños reinos del Levante septentrional.

Observamos en la documentación que Niqmadu, ante la escena geopolítica en la que se encuentra inserto, accede a la oferta de alianza de Šuppiluliuma, tal como se relata en el decreto promulgado luego por el rey hitita a tales efectos:

> "En tanto que todos los reyes de Nuḫaš[še] y el rey de Mukiš están en guerra con el Sol, gran rey, su señor, Niqmadu, rey de Ugarit, fue amigo del Sol, gran rey, su señor; no enemigo. Los reyes de Nuḫaš[še] y el rey de Mukiš habían presionado a Niqmadu, rey de Ugarit, en los siguientes términos: «¿Por qué no te apartas del Sol y con nosotros [le] haces la guerra?». Pero Niqmadu no quería estar en guerra con el señor, gran rey, su señor; y el Sol, gran rey, su señor, conoció (de este modo) la lealtad de Niqmadu. Entonces Šuppiluliuma, gran rey, rey de Ḫatti, ha hecho un acuerdo para Niqmadu, rey de Ugarit, en los siguientes términos: «Tu tributo al Sol, Gran Rey, tu señor, será: ... [sigue una descripción del tributo; EP]». [...] El Sol, Gran Rey, había conocido la lealtad de Niqmadu cuando él vino y se arrojó a los pies del Sol, Gran Rey, su señor. El Sol, Gran Rey, su señor, le ha obsequiado este acuerdo en estos términos. ¡Que estas palabras, escritas en esta tablilla, sean reconocidas en verdad por los Mil Dioses! ¡Que el Sol del cielo, el Adad de Arinna, el Adad del cielo, el Adad de Ḫatti, en verdad que sepan de aquel que modifique las palabras de esta tablilla!"[15].

El acuerdo aludido en este decreto, a nuestro juicio, y como ya lo hemos sugerido, no representa una instancia formalmente legal de acuerdo entre dos partes, sino la concesión del rey hitita a su súbdito leal, a su rey cliente, de garantías sobre el reino sometido a cambio de un tipo de tributo que, de otro modo, vale decir, ante una conquista militar plena de parte de Ḫatti, estarían ausentes. Esta imposición representaba, antes bien, una estrategia de dominación que reducía los costos generales de logística y administración para el Estado de Ḫatti y que significaba un beneficio relativo, dentro de un esquema de subordinación, para Ugarit. La operatividad de esta relación asimétrica entre

---

15 RS 17.227 (*PRU* IV, 40-43) = *CTH* 47.

los reyes puede comprenderse, entonces, a partir de la articulación de relaciones de patronazgo.

También podemos evidenciar una dinámica análoga en el arbitraje que realiza el rey hitita Muršili II sobre disputas territoriales en Siria bajo su control y soberanía:

"En un principio, la ciudad de Iyaruwatta perteneció a la tierra de Barga. Luego fue tomada por la fuerza por el abuelo de Abiradda, y pasó bajo el poder del rey de la tierra de Ḫurri [Mitanni], quien se la dio al abuelo de Tette, el *ḫabiru*. Luego, sucedió que Tette y EN-urta hicieron la guerra contra Mi Majestad, mientras que Abiradda se situó del lado de Mi Majestad. Él persiguió a EN-urta, el enemigo de Mi Majestad, fuera de la tierra, y él mismo vino a la tierra de Ḫatti, ante Mi Majestad. Se arrodilló a mis pies, y me dijo lo siguiente: «Puesto que la ciudad de Iyaruwatta pertenecía en un principio a mi abuelo, devuélveme la ciudad de Iyaruwatta vacía, con sus muros, dioses y espíritus ancestrales». [...] Y yo, Mi Majestad, finalmente destruí a EN-urta, junto con su casa y su tierra. Pero su trono, casa y tierra, a los que perdoné, se los di a Abiradda y lo hice rey en la tierra de Barga. Y Abiradda instaló para sí mismo a su hijo Ir-Teššup como príncipe heredero. En el futuro, cuando Abiradda muera, él dejará para su hijo Ir-Teššup su trono, tierra y casa"[16].

Una vez más, la lealtad de un rey súbdito era recompensada, en este caso, con la instalación de su dinastía en el trono de un territorio conquistado. La palabra del edicto, al igual que los tratados de subordinación, representaba pues la voluntad del rey hitita, performando su rol de Gran Rey sobre el territorio dominado, como patrón de sus reyes clientes.

La relevancia político-ritual del tratado de alianza

Desde una perspectiva analítica crítica, proponemos que la relevancia de la imposición de estos tratados reside primeramente en el plano de lo ritual-simbólico-ideológico –el cual, por supuesto, incide con toda su potencia en lo real y de ninguna manera es un aderezo a las prácticas sociopolíticas– antes que en el aspecto formalmente jurídico, en un sentido de legalidad impersonal, de la alianza de vasallaje. El tratado que el rey hitita impone al rey sojuzgado sería ante todo una manifestación de su poder real en el plano de la representación de ese poder; sería,

---

16   *CTH* 41 y 49; Beckman (1996, 156, n° 2 y 5).

en palabras de P. Bourdieu (1993 [1992], 117), un *rito de institución*: "El acto de institución es un acto de comunicación, pero de una clase particular: notifica a alguien su identidad, pero a la vez que expresa esa identidad y se la impone, la expresa ante todos [...] y le notifica con autoridad lo que es y lo que tiene que ser". El tratado, entonces, posee una "eficacia simbólica" intrínseca y performa una "magia social" (Bourdieu: 1993 [1992], 115, 116) que colabora en manifestar, pero que también corrobora, la subordinación del pequeño rey ante el rey hitita, quien detentaba el poder político en dicha relación de subordinación. Así pues, ante la falta de cumplimiento de una de las partes, la reparación a quien se viera damnificado no se realizaría realmente a través de algún tipo de juicio exterior: por un lado, el rey de Ḫatti, aplicaría su fuerza, a modo de castigo por una eventual traición; el rey sujeto, por otro lado, poco podría hacer si se viera perjudicado en la relación más que hallarse desamparado, tal vez buscar un nuevo amo (obviamente, no podría llevar "su caso" ante una tercera parte, externa y ajena a la relación personal entre él y el rey de Ḫatti, a pesar de que un elenco de dioses son "testigos" del tratado).

En un reciente estudio sobre el "prólogo histórico" en los tratados de sumisión hititas, A. Altman (2004, 13) describe el carácter de dicho prólogo, en tanto servía "para presentar argumentos legales justificando la imposición de las obligaciones por parte del señor sobre la parte subordinada en el tratado, y privando a dicha parte de contestar la validez o la legalidad del tratado"; y luego sostiene:

"Para justificar la subyugación, las circunstancias «verdaderas» que condujeron a [dicha instancia] se registraban en el tratado; el rey subyugado debía jurar sobre el tratado, confirmando con eso su versión de los eventos políticos que llevaron a la subyugación; y copias del tratado se depositaban en el templo del principal dios de cada una de las partes. Si el rey subordinado decidía en el futuro renunciar al tratado de vasallaje y apelar a los dioses, sosteniendo la ilegalidad de la subyugación, la versión confirmada de los hechos estaría en su contra" (Altman: 2004, 184).

Estas afirmaciones poseen y expresan al menos dos problemas interpretativos. En primer lugar, se asume el discurso explícito, vale decir, la ideología del tratado hitita, como modelo analítico de la situación sociopolítica e histórica. En segundo lugar, se le confiere una operatividad jurídica al tratado que resulta, en verdad, anacrónica, por considerarlo un documento con el cual se podría recurrir a una tercera parte para solucionar disputas o conflictos. En efecto, lo que estamos poniendo bajo escrutinio, o mejor, en seria duda, es el carácter prescriptivo y jurídicamente estipulativo de los tratados hititas de "vasallaje", puesto que la disposición última de acatar lo pactado, especialmente desde el punto de vista del subyugado, proviene del juego de fuerzas implícito en el mismo tratado, además de estar avalado por un elenco de deidades hititas y otras. Proponemos aquí, pues, que aquello que obliga a estos "vasallos" a acatar lo pactado en los tratados no es una prescripción «jurídico-legal» externa a la relación entre las partes ni una corte divina, ante la cual se podría apelar en caso de incumplimiento de obligaciones por parte del rey hitita. Antes bien, la coerción proviene de la violencia simbólica –habilitando la posibilidad de una violencia física– que representa el tratado, en otras palabras: la intervención militar hitita, que aparece como indudable ante toda potencial trasgresión del "vasallo", y que se configura, en realidad, como *traición personal* hacia la figura del rey, antes que como *infracción jurídica* (*post tractatus*). Si bien los dioses actúan de garantes del tratado, sería por cierto sensato pensar que la *Realpolitik* del reino hitita, para cumplir o violar lo explicitado en el tratado, configuraría precisamente el designio de los dioses, puesto que era el monopolio de la coerción hitita el que dictaba el orden político de la situación, no la aparente legalidad de los tratados de sumisión.

Los tratados hititas, entonces, constituirían un soporte y una expresión simbólica de la dominación hitita, expresada a partir del dominio territorial de Ḫatti sobre los pequeños reinos y principados de Siria septentrional a través de relaciones de tipo patrón-cliente entre las casas reales. El hecho de que las relaciones de patronazgo, a primera vista, puedan ser comprendidas como un fenómeno limitado al ámbito local y personal de la política, en vez de a una esfera institucional, propia de la dominación de un Estado, no debería confundirnos. Tampoco la sola presencia de tratados firmados en las relaciones entre Estados. D. Lorton (1974, 178) señaló hace varios años que

> "para la ley, tanto doméstica como internacional, del Cercano Oriente antiguo, los documentos eran considerados solamente como evidencia, no como disposición. [...] La noción moderna del «tratado» como un documento dispositivo que se valida con las firmas de las partes es inaplicable a los usos de la ley en el Cercano Oriente antiguo".

Asimismo, el concepto de patronazgo no debería ser rastreado en la evidencia textual del Cercano Oriente antiguo de manera exacta con respecto a su presencia en el registro etnográfico contemporáneo, que es de donde surge su caracterización final. En cambio, el concepto de patronazgo debe probar su utilidad analítica, y como tal es posible flexibilizar su pertinencia si el análisis concreto de las prácticas, antes que de las instituciones, así lo permite. De este modo, las prácticas de subordinación que el Estado hitita impone sobre los reinos de Siria, en los términos que los tratados de alianza explicitan, admiten su interpretación a partir del concepto de patronazgo, como una manera alternativa –y tal vez más apropiada– de comprender aquello que la historiografía tradicional del Cercano Oriente antiguo ha concebido y designado como "vasallaje".

Bibliografía

Alt, A. (1959a). "Hohe Beamte in Ugarit", en Id. (1959), 186-197.

Alt, A. (1959b). "Menschen ohne Namen", en Id. (1959), 198-213.

Alt, A. (1959). *Kleine Schriften zur Geschichte des Volkes Israel*, München, vol. 3.

Altman, A. (2004). *The historical prologue of the Hittite vassal treaties. An inquiry into the concepts of Hittite interstate law*, Bar-Ilan.

Archi, A. (1977). "Il «feudalesimo» ittita", *Studi Micenei ed Egeo-Anatolici* 18, 7-18.

Beckman, G. (1996). *Hittite diplomatic texts*, Atlanta.

Bloch, M. (1989). *Feudal society, II. Social classes and political organization* [1940], London.

Bourdieu, P. (1993). "Los ritos como actos de institución", en J. Pitt-Rivers y J. Peristiany (eds.), *Honor y gracia* [1992], Madrid, 111-123.

Boutruche, R. (1995). *Señorío y feudalismo, vol. 1. Los vínculos de dependencia* [1968], Madrid.

Boyer, G. (1955). "La place des textes d'Ugarit dans l'histoire de l'ancien droit oriental", en C. Schaeffer (ed.), *Le palais royal d'Ugarit*, Paris, vol. 3, 283-308.

Briend, J., Lebrun, R. y Puech, É. (1994). *Tratados y juramentos en el antiguo Oriente Próximo* [1992], Estella.

Ebeling, E. (1971). "Feudalismus", en E. Ebeling, B. Meissner y D.O. Edzard (eds.), *Reallexikon der Assyriologie und Vorderasiatischen Archäeologie*, Berlin, vol. 3, 54-55.

Freu, J. (2006). *Histoire politique du royaume d'Ugarit*, Paris.

Freu, J. y Mazoyer, M. (2007). *Les débuts du nouvel Empire Hittite. Les Hittites et leur histoire*, Paris.

Gray, J. (1952a). "Canaanite kingship in theory in practice", *Vetus Testamentum* 2, 193-220.

Gray, J. (1952b). "Feudalism in Ugarit and Israel", *Zeitschrift für die Alttestamentliche Wissenschaft* 64, 49-55.

Imparati, F. (1982). "Aspects de l'organisation de l'État Hittite dans les documents juridiques et administratifs", *Journal of the Economic and Social History of the Orient* 25, 225-267.

Imparati, F. (1999). "Die Organisation des hethitischen Staates", en H. Klengel (ed.), *Geschichte des Hethitischen Reiches*, Leiden, 320-387.

Korošec, V. (1931). *Hethitische Staatsverträge. Ein Beitrag zu ihrer juristischen Wertung*, Leipzig.

Korošec, V. (1960). "Les Hittites et leurs vassaux syriennes à la lumière des nouveaux textes d'Ugarit (PRU IV)", *Revue Hittite et Asianique* 18, 65-79.

Lafont, S. (1998). "Fief et féodalité dans le Proche-Orient ancient", en E. Bournazel y J.-P. Poly (eds.), *Les féodalités*, Paris, 517-630.

Lackenbacher, S. (2002). *Textes akkadiens d'Ugarit. Textes provenant des vingt-cinq premières campagnes*, Paris.

Liverani, M. (1973). "Storiografia politica hittita. I: Šunaššura, ovvero: della reciprocità", *Oriens Antiquus* 12, 267-297.

Liverani, M. (1976). "Il modo di produzione", en S. Moscati (ed.), *L'alba della civiltà. Società, economia e pensiero nel Vicino Oriente antico*, Torino, vol. II, 1-126.

Liverani, M. (2003). *Relaciones internacionales en el Próximo Oriente antiguo, 1600-1100 a.C.* [2001], Barcelona.

Lorton, D. (1974). *The juridical terminology of the international relations in Egyptian texts through Dynasty XVIII*, Baltimore.

Miller, J.L. (2013). *Royal Hittite instructions and related administrative texts*, Atlanta.

Pfoh, E. (2016). *Syria-Palestine in the late Bronze age. An anthropology of politics and power*, London.

Rainey, A.F. (1962), *The social stratification of Ugarit*, Ann Arbor, Ph.D. dissertation, Brandeis University.

Schloen, J.D. (2001). *The house of the father as fact and symbol. Patrimonialism in Ugarit and the ancient Near East*, Winona Lake.

Singer, I. (1991). "A concise history of Amurru", en S. Izre'el (ed.), *Amurru Akkadian. A linguistic study*, Atlanta, 134-195.

Singer, I. (1999). "A political history of Ugarit", en W.G.E. Watson y N. Wyatt (eds.), *A handbook of Ugaritic studies*, Leiden, 603-733.

Starke, F. (2005-2006). "Los hititas y su imperio. Constitución, federalismo y pensamiento político", *Revista del Instituto de Historia Antigua Oriental* 12-13, 189-303.

Westbrook, R. (2005). "Patronage in the ancient Near East", *Journal of the Economic and Social History of the Orient* 48, 210-233.

Zamora, J.-A. (1997). *Sobre «el modo de producción asiático» en Ugarit*, Madrid-Zaragoza.

SEGUNDA PARTE:

GRECIA ANTIGUA

CLASES SOCIALES, SUBJETIVIDAD POLÍTICA Y TENSIÓN DEMOCRÁTICA.
APUNTES PARA UNA DISCUSIÓN SOBRE LA DETERMINACIÓN CLASISTA EN LA ATENAS CLÁSICA

Mariano J. Requena
(UNIVERSIDAD NACIONAL DE GENERAL SARMIENTO /
UNIVERSIDAD DE BUENOS AIRES)

Dedicaremos este trabajo a reflexionar sobre la lucha de clases a partir de la democracia ateniense desde la perspectiva abierta por el materialismo histórico. La tradición[1] supone una ausencia de lucha política esclava; así como reconoce formas de explotación entre los sectores ricos y pobres de la ciudadanía. Si las clases son la expresión social de la explotación y su antagonismo la forma política ante dicha situación, se nos presenta la dificultad de cómo encuadrar ambas dinámicas puesto que el *dictum* supone que la historia sea la historia de la lucha de clases (Marx y Engels: 1999, 29). Cabe aclarar que no pretendemos dar una respuesta plena a dichos problemas, simplemente nos proponemos revisitar una problemática teórica con la expectativa de reabrir el debate.

Marx no nos legó una conceptualización formal de las clases (Wright: 1994, 1-4), sino que fue tarea de sus continuadores desarrollar las categorías. Podemos señalar cuatro elementos comunes sobre las que se definen[2]: la existencia de un desigual reparto de los medios de producción; la existencia de la explotación, que se define como "apropiación del trabajo excedente" en desmedro de los productores directos; el "antagonismo" o la "contradicción" provocada por las condiciones de explotación, razón del conflicto entre clases; alguna forma de "conciencia", que habilite el reconocimiento e identificación de su situación concreta como clase, y que condicione sus prácticas individuales y colectivas.

---

1   Cf. Parain (1986); Vernant (1982); Padgug (1981); Ste. Croix (1988); Wood (1988; 2002); Plácido (2009).
2   Cf. Wright (1994); Wood (2000).

Tal vez una de las características más impugnadas sea la última al objetarse que la "conciencia" de clase sea un elemento necesario para la existencia de clases y lucha de clases. Asimismo, los demás elementos pueden resultar problemáticos puesto que ponen en juego las condiciones concretas a partir de las cuales se organizan las relaciones de producción que determinan la forma en que se producen las condiciones de existencia. Además, en tanto que nos ocupamos de una sociedad precapitalista se impone asumir la complejidad de las relaciones entre la base y la superestructura[3].

En todo caso, tomaremos como paradigmática la postura de Ste. Croix (1988, 60-61), quien se ocupaba tanto del mundo antiguo como de explicitar los conceptos que el marxismo aplicaba a la interpretación histórica. Al respecto, el autor señalaba:

"Una clase... es la expresión social colectiva del hecho de la explotación..., la apropiación de parte del producto del trabajo ajeno... [Es] un grupo de personas de una comunidad que se identifica por su posición... con las condiciones de producción... La posición legal... puede ayudar a determinar una clase: la parte que en ello tenga dependerá de la medida en que afecte al tipo y grado de explotación... Los individuos que conforman una determinada clase pueden ser total o parcialmente concientes o no de su propia identidad y de sus intereses comunes como clase... No supone necesariamente una acción colectiva por parte de una clase como tal, y puede incluir o no una actividad en el plano político, si bien dicha actividad política resulta cada vez más probable a medida que se agudiza la tensión de la lucha de clases. Se supone que una clase que explote a otras empleará formas de dominación política y opresión contra ellas... [La] democracia mitigará semejante proceso".

De las definiciones suscriptas dos son los aspectos que consideramos problemáticos: 1) la idea de que las clases pueden carecer de "conciencia de clase", que en la interpretación de la historia ateniense supone la ausencia de lucha esclava en lo que el autor pondera como "una acción colectiva o una actividad en el plano político", más cuando se dice que "si bien dicha actividad política resulta cada vez más probable a medida que se agudiza la tensión de la lucha de clases"; 2) la distinción clasista entre ciudadanos, toda vez que la "democracia mitigará semejante proceso [de explotación]". Consideramos que la democracia ateniense presenta para

---

3 Cf. Annequin, Clavel-Lévêque y Favory (1979, 5-54); Wood (2000, 59-89).

tales definiciones una *impasse* en la medida en que constituye para el marxismo el paradigma de una "sociedad esclavista" y de una sociedad en donde el *dêmos*[4] logró con éxito ejercer su *krátos* frente a los ricos.

Comenzaremos por la cuestión de la ausencia de lucha en el plano político de los esclavos. Dos acontecimientos pueden traerse a colación y a partir de allí hacer el ejercicio de pensarlos como un tipo de acción política. Aristóteles (*Política*, 1275b 34-39; *Constitución de los Atenienses*, 21.1-5) refiriéndose a las reformas de Clístenes mencionaba que se introdujeron en las tribus "esclavos metecos" (*doúlous metoíkous*) que se transformaron en "nuevos ciudadanos" (*neopolítas*). Tras la caída de la tiranía de los Treinta, Aristóteles (*Constitución de los Atenienses*, 40.2) comentaba que Trasíbulo habría intentado otorgar la ciudadanía a quienes habían luchado contra los oligarcas, algunos de los cuales eran "manifiestamente esclavos" (*phanerôs... doûloi*). Su propuesta no prosperó en ese entonces. Pero en el 401/0 se votó un decreto donde algunos extranjeros y esclavos recibieron la ciudadanía, o al menos la *isotéleia*, como recompensa por su participación (cf. Rhodes y Osborne: 2004, § 4, 20-26). Ambos episodios nos presentan un paralelismo estructural puesto que suponían una situación de *stásis*; la posible participación de esclavos en alguno de los bandos enfrentados; y tensionaba la composición del cuerpo cívico poniendo en cuestión los derechos de ciertos miembros a ser parte del mismo (cf. Loraux: 2007, 202-204). Lo que nos interesa recalcar consiste en la participación de estos sujetos que se mencionan como esclavos. Se podría aducir que esta mención no hace referencia a esclavos reales. Con relación a las reformas de Clístenes, la crítica ha señalado la posibilidad de que sea una referencia a extranjeros, o aquellos atenienses repatriados por Solón, o bien, libertos y/o hijos de libertos (Rhodes: 1993, 255-256). Según Mossé (2007, 38-43) durante el transcurso del siglo VI se habría producido en Atenas un incremento de la actividad comercial y artesanal que implicaban la aparición de nuevos sujetos en la ciudad. Así, la diferencia en el registro discursivo de Aristóteles entre "multitud" (*plêthos*) y "pueblo" (*dêmos*) estaría marcando el apoyo logrado por Clístenes de elementos ajenos a la comunidad cívica. Sería posible la existencia de una situación híbrida donde la ciudadanía no estuviera del todo definida. Aristófanes (*Lisístrata*, 1150-1155) recordaba la ayuda espartana recibida por los atenienses

---

4 Nos referimos aquí a *dêmos* en el sentido de aquellos miembros de la ciudadanía que se corresponderían con los que para los ricos (*ploúsioi*) pertenecían al pueblo llano, pobre y plebeyo; cf. Hansen (2010, 503).

para liberarse de los tiranos, llamando la atención acerca del uso en esa época de la *katonáke*, un manto rústico asociado a la esclavitud, o al menos a la forma de vestir de los hilotas (cf. Ducat: 1974, 1455-1456). La situación podría complementarse con la presencia de esclavos-mercancía, en la medida en que las reformas de Solón habrían potenciado su presencia al inhibir el uso de trabajo dependiente de origen ateniense (Finley: 1982, 109-112). Para finales del V las condiciones habrían sido más claras desde el punto de vista jurídico (Austin y Vidal-Naquet: 1986, 95), aunque cabe notar la complejidad de la situación ya que las fuerzas antidemocráticas proyectarán una homologación directa entre las condiciones de los pobres libres y los esclavos[5]. El hecho de que las fuentes sean tardías y contengan una desviación antidemocrática profundizan las dificultades de poder distinguir la presencia concreta de esclavos en estos movimientos. Sin embargo, podemos asumir que tal participación no se encontraría excluida puesto que tal presencia fue asumida como real. De aquí que nos interese la participación de dichos esclavos en tales acontecimientos. Puesto que las fuentes no dicen nada más, el razonamiento no puede ser más que especulativo.

Ahora bien, descartemos una movilización de tipo "clientelar" por cuanto la promesa de libertad habría implicado una pérdida para los propietarios. Resulta interesante notar que la conclusión de dicha participación no suponía sólo el acceso a la libertad sino también un ascenso a la condición cívica (manifiesta en el caso de Clístenes, relativa en el decreto del 401/0). Se trataría de algo más que una mera aspiración libertaria, puesto que tal acceso los convertía en ciudadanos plenos de la misma ciudad que hasta entonces los esclavizaba.

Dos ejemplos nos servirán para complementar nuestra hipótesis. Durante la *stásis* en Córcira, Tucídides (3.73.1) comentará que demócratas y oligarcas buscaron reclutar esclavos prometiéndoles la libertad, y la mayoría de ellos se unió al bando democrático. Vlassopoulos (2011, 124) dirá que no sabemos cómo se produjo esta operación ni tampoco cómo se organizaron los esclavos; pero el autor consignará que no tener una respuesta sólo redunda en una visión que reafirma el lugar "pasivo" de los esclavos. Polieno (*Estratagemas*, 1.43.1) comentará un levantamiento de esclavos en Siracusa, en los momentos finales de la campaña ateniense en Sicilia; esos esclavos, bajo el mando de Sosístrato, aceptaron negociar una tregua con los siracusanos bajo la promesa de libertad y su

---

5   Requena (2012); Paiaro y Requena (2015); Gallego (2012; 2015).

enrolamiento como hoplitas (*hoplioûsi*). Sosístrato aceptó el encuentro, dirigiéndose con los "esclavos más aptos para el mando" (*hegemonikotátous tôn doúlon*); la negociación fue traicionada, Sosístrato y sus colegas capturados y el campamento esclavo, atacado. Finalmente, se prometió una amnistía para aquellos que regresaran con sus amos, aunque trescientos escaparon hacia las filas atenienses. Hunt (1998, 105) señalará, tomando como verídico el episodio, que los esclavos pudiendo pasarse al bando ateniense prefirieron luchar por Siracusa. Es decir, prefirieron convertirse en libres y hoplitas y pelear a favor de la ciudad que los esclavizaba. Ambas anécdotas muestran una postura activa de intervención de los esclavos en momentos en que las ciudades a las que pertenecen se encuentran en una situación crítica. Asimismo, manifiestan su lealtad y la intención de pertenecer a la ciudad de la que formaban parte. Ciertamente las aspiraciones de libertad constituyeron un objetivo manifiesto pero resulta llamativo que la opción de los esclavos sea la de participar a favor de su *pólis* con la intención de ser convertidos en ciudadanos. Los esclavos no serían indiferentes a los conflictos de su ciudad y tendrían una postura propia, que les permitiría trazar diferentes estrategias con las cuales alcanzar de mejor manera sus objetivos eligiendo el bando que mejores resultados les traería. Si retornamos a los acontecimientos señalados para el caso ateniense, debemos reconocer que la posibilidad de convertirse en ciudadanos constituiría una aspiración que amalgamaría los intereses de ciertos esclavos, y tal aspiración podría traducirse en una participación política concreta eligiendo aquel bando que mayores beneficios les ofrecería.

La historiografía ha discutido el problema de las movilizaciones de esclavos como manifestaciones opuestas al poder de sus amos; como rebeliones o revoluciones, de acuerdo al grado de organización y evolución ideológica. Las razones para desestimar su lucha en el plano político tienden a valorizar la ausencia de una ideología antiesclavista[6]. Urbainczyk (2008, 75-80) ha señalado que los esclavos de la antigüedad no buscaron abolir la esclavitud. En el mundo griego, los debates relativos a la institución esclavista no la negaban como tal sino quienes debían ser o caer bajo dicha condición (Schlaifer: 1936; Cambiano: 1987). No habría razón por fuera de un imaginario moderno para pensar que tales ideas no fueran compartidas por los esclavos (Urbainczyk: 2008, 79). Si los esclavos pertenecen a un universo simbólico en el

---

6 Cf. Bradley (1998, 104); *contra* Urbainczyk (2008); García Mac Gaw (2015).

cual la esclavitud sería una institución reconocida y naturalizada, ¿por qué deberíamos pensar que la única forma de manifestación política supondría la rebelión o revolución en la cual se opusieran a sus amos? Constituye un modernismo atribuirle a los esclavos la necesidad de una forma de organización, movilización, lucha y programa específicos, más allá de sus intereses inmanentes en dejar de ser considerados como tales. Por el contrario, es preciso indagar en los aspectos de sociabilidad que construye la *pólis* en la cual la participación de los esclavos se inscribe y que organiza también el imaginario en el que los esclavos construyen su cotidianeidad, sus afectos, sus prácticas, su existencia como clase. Los trabajos de Vlassopoulos (2007; 2011; cf. Paiaro y Requena, 2015) son útiles para repensar "desde abajo" la naturaleza de la esclavitud antigua y sus prácticas. Allí se indaga sobre la importancia de los espacios cotidianos donde circularían esclavos, extranjeros y ciudadanos por igual y que, más allá del factor jurídico-político, los haría partícipes de la *pólis*. El ejemplo del "barbero" que comunicó el fracaso de la expedición a Sicilia resulta interesante, puesto que se trataría posiblemente de un esclavo (en la medida en que fue torturado) que al enterarse sobre los resultados de la campaña ateniense buscó dar la noticia[7]. Lo importante radica tanto en la cotidianeidad sobre temas de importancia política con la cual se relacionaban individuos de diferentes estatus en la ciudad, como la empatía "cívica" que muestran aquellos que constituyen parte de los grupos subalternos.

Si los esclavos, como clase, no tuvieron que tener una "conciencia revolucionaria", ni tuvieron que aspirar a la abolición de la esclavitud como tal; si además participaban de los espacios que construía la ciudad, de modo que su existencia se encontraba condicionada por la experiencia subjetiva que se articulaba desde el registro simbólico de la *pólis*; podemos especular que en determinadas situaciones pudieron intervenir políticamente con miras a obtener su libertad, cuando menos, la ciudadanía, cuando más. Dicha participación supondría una estrategia política que se pondría en acto en circunstancias determinadas, no siempre abierta, pero latente y que expresaría una forma posible de conciencia de clase.

Pasemos ahora al otro aspecto de nuestra discusión que remite a las posibles relaciones de explotación en el interior del cuerpo cívico. Un primer punto que merece señalarse nos remite a las nociones de riqueza y pobreza. La vida del pobre (*pénes*) consistía en "vivir ahorrando y afe-

---

[7] Plutarco, *Nicias*, 30.1-2; cf. Vlassopoulos (2007, 42-43); Allen (2000, 100).

rrándose al trabajo (*érgois*), sin que le sobre pero tampoco que falte nada" (Aristófanes, *Riqueza*, 553-554); mientras que los "ricos" (*ploúsioi*) eran quienes teniendo medios suficientes (*euporía*), disponían de ocio (*skholé*) y podían llevar una vida holgada[8]. De modo que ser pobre significaba en gran medida vivir del propio trabajo; mientras que los ricos eran quienes vivirían del trabajo ajeno. Las fuentes expresan una ideología de desprecio por aquellos que debían dedicarse al trabajo, o conseguir sus ingresos a través del trabajo para otros. Tal descalificación recaía sobre los artesanos (*bánausoi*), los asalariados (*thêtes, misthotoí*) y, en menor medida, sobre los labradores (*georgoí*); situación que retóricamente era asimilada a la esclavitud[9]. En relación con los asalariados, Ste. Croix (1988, 219, 221) declaraba que daba la impresión de que eran explotados con severidad y que sus pagas habrían sido muy bajas. Sin embargo tal afirmación puede ser matizada. Demóstenes (*Contra Eubúlides*, 45) mencionará el hecho de que muchas ciudadanas se vieron frente a la necesidad de trabajar como nodrizas, segadoras y vendimiadoras, situación que se comparará con actividades serviles. Sin embargo, al final del pasaje el orador señalará que "muchas pobres (*penéton*) se han hecho ricas (*ploúsiai*)". De modo que si bien la actividad podía ser cuestionable, no estaba excluida la posibilidad de enriquecerse mediante el trabajo a jornal. La idea de que los salarios recibidos eran bajos también debería ser matizada. Scheidel (2010; cf. Loomis, 1998) ha desarrollado estudios comparativos mostrando los altos niveles de ingresos que el salario "promedio" ateniense implicaba con respecto a otras situaciones históricas. Hemos sugerido, tomando como referencia los pagos para la construcción del Erecteión y Eleusis, que un libre cuyo salario rondase los 200/240 dracmas por año podría satisfacer las necesidades de alimentación, vestimenta y casa para una familia tipo, e inclusive participar políticamente de los avatares de la ciudad (Requena: 2013; 2014; Paiaro y Requena: en prensa). Entonces, si bien no podemos establecer una relación directa entre los niveles de explotación y los niveles salariales, la posibilidad de que los atenienses pobres pudieran obtener ingresos suficientes que no colisionaran con el ejercicio de sus funciones cívicas permite pensar que en las condiciones de la democracia su situación era por demás ventajosa pese al descrédito que para algunos supondrían este tipo de actividades.

---

8   Aristóteles, *Política*, 1326b 31-32; 1329a 18-19; cf. Stocks (1936); Ober (1989, 194-196); Fouchard (1997, 121-127).
9   Cf. Plácido (1989); Fouchard (1989; 1993); Valdés Guía (2015).

Pero más allá de estas especulaciones respecto a los sueldos, es necesario atender a las condiciones políticas a partir de las que se relacionaban los ciudadanos y que constituyen un elemento cardinal para pensar las relaciones de explotación entre ellos. Más aún cuando el ideal que nos trasmiten las fuentes formaba parte de una construcción discursiva que confrontaba con las condiciones materiales que los ciudadanos comunes habían alcanzado bajo el régimen democrático. En efecto, el carácter excepcional de Atenas radicaba en la inclusión plena de los productores directos en la comunidad cívica, de modo que los miembros más acaudalados se veían imposibilitados de ejercer sobre aquellos una presión capaz de sostener y estructurar una relación de dominio permanente[10]. Los *poneroí* al gobernar (*árkhein*) la ciudad, evitaban caer en dependencia y convertirse en esclavos (*douleúein*). Se trata entonces de una capacidad política que afectaba las relaciones de poder entre los miembros del cuerpo cívico. Según Marx (2002, 1005-1007; 2005, 433-477), las sociedades donde el acceso y la posesión/propiedad de los recursos (que permiten la producción y reproducción de la vida material de los sujetos que constituyen la comunidad) se establecen como relación orgánica con el medio natural, la posibilidad de existencia de las formas de explotación supone la presencia de mecanismos extraeconómicos que separen y desarticulen a los productores directos con dichas condiciones de apropiación. De esta manera, la explotación tiende a instituir desigualdades jurídico-políticas que rearticulan el vínculo entre el productor directo y los recursos, mediatizados por los mecanismos de poder que permiten la apropiación del *surplus* por los sectores dominantes. Al quedar incluidos en la esfera de la comunidad como ciudadanos plenos, el *dêmos* ateniense eliminaba el monopolio extraeconómico de los sectores aristocráticos, y se aseguraba una participación en el acceso y distribución de los recursos de la comunidad (cf. Wood: 1988; 2002; Paiaro: 2012). Esto no significaba que las desigualdades sociales desaparecieran de la ciudad puesto que las diferencias en la distribución de los medios de producción de la comunidad generaban condiciones desiguales de riqueza y estatus.

En este sentido, la democracia liberaba al ciudadano del trabajo *jurídicamente servil* pero no del trabajo en general, puesto que vastos sectores de la ciudadanía debían de trabajar para sí o para terceros para reproducir su vida material. Pero lo importante sigue siendo que, en

---

10 [Jenofonte], *República de los Atenienses*, 1.8; Aristóteles, *Política*, 1317b 8-9; Paiaro (2012).

las condiciones de la *pólis* ateniense, la igualdad y libertad alcanzada configuraba un entramado de poder novedoso, siendo la democracia la forma organizativa del régimen que garantizaba la participación política de todos aquellos que pertenecieran a la comunidad, más allá de su ocupación y de su riqueza. La *pólis* ateniense significaba para algunos la libertad de poder trabajar sin que esto implicase una dominación mientras que para otros la libertad se caracterizaba por no tener necesidad alguna de trabajar (Wood: 1988, 134). Diferencia importante puesto que la condición ciudadana que garantizaba el poder democrático no eliminó la necesidad de tener que garantizarse la vida a través del trabajo sino que impedía que terceros se apropiasen, mediante mecanismos coercitivos del trabajo de otros. Es necesario hacer hincapié en esta diferenciación, puesto que se generaliza muy rápidamente la idea de una valoración negativa del trabajo como una ideología dominante, y no como producto ideológico de combate faccioso que está en disputa permanente por el control de la ciudad.

Si las principales fuentes expresaban dicho desdén se debía en gran medida a que su mirada estaba condicionada por su desviación de clase, lo que no significa necesariamente que expresaran un imaginario dominante de la sociedad. En este sentido puede ser rescatada una mirada positiva sobre el trabajo, y, lo que es más importante, nos permite pensar en una tensión que ubica la valoración del trabajo en el conflicto existente en la ciudad como una disputa ideológico-política por establecer quiénes podían y/o debían conformar el cuerpo cívico y por tanto regir los designios de la *pólis*[11]. Pero lo que más interesa es que dichas condiciones soportaban una desigualdad transitiva, variable, que no suponían necesariamente que los miembros de la élite se beneficiaran de forma permanente con el dominio de aquellos que carecían de recursos como para tener que evitarse el ganarse la vida. La cuestión no radicaría tanto en el hecho de sí, por la diferencia material, habría un usufructo de trabajo ajeno, sino en si dichas condiciones convergían en una relación de dominio permanente de un grupo sobre el otro. Y aquí la respuesta, aunque no deje de ser especulativa, puede ser que no, puesto que la ciudad contenía mecanismos redistributivos que posibilitaban la circulación de la riqueza entre sus diferentes miembros (liturgias, evergesía, *misthophoría*; cf. Ober: 1989, 226-232) y que permitían una dinámica que garantizaba la libertad y la emancipación de los ciudadanos pobres

---

11   Cf. Balme (1984); Wood (1988, 137-150); Sylvester (1999).

frente al poder de los ricos (Requena: 2013; 2014; cf. Paiaro: 2012). El término *demokratía* hará consistir el *krátos* del *dêmos* que desde una posición negativa se asimila a una *ponerokratía* que sostiene el "poder" en manos de los que deberían trabajar (Gallego: 2012; Fouchard: 1997, 192). Tal definición no puede tomarse a la ligera en tanto que dichas condiciones de poder serían constitutivas de las relaciones de producción y condicionarían los modos en que se establecían las relaciones entre los diferentes miembros del cuerpo cívico; esto condicionaba la lucha política, toda vez que la garantía de la explotación solo podía realizarse en la medida en que se los pudiera excluir del cuerpo cívico (Gallego: 2012; Requena: 2012).

Quisiéramos finalizar este trabajo resaltando una conclusión de Vernant (1982, 16) que marcaba el punto de encuentro entre las diferentes dinámicas que hemos desarrollado: "Es a través de la mediación del estatuto político cómo la función económica de los diversos individuos determina sus intereses materiales, estructura sus necesidades sociales y orienta su acción social…". La mediación del "estatuto político" que no será otra que la relación inclusión/exclusión que afecta a los diferentes sujetos que conforman la estructura de clases de la *pólis* constituye el punto que engloba el análisis. Tanto la acción de los esclavos como las condiciones de emancipación que los atenienses pobres pudieron articular giran en torno a dicha mediación que constituía la frontera que los organizaba y orientaba su acción como sujetos colectivos. Si nuestra hipótesis de lucha política esclava puede ser admitida, tal lucha lo era en la medida en que los esclavos más allá de su libertad buscaban ser miembros de la *pólis*; si los pobres pudieron emanciparse de la explotación de los ricos, era porque la condición cívica los empoderaba. Una vez más la forma de la lucha de clases en la Atenas clásica dependía de la instancia política que la articulaba.

Bibliografía

Annequin, J., Clavel-Lévêque, M. y Favory, F. (1979). "Presentación. Formas de explotación del trabajo y relaciones sociales en la antigüedad clásica", en AA. VV., *Formas de explotación del trabajo y relaciones sociales en la antigüedad clásica*, Madrid, 5-54.

Austin, M. y Vidal-Naquet, P. (1986). *Economía y sociedad en la antigua Grecia*, Barcelona.

Allen, D.S. (2003). *The world of Prometheus. The politics of punishing in democratic Athens*, Princeton.

Balme, M. (1984). "Attitudes to work and leisure in ancient Greece", *Greece & Rome* 31 (2), 140-152.

Beltrán, A., Sastre, I. y Valdés, M. (eds. 2015). *Los espacios de la esclavitud y la dependencia desde la Antigüedad*, Besançon.

Bradley, K.R. (1998). *Slavery and rebellion in the Roman world, 140 B.C.-70 B.C.*, Indianapolis.

Cambiano, G. (1987). "Aristotle and the anonymous opponents of slavery", en M.I. Finley (ed.), *Classical slavery*, London, 22-41.

Ducat, J. (1974). "Le mépris des hilotes", *Annales. Économies, Sociétés, Civilisations* 29 (6), 1451-1464.

Finley, M.I. (1982). *Esclavitud antigua e ideología moderna*, Barcelona.

Fouchard, A. (1989). "L'éloge de l'agriculture et des agriculteurs en Grèce au IVe s. av. J.-C.", *Mélanges Pierre Lévêque* 3, 133-148.

Fouchard, A. (1993). "Le statut des agriculteurs dans la cité grecque idéale au IVe s. av. J.-C.", *Revue des Études Grecques* 106, 61-81.

Fouchard, A. (1997). *Aristocratie et démocracie. Idéologies et sociétés en Grèce ancienne*, Paris.

Gallego, J. (2012). "La propuesta del Viejo Oligarca sobre los *poneroí* y la crisis de la democracia radical ateniense", en F. Reduzzi (ed.), *Dipendenza ed emarginazione nel mondo antico e moderno*, Napoli, 89-101.

Gallego, J. (2015). "La expulsión del *dêmos* del espacio político y las nuevas formas de dependencia en la Atenas de finales del siglo V a.C.", en Beltrán, Sastre y Valdés (eds. 2015), 171-182.

García Mac Gaw, C.G. (2015). "Revueltas esclavas y espacios simbólicos de libertad", en Beltrán, Sastre y Valdés (eds. 2015), 327-349.

Hansen, M.H. (2010), "The concepts of *demos*, *ekklesia* and *dikasterion* in classical Athens", *Greek, Roman and Byzantine Studies* 50 (4), 499-536.

Hunt, P. (1998). *Slaves, warfare, and ideology in the Greek historians*, Cambridge.

Loomis, W.T. (1998). *Wages, welfare costs, and inflation in classical Athens*, Michigan.

Loraux, N. (2007). *Nacido de la tierra. Mito y política en Atenas*, Buenos Aires.

Marx, C. (2002). *El capital. Crítica de la economía política*, México, tomo III.

Marx, C. (2005). *Elementos fundamentales para la crítica de la economía política (Grundrisse) 1857-1858*, México, tomo I.

Marx, C. y Engels, F. (1999). *Manifiesto del Partido Comunista*, Buenos Aires.

Mossé, C. (2007). *Pericles: el inventor de la democracia*, Madrid.

Ober, J. (1989). *Mass and elite in democratic Athens. Rhetoric, ideology and the power of the people*, Princeton.

Padgug, R.A. (1981). "Clases y sociedad en la Grecia clásica", en AA. VV., *El marxismo y los estudios clásicos*, Madrid, 73-103.

Paiaro, D. (2012). "Relaciones de dependencia en la Atenas clásica, entre la explotación y la dominación", *Trabajos y Comunicaciones* 38, 153-183.

Paiaro, D. y Requena, M. (2015). "«Muchas veces pegarías a un ateniense creyendo que era un esclavo…» (PS-X, 1.10): espacios democráticos y relaciones de dependencia en la Atenas clásica", en Beltrán, Sastre y Valdés (eds. 2015), 153-170.

Paiaro D. y Requena, M. (en prensa). "Entre la «masa ociosa» y la «explotación económica»: los ciudadanos pobres de la democracia ateniense. Nuevas reflexiones sobre un viejo problema", en O. Olesti (ed.), *Lo viejo y lo nuevo en las sociedades antiguas*, Besançon.

Parain, C. (1986). "Los caracteres específicos de la lucha de clases en la Antigüedad clásica", en AA. VV., *El modo de producción esclavista*, Madrid, 257-287.

Plácido, D. (1989). "«Nombres de libres que son esclavos…» (Pólux, III, 82)", en AA. VV., *Esclavos y semilibres en la Antigüedad clásica*, Madrid, 55-79.

Plácido, D. (2009). "Los modos de producción y las transformaciones del mundo clásico.", *Anales de Historia Antigua, Medieval y Moderna* 41, 9-19.

Requena, M.J. (2012). "La libertad cuestionada: expresiones esclavistas y disputa política en la Atenas clásica", *Anales de Historia Antigua, Medieval y Moderna* 44, 63-92.

Requena, M.J. (2013). "¿Se puede hablar de un «patronazgo estatal»? Liturgias y *misthophoría* en la Atenas clásica", *Sociedades Precapitalistas. Revista de Historia Social* 2 (2), 4-22.

Requena, M.J. (2014). "Lógicas de patronazgo y democracia en la Atenas clásica", en E. Dell'Elicine, H. Francisco. P. Miceli y A. Morin (eds.), *Clientelismo, parentesco y cultura jurisdiccional en las sociedades precapitalistas*, Los Polvorines, 47-80.

Rhodes, P.J. (1993). *A commentary on the Aristotelian* Athenaion Politeia, Oxford.

Rhodes, P.J. y Osborne, R. (2004). *Greek historical inscriptions, 404-323 B.C.*, Oxford.

Scheidel, W. (2010). "Real wages in early economies: evidence for living standards from 1800 B.C.E. to 1300 C.E.", *Journal of the Economic and Social History of the Orient* 53, 425-462.

Schlaifer, R. (1936). "Greek theories of slavery from Homer to Aristotle", *Harvard Studies in Classical Philology* 47, 165-204.

Ste. Croix, G.E.M. de (1988). *La lucha de clases en el mundo griego antiguo*, Barcelona.

Stocks, J.L. (1936). "Σχολή", *Classical Quarterly* 30 (3-4), 177-187.

Sylvester, C. (1999). "The classical idea of leisure: cultural ideal or class prejudice?", *Leisure Sciences* 21 (1), 3-16.

Urbainczyk, T. (2008). *Slave revolts in Antiquity*, Berkeley.

Valdés Guía, M. (2015). "La renovación de la dependencia en el siglo IV: los espacios de *thêtes* y *misthotoí*", en Beltrán, Sastre y Valdés (eds. 2015), 183-199.

Vernant, J.-P. (1982). "La lucha de clases", en Id., *Mito y sociedad en la Grecia antigua*, Madrid, 5-21.

Vlassopoulos, K. (2007). "Free spaces: identity, experience and democracy in classical Athens", *Classical Quarterly* 57 (1), 32-52.

Vlassopoulos, K. (2011). "Greek slavery: from domination to property and back again", *Journal of Hellenic Studies* 131, 115-130.

Wood, E.M. (1988). *Peasat-citizen and slave. The foundations of Athenian democracy*, London.

Wood, E.M. (2000). *Capitalismo contra democracia*, México.

Wood, E.M. (2002). "Landlords and peasants, masters and slaves: class relations in Greek and Roman antiquity", *Historical Materialism* 10, 17-69.

Wright, E.O. (1994). *Clases*, Madrid.

EL MIEDO A LA TIRANÍA: LA PROTECCIÓN DE LA DEMOCRACIA EN EL RÉGIMEN POLÍTICO ATENIENSE

Diego Paiaro

(UNIVERSIDAD NACIONAL DE GENERAL SARMIENTO /
CONICET / UNIVERSIDAD DE BUENOS AIRES)

> *"El pueblo sabía por tradición que la tiranía de Pisístrato y de sus hijos había terminado por resultar insoportable y que, además, no había sido derribada por ellos y Harmodio sino por obra de los lacedemonios, y por ello vivía siempre en el temor y lo miraba todo con suspicacia" Tucídides (6.53.3).*

El tratamiento sistemático de las emociones como objeto de estudio de los historiadores es un fenómeno relativamente reciente que ha resultado muy fructífero en tanto permitió dar visibilidad a una serie de dimensiones de la vida social durante largo tiempo descuidadas por la historiografía[1]. En los estudios clásicos, el interés por las emociones habilitó acercamientos originales al material heurístico tradicional[2] que redundaron en el desarrollo de renovadas interpretaciones de las fuentes y las sociedades de la antigüedad grecolatina[3]. Siguiendo esa línea, en el presente trabajo nos proponemos analizar al *miedo a la tiranía* como emoción o sentimiento colectivo del *dêmos* ateniense y su relación con el régimen político durante la democracia[4].

---

1   Gouk y Hills (2005) ofrecen una introducción a la historia de las emociones, en tanto que Burke (2005) señala las carencias existentes aún en este campo; cf. Stearns y Stearns (1985); Rosenwein (2002); Bourke (2003); Stearns (2008b); Matt (2011); Chaniotis (2012a). Ver Athanasiou, Hantzaroula y Yannakopoulos (2008) sobre el *affective turn*. Sobre el miedo (y su relación con la política) pueden consultarse *inter alia*: Delumeau (1989); Stearns (2008a); Robin (2009).

2   No solo los documentos literarios tradicionales han sido trabajados desde esta perspectiva ya que fuentes de diverso tipo (arqueológicas, epigráficas, pictóricas, etc.) también se han mostrado como un terreno fértil: Chaniotis (2012a, 24-27; 2012b).

3   A modo de ejemplo: Champlin (1991); Harris (2001); Nussbaum (2001); Konstan y Rutter (eds. 2003); Rubinstein (2004); Konstan (2004; 2006); Desmond (2006); Munteanu (ed. 2011); Chaniotis (ed. 2012); Echeverría Rey (2014).

4   Los trabajos de Heller (1999, 7-78, 227-233), Lutz (1988), Le Breton (1999, 9-13, 103-194), Nussbaum (2001) constituyen la base a partir de la que pensaremos el *miedo*

A lo largo de su historia, la *demokratía* encontró diversas formas de oposición política que pusieron en peligro, en mayor o menor medida, su propia persistencia[5]. Frente a esas amenazas de carácter real, potencial y, en algunos casos, imaginario, existieron una multiplicidad de dispositivos que intentaban garantizar la conservación de la *politeía*. En lo que sigue, plantearemos que el *miedo a la tiranía* constituyó una emoción colectiva clave en tanto basamento subjetivo de tales dispositivos. A la vez, propondremos que ese mismo temor tuvo un lugar destacado en las prácticas políticas y las configuraciones mentales del *dêmos*[6]. Bajo la noción de *miedo a la tiranía* englobaremos, entonces, un constructo en el que se entremezclan tanto representaciones simbólicas y estructuras mentales como así también percepciones, emociones y sentimientos comunitarios que favorecieron el desarrollo de una identidad cívica que, entre sus puntos más salientes, compelía a los ciudadanos a tomar parte activa en la defensa de la democracia. Si bien esta "tiranofobia" fue un dato presente, vigente y constante desde el propio momento en que culminó la tiranía hacia finales del siglo VI, no por ello se trató de un elemento estático que se mantuvo inalterado acompañando siempre del mismo modo el desarrollo de la democracia. Por el contrario, creemos que se trató, más bien, de un sentimiento que, a pesar de su centralidad —o quizás a causa de ella—, mostró una gran plasticidad al estar sometido a un fuerte dinamismo. El *miedo a la tiranía* operó como un punto de referencia fijo que, como veremos, se solidificó incluso institucionalmente; pero, a la vez, se trató de un componente dinámico que se amoldó a las distintas coyunturas y frecuentemente fue objeto de disputa en torno a la definición de su sentido, contenido y utilización en la lucha política de la ciudad. Si bien no podremos más que acercarnos a la cuestión de

---

a la tiranía en tanto emoción o sentimiento colectivo del *dêmos* ateniense. En dicha bibliografía se destacan algunas características de las emociones que, desde nuestro punto de vista, resulta fundamental tomar en cuenta: la implicación del sujeto en las emociones, su carácter relacional, socialmente construido, histórico, específico y su función cognitiva.

5   Ostwald (1986, 175-290); Ober (2001); Requena (2012), para la oposición ideológica al poder popular; cf. Harris (2005); Sommerstein (2005). Para los golpes oligárquicos de finales del siglo V, Lang (1948; 1967); Krentz (1982); Ostwald (1986, 344-395, 460-496); Shear (2011, 19-69, 166-187).

6   En consecuencia, frente a los dos principales modos a partir de los que los especialistas han abordado la *demokratía* (Rhodes: 2003, 41-44) –unos, centrándose en el análisis de sus características formales y su funcionamiento institucional (*e.g.*: Rhodes: 1972; Hansen: 1989; 1991); otros, privilegiando los discursos y las ideas políticas que estructuraban el desenvolvimiento real de la democracia (*e.g.*: Loraux: 2012; Ober: 1989a; 1989b; Musti: 2000)–, nuestra perspectiva propone un análisis conjunto de los aspectos institucionales, las prácticas reales y las mentalidades.

un modo superficial, confiamos en que, al menos, este trabajo permita establecer un punto de partida desde el cual pensar la relación entre el *miedo a la tiranía* y la protección de la *demokratía*[7].

Una carencia que lleva al compromiso

Para entender el lugar y la función que el *miedo a la tiranía* adquirió durante la democracia, debemos considerar previamente algunas particularidades estructurales del régimen político ateniense. Específicamente, nos referimos a dos cuestiones estrechamente conectadas: por un lado, el modo en el que la *pólis* democrática garantizaba el orden social interno; por otro lado, las características que adquirió el liderazgo político. A estas cuestiones se debe, en gran parte, el hecho de que la democracia ateniense se basó en un fuerte compromiso cívico de sus ciudadanos que, a la vez, favorecía una activa observancia del pueblo sobre los líderes políticos.

En los últimos años, se han venido sucediendo una serie de intercambios entre los especialistas en torno a las características de la *pólis* griega antigua y, en particular, acerca de la pertinencia y los límites que el uso de la categoría "Estado" tiene para dar cuenta de ella. Si bien no es nuestro interés aquí volver sobre los términos del debate[8], la mención viene a cuenta del hecho de que estas discusiones pusieron nuevamente en consideración un señalamiento que había realizado Finley (1986, 32-33, 39) hace ya algún tiempo acerca del limitado poder que tuvo la ciudad antigua para hacer cumplir sus decisiones. De acuerdo a la interpretación de algunos estudiosos, esta carencia de instituciones centralizadas de tipo coercitivo capaces de usar la fuerza para garantizar el control social interno habría obligado a las ciudades griegas a dejar en manos de sus ciudadanos las tareas que comúnmente deberían cumplimentar los Estados. Así, la falta de un aparato estatal de coerción desarrollado explicaría el hecho de que, en Atenas, la iniciativa "privada" de los ciudadanos (y no la acción de los "funcionarios" estatales) haya sido la responsable de investigar, detener, enjuiciar e imponer las decisiones

---

7 No debemos perder de vista que, en verdad, acceder de modo directo al sentimiento "real" del *dêmos* resulta algo imposible. Solamente podemos acercarnos a partir de una mediatización discursiva que realizan las fuentes (azarosamente) conservadas y que, a la vez, brindan generalmente una perspectiva que procede de una élite "ilustrada" y ajena (incluso, en algunos casos, hostil) al pueblo.

8 Para ello remitimos a Paiaro (2011; 2012a) en donde se cita la bibliografía pertinente.

de los tribunales⁹. En el mismo sentido, un "estado...que funcionaba sin policía, sin burocracia y sin especialistas" (Hunter: 1994, 188) habría llevado a la necesidad de que los *polîtai* desarrollen un fuerte compromiso cívico basado en la participación política activa, la cooperación con el mantenimiento del orden social –en especial favoreciendo la *homónoia* para evitar la *stásis*– y la colaboración en la defensa militar[10]. Tal compromiso de los ciudadanos de la democracia estuvo asentado en una identidad e ideología cívicas en las que el *miedo a la tiranía* cumplió, como veremos, un papel destacado.

Por otro lado, ese compromiso cívico se relacionaba con el hecho de que el régimen político ateniense se apoyaba en la intervención y participación política directa del *dêmos* en diversas instancias institucionales. Sin embargo, paralelamente a este activismo popular se desarrolló de modo ostensible la actuación de diversos líderes políticos que constituyeron, en palabras de Finley (1981, 31-32), "un elemento estructural en el sistema político" indispensable para su funcionamiento[11]. De esta manera, resulta bastante evidente comprender que existió una tirantez entre la intervención política popular, la *isonomía* que en tanto principio rector prescribía la participación igualitaria en los asuntos de la ciudad y un liderazgo de características principalmente aristocráticas[12]. Esa situación de "tensión" en la que se encontraba el político en la Atenas democrática (Finley: 1981, 26) era procesada a través de diversos mecanismos de control ejercidos por el *dêmos* sobre los magistrados, los líderes políticos y los sectores ricos de la ciudadanía en general que tenían como objetivo principal evitar la concentración del poder en un ciudadano o en un grupo de ellos[13]. Dicha concentración del poder era percibida como una amenaza directa al régimen democrático ya que se

---

9   Lintott (1982, 26-28); Osborne (1985, 7); Rihll (1993, 86-87); Hunter (1994, 149-151); Christ (1998); Riess (2007, 49-57); Berent (1996, 40; 1998, 334-335; 2000a, 260-261; 2000b, 7-8, 23; 2004, 110-111). Cf. sin embargo la postura de Harris (2013, 21-59).

10 En términos generales, ver Berent (1998; 2000a; 2000b). De acuerdo con Ober (1989a, 300), "la ausencia de una fuerza policial formal significó que la autoridad de las leyes descansó inmediatamente en la habilidad de la población para ejercer una presión moral sobre los individuos que rompían las leyes". Sobre el "consenso" (*homónoia*) y su relación con la *stásis*: Loraux (2008; 2012); cf. Ober (1989a, 295-299); Epstein (2011).

11 Cf. Sinclair (1999, 76).

12 Al menos hasta la muerte de Pericles; Connor (1992). Cf. Finley (1981, 28); Aristóteles, *Constitución de los atenienses*, 28, junto con el comentario de Rhodes (1981, 344-361); Aristófanes, *Caballeros*, 180-222; Eúpolis, Fr. 117 Kock.

13 Finley (1981, 33).

pensaba que podía establecer la base a partir de la que algún individuo o facción intente instaurar o reinstaurar la tiranía[14].

Un miedo que muta y lleva a la acción

El *miedo a la tiranía* funcionaba, de este modo, vinculado a la necesidad de mantener la *isonomía*, pilar fundamental de la democracia. Esta se configuraba en el registro ideológico de los atenienses como el opuesto negativo de la tiranía. Un ejemplo de ello lo podemos ver en algunos escolios que celebraban la acción de los tiranicidas Harmodio y Aristogitón vinculando el fin del gobierno de los Pisistrátidas en Atenas con la instauración de un régimen *isonómico*[15]: "En una rama de mirto llevaré la espada como Harmodio y Aristogitón cuando mataron al tirano y dieron a Atenas leyes iguales para todos (*isonómous tàs Athénas epoiesáten*)"[16].

Pero sobre los tiranicidas hablaremos más adelante. Para completar la idea, debemos enunciar que nociones muy cercanas a *isonomía* como son *isegoría* (acceso igualitario al uso de la palabra política) e *isokratía* (reparto igualitario del poder) aparecen de igual manera, de forma frecuente en el mismo registro de oposición a la tiranía. De este modo, en relación con la *isegoría* podemos leer en Heródoto (5.78):

"Y resulta evidente –no por un caso aislado, sino como norma general– que la igualdad de derechos políticos (*isegoríe*) es un preciado bien, si tenemos en cuenta que los atenienses, mientras estuvieron regidos por una tiranía, no aventajaban a ninguno de sus vecinos en el terreno militar; y, en cambio, al desembarazarse de los tiranos, alcanzaron una clara superioridad".

En tanto, cuando Heródoto (5.92a) describe el plan espartano de reponer la tiranía de Hipias, hace decir al corintio Socles: "puesto que sois precisamente vosotros, lacedemonios, quienes estáis dispuestos a abolir regímenes políticos igualitarios (*isokratías*) y a restablecer en las

---

14 Sobre estas características del liderazgo político, los mecanismos de control que el *dêmos* ejercía sobre él y las consecuencias que esto traía aparejado hemos trabajado en Paiaro (2012b; 2014).
15 Acerca de la *isonomía*, su carácter de par opuesto a la tiranía y su uso en los escolios celebratorios de los tiranicidas, ver Lévy (2005: 125-134).
16 Page (1962, § 893). Cf. Page (1962, § 896), en donde se repite la frase *isonómous tàs Athénas epoiesáten*.

ciudades tiranías, la cosa más injusta y sanguinaria que existe entre el género humano".

Ahora bien, retomando los mecanismos a través de los cuales el *dêmos* controlaba a quienes se destacaban políticamente, creemos que el *miedo a la tiranía* puede ser pensado como uno de sus puntos de anclaje más importantes. Si bien no podemos tratar aquí en profundidad cada uno de ellos, creemos que alguna puntualización sobre el ostracismo puede clarificar la cuestión. El autor de la *Constitución de los atenienses* (22.3-4) pone en relación el origen del ostracismo y el temor al regreso de la tiranía:

"la ley sobre el ostracismo; la cual se estableció a causa de los recelos contra los poderosos (*hòs etéthe dià tèn hypopsían tôn en taîs dynámesin*), porque Pisístrato, siendo demagogo y estratego, se había convertido en tirano (*týrannos katéste*). El primero en ser desterrado por el ostracismo fue un pariente de aquél, Hiparco, hijo de Cadmo del demo de Colito, para quien especialmente había promulgado la ley Clístenes, ya que quería expulsarlo".

Esa idea de "desconfianza hacia los poderosos" se encuentra también en la *Política* de Aristóteles (1284a 17-22; cf. 1284b 15-22; 1302b 15-21; 1308b 16-19) en tanto el ostracismo es presentado por el filósofo como una práctica, común en las democracias, que buscaba evitar la concentración del poder y la ruptura de la igualdad:

"... las ciudades que son gobernadas democráticamente (*demokratoúmenai póleis*) han establecido el ostracismo, pues éstas parecen perseguir sobre todo la igualdad (*tèn isóteta málista pánton*), de modo que a los que parecían alcanzar un poder excesivo debido a su riqueza o a sus muchas relaciones políticas o a cualquier otra fuerza política, los sometían al ostracismo y los expulsaban de la ciudad".

Volviendo a Atenas, la "condena" a Hiparco dio inicio a un período en el que el ostracismo fue direccionado contra los familiares de Pisístrato y los miembros de su facción. Tras la caída de Megacles en el 486, en la *Constitución de los atenienses* (22.6) vemos que:

"Durante tres años (los atenienses) desterraban por ostracismo a los amigos de los tiranos (*toùs tôn tyránnon phílous*), a causa de los cuales había sido promulgada la ley; después de esto, al cuarto año, comenzaron a expulsar también a los otros (*tôn állon*), si alguno se mostraba con demasiado poder (*eí tis dokoíe meízon*)".

Fue Jántipo, el padre de Pericles, el primer ateniense (de una larga lista que llega hasta Hipérbolo en 416) expulsado de la ciudad a pesar de no tener vínculos con los Pisistrátidas[17]. No obstante lo anterior, el *miedo a la tiranía* continuó vinculado al ostracismo y fue objeto de manipulación, tal como lo muestra el análisis de Plutarco en *Arístides* (7.1-2):

"... sobre todo al difundir Temístocles entre las gentes el rumor de que Arístides había hecho inútiles los tribunales... y que se estaba organizando de forma clandestina una monarquía sin escolta (*monarkhían adoryphóreton*). ... Lo condenaron al ostracismo poniendo el temor a una tiranía (*phóbon tyrannídos*) como excusa de la envidia que sentían por su reputación".

En cuanto al propio Temístocles, la contradicción entre la concentración de poder y el principio igualitario de la democracia aparece enunciada del siguiente modo:

"Finalmente, usaron el ostracismo contra él y cercenaron la consideración y autoridad que tenía, como solían hacer con todos aquellos a los que consideraban insoportables por su poder (*tê dynámei bareîs*) e incompatibles con la igualdad democrática (*isóteta demokratikén asymmétrous*)" (Plutarco, *Temístocles*, 22.3)[18].

Pero, más allá de los distintos casos concretos, el aspecto que aquí nos interesa destacar es el hecho de que el ostracismo funcionó verdaderamente como una herramienta en manos del *dêmos* para evitar concentraciones de poder que puedan poner en riesgo el principio de la *isonomía* dando lugar a regímenes "tiránicos". Más allá de que tal denominación de "tiránico" haya variado de acuerdo a las distintas coyunturas, creemos que las fuentes revelan cómo el *miedo a la tiranía* apuntalaba la intervención del *dêmos* ateniense en los procesos de ostracismo.

No solamente en el ostracismo podemos percibir al temor a la tiranía como el sustrato subjetivo de una institución de la ciudad orientada a la defensa del régimen político. Nos detendremos ahora en determinadas prácticas que favorecieron el desarrollo y la difusión de lo que podríamos denominar como una identidad cívica que prescribía un modelo de comportamiento comprometido en el resguardo de la *demokratía*. Solo a modo de ejemplo, mencionaremos algunas de ellas.

---

17 Para un análisis de las fuentes y la bibliografía sobre los individuos que sufren el ostracismo, ver de Ste. Croix (2004, 198-199); Forsdyke (2005, 165-177).
18 Cf. Tucídides (1.135.3).

En primer lugar, la maldición que era recitada antes de cada reunión de la Asamblea y del Consejo. Si bien no tenemos un acceso directo a ella, un eco cómico presente en una obra de Aristófanes (*Tesmoforiantes*, 338-339) presentada –paradójicamente– en el 411 (año en que se dio el primer golpe contra la democracia) nos permite hacernos una idea de su contenido y advertir la vinculación entre perjuicio del *dêmos* y del sistema democrático, instauración de la tiranía y relación con los persas. Esto último indicaría que para el momento de presentación de la obra el maleficio llevaba bastante tiempo de existencia en tanto expresaba una preocupación propia de los momentos inmediatamente posteriores a la caída de la tiranía en los que los Pisistrátidas se apoyaban en los persas: "Si alguien trama algún mal contra el pueblo de las mujeres, negocia con Eurípides o los medos en perjuicio de las mujeres, intenta instaurar una tiranía o reinstaurarla...".

En el mismo sentido y a pesar de las dificultades que impone la documentación, se debe tomar en cuenta que en el juramento que llevaban adelante los heliastas existía una cláusula contra la tiranía. Como veremos, al tratarse de una fuente posterior a los golpes antidemocráticos de finales del siglo V, la tiranía aparece ya asociada con la oligarquía. De acuerdo con Demóstenes (24.143), el juramento comenzaba diciendo: "Votaré de acuerdo con las leyes y los decretos del pueblo de los atenienses y del Consejo de los Quinientos. Y no votaré que haya tirano (*týrannon*) ni oligarquía (*oligarkhían*). Tampoco si alguien intenta derrocar la democracia de los atenienses...".

Por último, quizás sea el culto y la memoria de los Tiranicidas el más importante de los artefactos que la democracia puso en práctica para brindar un modelo de comportamiento a los ciudadanos y moldear una identidad cívica atenta a los peligros que la tiranía representaba para el régimen político. Harmodio y Aristogitón –a pesar de los esfuerzos de Heródoto (5.69-72; 6.123), Tucídides (1.20.2; 6.54-59) y Aristóteles (*Constitución de los atenienses*, 18.1-19.2) por marcar los errores de esta concepción– eran representados en la ideología oficial ateniense como quienes habían liberado a la ciudad de la tiranía al asesinar a Hiparco[19] y por ello su memoria era celebrada a partir de una multiplicidad de dispositivos[20]. Lo que nos interesa destacar es que en la figura de los

---

19   Cf. Thomas (1989, 238-261); Monoson (2000, 24-29); Anderson (2007).
20   Para los modos en los que se celebraba a los Tiranicidas: Taylor (1991, 1-12), Ober (2003, 216-226, 235-245); Raaflaub (2003, 63-70); Loraux (2007, 113); Monoson (2000, 24-28).

Tiranicidas, el *miedo a la tiranía* se estructura como modelo de acción y comportamiento a imitar por parte de los ciudadanos frente a una posible amenaza contra la *demokratía*. En *Lisístrata* de Aristófanes (631-634) podemos ver de qué modo se encontraba presente el ejemplo de Harmodio y Aristogitón cuando son evocados por el coro de ancianos:

"Esto nos los han tramado, compañeros, con las miras puestas en la tiranía. Pero a mí no me la impondrán, porque estaré alerta y en lo sucesivo llevaré mi espada en una rama de mirto y en armas estaré en el Ágora al lado de Aristogitón y me plantaré junto a él de este modo".

Ya previamente el coro había afirmado sentir un "olor fuerte a la tiranía de Hipias" (619). Lo que se debe destacar es el hecho de que estos atenienses están dispuestos a utilizar las armas para poner freno a la posibilidad del desarrollo de una tiranía –como prescribirá luego la legislación antitiránica[21]– que para colmo iba a venir de la mano de mujeres, algo que implicaría una doble subversión del régimen político.

Para finalizar, debemos decir que el ostracismo y la memoria de los Tiranicidas junto con el resto de los elementos que hemos analizado, permiten mostrar que ese *miedo a la tiranía* –asociado de forma dinámica, a lo largo del tiempo, con todo aquello que pudiera amenazar o reemplazar la soberanía del *dêmos*[22]– ayudó a través de la historia democrática a consolidar una identidad, unas virtudes y unos valores cívicos que aspiraban, en el discurso oficial de la *pólis*, a ser compartidos por el conjunto de la comunidad de los atenienses[23]. Sin embargo, el miedo no solo moviliza y estructura la defensa de la *demokratía*; en algunos contextos también podía llevar a la desconfianza, a la quietud y, finalmente, a la parálisis del *dêmos* tal como, según Tucídides (8.66), sucedió en el 411 antes del golpe de los Cuatrocientos.

Bibliografía

Anderson, G. (2007). "Why the Athenians forgot Cleisthenes: literacy and the politics of remembrance in ancient Athens", en C. Cooper (ed.), *Politics of orality. Orality and literacy in ancient Greece*, vol. 6, Leiden, 103-127.

---

21   Ostwald (1955).
22   Cf. Rosivach (1988).
23   Cf. Raaflaub (2003, 59), quien asigna a esta forma ideológica de representación de la tiranía la característica de ser un "pegamento" (*glue*) que mantenía cohesionado a los ciudadanos. Cf. Monoson (2000, 21-50).

Athanasiou, A., Hantzaroula, P. y Yannakopoulos, K. (2008). "Towards a new epistemology: the «affective turn»", *Historein* 8, 5-16.

Berent, M. (1996). "Hobbes and the «Greek tongues»", *History of Political Thought* 17 (1), 36-59.

Berent, M. (1998). "*Stasis*, or the Greek invention of politics", *History of Political Thought* 19 (3), 331-362.

Berent, M. (2000a). "Anthropology and the Classics: war, violence and the stateless *polis*", *Classical Quarterly* 50 (1), 257-289.

Berent, M. (2000b). "Sovereignty: ancient and modern", *Polis. Journal of the Society for Greek Political Thought* 17 (1-2), 2-34.

Berent, M. (2004). "In search of the Greek state: a rejoinder to M.H. Hansen", *Polis. Journal of the Society for Greek Political Thought* 21 (1-2), 107-146.

Bourke, J. (2003). "Fear and anxiety: writing about emotions in modern history", *History Workshop Journal* 55 (1), 113-133.

Bultrighini, U. (ed. 2005). *Democrazia e antidemocrazia nel mondo greco*, Alessandria.

Burke, P. (2005). "Is there a cultural history of the emotions?", en Gouk y Hills (eds. 2005), 35-48.

Champlin, E. (1991). *Final judgments. Duty and emotion in Roman wills, 200 B.C.-A.D. 250*, Berkeley.

Chaniotis, A. (2012a). "Unveiling emotions in the Greek world. Introduction", en Chaniotis (ed. 2012), 11-36.

Chaniotis, A. (2012b). "Moving stones: the study of emotions in Greek inscriptions", en Chaniotis (ed. 2012), 91-129.

Chaniotis, A. (ed. 2012). *Unveiling emotions. Sources and methods for the study of emotions in the Greek world*, Stuttgart.

Christ, M. (1998). "Legal self-help on private property in classical Athens", *American Journal of Philology* 119 (4), 521-545.

Connor, W. (1992). *The new politicians of fifth-century Athens*, Indianapolis.

Delumeau, J. (1989). *El miedo en Occidente*, Madrid.

Desmond, W. (2006). "Lessons of fear: a reading of Thucydides", *Classical Philology* 101 (4), 359-379.

Echeverría Rey, F. (2014). "El miedo en la guerra griega antigua y su conceptualización en las fuentes. Una introducción", *De Rebus Antiquis* 4, 1-24.

Epstein, S. (2011). "Direct democracy and minority rule: the Athenian assembly in its relation to the *demos*", en G. Herman (ed.), *Stability and crisis in the Athenian democracy*, Stuttgart, 87-102.

Finley, M.I. (1981). "Demagogos atenienses", en Idem (ed.), *Estudios sobre historia antigua*, Madrid, 11-36.

Finley, M.I. (1986). *El nacimiento de la política*, Barcelona.

Forsdyke, S. (2005). *Exile, ostracism, and democracy: the politics of expulsion in ancient Greece*, Princeton.

Gouk, P. y Hills, H. (2005). "Towards histories of emotions", en Gouk y Hills (eds. 2005), 15-34.

Gouk, P. y Hills, H. (eds. 2005). *Representing emotions. New connections in the histories of art, music and medicine*, Aldershot.

Hansen, M. (1989). "On the importance of institutions in an analysis of Athenian democracy", *Classica et Mediaevalia* 40, 108-113

Hansen, M. (1991), *The Athenian democracy in the age of Demosthenes. Structure, principles, and ideology*, Oxford.

Harris, E. (2005). "Was all criticism of Athenian democracy necessarily anti-democratic?", en Bultrighini (ed. 2005), 11-23.

Harris, E. (2013). *The rule of law in action in democratic Athens*, Oxford.

Harris, W. (2001). *Restraining rage: the ideology of anger control in classical Antiquity*, Cambridge.

Heller, A. (1999). *Teoría de los sentimientos*, México.

Hunter, V. (1994). *Policing Athens. Social control in the Attic lawsuits, 420-320*, Princeton.

Konstan, D. (2004). "Las emociones en la antigüedad griega", *Pensamiento y Cultura* 7, 47-54.

Konstan, D. (2006). *The emotions of the ancient Greeks. Studies in Aristotle and classical literature*, Toronto.

Konstan, D. y Rutter, N. (eds. 2003). *Envy, spite and jealousy. The rivalrous emotions in ancient Greece*, Edinburgh.

Krentz, P. (1982). *The Thirty at Athens*, Ithaca.

Lang, M. (1948). "The revolution of the 400", *American Journal of Philology* 69 (3), 272-289.

Lang, M. (1967). "Revolution of the 400: chronology and constitutions", *American Journal of Philology* 88 (2), 176-187.

Le Breton, D. (1999). *Las pasiones ordinarias. Antropología de las emociones*, Buenos Aires.

Lévy, E. (2005). "*Isonomia*", en Bultrighini (ed. 2005), 119-137.

Lintott, A. (1982). *Violence, civil strife and revolution in the classical city 750-330 BC*, Baltimore.

Loraux, N. (2007). *Nacido de la tierra. Mito y política en Atenas*, Buenos Aires.

Loraux, N. (2008). *La ciudad dividida. El olvido en la memoria de Atenas*, Buenos Aires.

Loraux, N. (2012). *La invención de Atenas. Historia de la oración fúnebre en la "ciudad clásica"*, Buenos Aires.

Lutz, C. (1988). *Unnatural emotions. Everyday sentiments on a Micronesian Atoll. Their challenge to western theory*, Chicago.

Matt, S. (2011). "Current emotion research in history: or, doing history from the inside out", *Emotion Review* 3 (1), 117-124.

Monoson, S. (2000). *Plato's democratic entanglements. Athenian politics and the practice of philosophy*, Princeton.

Morgan, K. (ed. 2003). *Popular tyranny. Sovereignty and its discontents in ancient Greece*, Austin.

Munteanu, D. (ed. 2011). *Emotion, genre, and gender in classical antiquity*, Bristol.

Musti, D. (2000). Demokratía. *Orígenes de una idea*, Madrid.

Nussbaum, M. (2001). *Upheavals of thought. The intelligence of emotions*, Cambridge.

Ober, J. (1989a). *Mass and elite in democratic Athens. Rhetoric, ideology and the power of the people*, Princeton.

Ober, J. (1989b). "The nature of Athenian democracy", *Classical Philology* 84, 322-334.

Ober, J. (2001). *Political dissent in democratic Athens. Intellectual critics of popular rule*, Princeton.

Ober, J. (2003). "Tyrant killing as therapeutic *stasis*: a political debate in images and texts", en Morgan (ed. 2003), 215-250.

Osborne, R. (1985). Demos. *The discovery of classical Attika*, Cambridge.

Ostwald, M. (1955). "The Athenian legislation against tyranny and subversion", *Transactions and Proceedings of the American Philological Association* 86, 103-128.

Ostwald, M. (1986). *From popular sovereignty to the sovereignty of law. Law, society and politics in fifth-century Athens*, Berkeley.

Page, D.L. (1962). *Poetae Melici Graeci*, Oxford.

Paiaro, D. (2011). "Las ambigüedades del Estado en la democracia ateniense", en M. Campagno, J. Gallego y C. García Mac Gaw (eds.), *El estado en el Mediterráneo antiguo. Egipto, Grecia, Roma*, Buenos Aires, 223-242.

Paiaro, D. (2012a). "*Ándres gàr pólis*. Algunas reflexiones acerca de los debates recientes en torno a la estatalidad de la ciudad griega antigua a la luz del caso ateniense", en E. Dell'Elicine, H. Francisco, P. Miceli y A. Morin (eds.), *Pensar el Estado en las sociedades precapitalistas. Pertinencia, límites y condiciones del concepto de Estado*, Los Polvorines, 51-77.

Paiaro, D. (2012b). "Defendiendo la libertad del *dêmos*. Control popular y ostracismo en la democracia ateniense", *Anales de Historia Antigua, Medieval y Moderna* 44, 33-62.

Paiaro, D. (2014). "Salvajes en la ciudad clásica. Pierre Clastres y la antropología política de la democracia ateniense", en M. Campagno (ed.), *Pierre Clastres y las sociedades antiguas*, Buenos Aires, 119-140.

Raaflaub, K. (2003). "Stick and glue: the function of tyranny in fifth-century Athenian democracy", en Morgan (ed. 2003), 59-93.

Requena, M. (2012). "La libertad cuestionada: expresiones esclavistas y disputa política en la Atenas clásica", *Anales de Historia Antigua, Medieval y Moderna* 44, 63-92.

Rhodes, P. (1972), *The Athenian Boule*, Oxford.

Rhodes, P. (1981). *A commentary on the Aristotelian* Athenaion Politeia, Oxford.

Rhodes, P. (2003). *Ancient democracy and modern ideology*, London.

Rihll, T. (1993). "War, slavery and settlement in early Greece", en J. Rich y G. Shipley (eds.), *War and society in the Greek world*, London, 77-107.

Robin, C. (2009). *El miedo. Historia de una idea política*, México.

Rosenwein, B. (2002). "Worrying about emotions in history", *American Historical Review* 107 (3), 821-845.

Rosivach, V. (1988). "The tyrant in Athenian democracy", *Quaderni Urbinati di Cultura Classica* 30 (3), 43-57.

Rubinstein, L. (2004). "Stirring up dicastic anger", en D. Cairns y R. Knox (eds.). *Law, rhetoric, and comedy in classical Athens. Essays in Honour of Douglas M. MacDowell*, Swansea, 187-203.

Shear, J. (2011). *Polis and revolution. Responding to oligarchy in classical Athens*, Cambridge.

Sinclair, R.K. (1999). *Democracia y participación en Atenas*, Madrid.

Sommerstein, A. (2005). "An alternative democracy and an alternative to democracy in Aristophanic comedy", en Bultrighini (ed. 2005), 195-207.

Stearns, P. (2008a), "Fear and history", *Historein* 8, 17-28.

Stearns, P. (2008b). "History of emotions: issues of change and impact", en M. Lewis, J. Haviland-Jones y L. Barrett (eds.). *Handbook of emotions*, New York, 17-31.

Stearns, P. y Stearns, C. (1985). "Emotionology: clarifying the history of emotions and emotional standards", *American Historical Review* 90 (4), 813-836.

Ste. Croix, G. de (2004). *Athenian democratic origins and other essays*, Oxford.

Taylor, M. (1991). *The tyrant slayers. The heroic image in fifth-century B.C. Athenian art and politics*, Salem.

Thomas, R. (1989). *Oral tradition and written record in classical Athens*, Cambridge.

LIBROS, INTELECTUALES Y DEMOCRACIA EN LA ATENAS CLÁSICA:
EL CASO DE LA PERSECUCIÓN A PROTÁGORAS DE ABDERA[1]

Sergio Barrionuevo
(CONICET / UNIVERSIDAD NACIONAL DE GENERAL SARMIENTO / UNIVERSIDAD DE BUENOS AIRES)

Introducción

Escritura y democracia en Atenas clásica no son fenómenos necesariamente vinculados, sino que este vínculo es producto de un proceso histórico en el cual el estatuto de la escritura se fue transformando en función de los actos de escritura. De manera que, en este trabajo, nos proponemos analizar de qué modo la independencia de los mecanismos de producción de textos y la escritura se vieron articulados durante el período de vigencia de la democracia ateniense, para lo cual analizaré el lugar de los libros y los intelectuales vinculados a su producción en el contexto de la democracia ateniense. Para ello, en primer lugar, discutiré la forma de circulación de textos y libros durante el período clásico, sosteniendo que si bien el libro se presenta como un factor relevante para dar cuenta de la circulación de textos, no es un factor suficiente. Luego, me detendré en el vínculo entre libros y sector intelectual en Atenas durante el siglo V, afirmando que la producción de libros se encuentra asociada a los "nuevos intelectuales" que adquieren mayor presencia durante el desarrollo de la democracia ateniense. Por último, analizaré la persecución a los intelectuales, deteniéndome en el caso de Protágoras, argumentando que la persecución a los intelectuales

---

1   Este trabajo fue realizado con el apoyo de una beca CONICET y se inscribe en el Proyecto UBACyT: "La *pólis* griega y la *civitas* romana como tipos específicos de Estado y las bases agrarias de la ciudad antigua", dirigido por Dr. J. Gallego y Dr. C. García Mac Gaw, y el Proyecto UNGS-ICI: "Los límites entre lo humano y las cosas en perspectiva histórica (s. V a.C.-s. XVI d.C.)", dirigido por Dra. M. Madero y Dra. E. Dell'Elicine.

vinculados a la producción de libros está acusado de ser un elemento que desarticula la unidad de la *pólis*, por su relación con prácticas sectoriales de producción de sentido.

Circulación de libros y textos

Asociar texto y escrito como dos elementos indisociables, presenta problemas metodológicos en cuanto a nuestra comprensión de la difusión del libro como texto, en tanto reduce la circulación del texto al libro como su expresión física. No obstante, en la Atenas clásica la distinción entre ambos aparece definida en la conceptualización de λόγος y βίβλος, dónde λόγος se asocia a la constitución de sentido y, por ende, es conceptualizado como texto; mientras que el concepto de βίβλος se refiere tanto a una instancia material del texto (libro), como a la inserción del mensaje en un sistema de comunicación literaria (escritura). De modo que el texto trasciende al escrito tanto en la producción del sentido, como en cuanto a su distribución, circulación y consumo.

El término βίβλος y, en muchas ocasiones, el diminutivo βιβλίον no se corresponden exactamente con nuestro concepto moderno de libro, entendido como reproducción de un mismo texto en múltiples ejemplares dispuestos para su circulación, sino que encontramos una doble conceptualización. Por un lado, un sentido material en el cual se hacía referencia a los rollos de papiro sobre los que se escribía[2], en muchos casos, el diminutivo βιβλίον era utilizado en el mismo sentido[3]. En algunos textos también el diminutivo aparece haciendo referencia al soporte de cierto tipo de textos jurídicos públicos, Aristófanes nos indica que los decretos eran textos transportados en rollos (Aristófanes, *Aves*, 1024, 1036, 1288)[4], así como también a textos subliterarios y literarios, por ejemplo, un oráculo (*Aves*, 974, 976, 980, 986, 989). Por otro lado, hacia el siglo IV encontramos usos del término en los cuales se define la identidad del libro no por su forma física sino por su contenido textual (Platón, *Teeteto*, 162a; *Fedón*, 98b; Hipócrates, *Epístolas*, 18), mientras

---

2   Cf. Heródoto, 5.58; 2.100; Jenofonte, *Memorables*, 1.6.14; Esquilo, *Suplicantes*, 947; Hermipo, 63.13; Platón, *Político*, 288e.

3   Cf. Heródoto, 1.123; Aristóteles, *Metafísica*, 1042b 18; *Investigación sobre los animales*, 532a 18; *Analíticos Primeros*, 914a 25; Teofrasto, *Historia de las plantas*, 4.8.4.

4   La referencia a βυβλίον como decreto se puede observar en la estructura de los textos leídos, la cual sigue los modelos típicos de las disposiciones atenienses en las colonias. Sobre el sentido cómico del uso del diminutivo en Aristófanes, ver Zangrando (1997).

que el uso del diminutivo βιβλίον en plural, en muchos casos, adquiere también este significado[5]. De modo que habría derivado en una forma de composición textual que sirve de base para identificar nuevos géneros literarios vinculados a ella[6]. Por lo cual, en la concepción griega del libro, podemos observar un reconocimiento del libro como una de las formas de composición que este puede adquirir, disociándose así el texto de su soporte.

La mayoría de las referencias a los textos de autores del período arcaico como libros (βίβλος/βιβλίον) son testimonios posteriores, lo cual ha llevado a los especialistas a discutir la existencia de la publicación de libros y de un mercado librero en este período[7]. En muchos casos las fuentes hacen referencias a la "publicación" (ἐκδίδωμι, ἐκφέρω) de textos escritos en prosa (συγγραφή) en Mileto o Éfeso entre los siglos VI y V a.C.[8], por lo cual la discusión gira en torno a la posibilidad de la existencia de un "mercado de libros" y de "lectores anónimos". Durante el período clásico, en cambio, la existencia de un "mercado de libros" con, al menos, un cierto grado de estabilidad, se encuentra testimoniado en un gran número de referencias vinculadas al uso de βιβλία. Asimismo, los testimonios iconográficos y literarios, nos permiten inferir que estos estaban fundamentalmente destinados al uso privado, en contraposición a los usos públicos y "legales" de la escritura (decretos y conmemoraciones). Algunos testimonios fragmentarios preservados de la "comedia

---

5   Cf. Platón, *Apología*, 26d; Teogneto, 1.8, Jenofonte, *Memorables*, 1.6.14; Epicuro, *Libro de la naturaleza*, 28.8.4.10.

6   Cf. los usos de βύβλιος donde el género literario del libro se ve definido por la práctica o disciplina de la cual deriva: adivinación (Isócrates, 19.5) o teología (Platón, *República*, 364e); en testimonios posteriores encontramos una extensión de este uso del término, como por ejemplo las referencias a libros astrológicos (*Papiro de París*, 19.2, siglo II d.C.; Clemente de Alejandría, *Stromata*, 6.4.35; *Papiros Mágicos*, 13.15; Vecio Valente, *Antología*, 258.18, 30), teológicos (Olimpodoro, *Comentario al Alcibíades de Platón*, 164; Celso Filósofo, 1.16b; Marino, *Vida de Proclo*, 33), así como a libros sagrados o místicos (Demóstenes, 18.259; cf. 19.199; *Inscripciones Orientales Griegas* (*OGI*), 56.70; *Papiro de Tebtunis* (*PTeb*), 291.43, siglo II d.C.; Luciano, *Philopseudes*, 12). El diminutivo βιβλίον, en cambio, es utilizado en sentido de diminutivo para hacer referencias a las cartas que se enviaban los líderes (Heródoto, 3.128), a los documentos escritos con valor jurídico (Demóstenes, *Epístolas*, 1.3), a los documentos o actas (*IG* II² 1.61) o documentos privados (*Papiro de Oxirrínco*, 54.3758 [= *HGV POxy*. 54 3758 = Trismegistos 15267], siglo IV d.C.).

7   Cf. West (1971, 5-6); Havelock (1983, 9-12); Robb (1983, 155-159). Contra quienes podemos ubicar las objeciones de Turner (1975, 38-39); Diano y Serra (1980, 92-94); Kahn (1983, 116-118); Nieddu (1984, 213-214). Cf. Caballero (2005).

8   Publicación (ἐκδίδωμι, ἐκφέρω): Temístocles, *Or.* 36.317 [= DK 12 A7 = *FP* 63]. Composición (γράφω): *Suda*, s.v. [= DK 12 A2 = *FP* 66]; Agatem, I.1 [= DK 12 A6 = *FP* 68].

antigua" de fines del siglo V, dan cuenta de la existencia de dicho mercado[9]. Jenofonte (*Anábasis*, 7.5.12-14) da cuenta no sólo de la existencia del comercio librero durante el período clásico, sino también del grado de expansión que habría alcanzado al ser considerado un bien de exportación. Si bien las fuentes no nos permiten afirmar la existencia de un mercado extendido de consumo de libros como objeto, la circulación del libro como texto tampoco puede remitirse necesariamente al ámbito reducido de su existencia material, sino que la circulación del mismo trasciende el ámbito de la posesión, en tanto su difusión, circulación y consumo están sujetos a las prácticas sociales de lectura (Svenbro: 1993, 44-63; 2011, 75-78). De modo que la existencia de un mercado de libros, por más reducido que resulte en cuanto a cantidad circulante, da cuenta de su presencia e impacto social como texto.

La existencia de un mercado librero, por otra parte, supone un cierto desarrollo de la alfabetización en la población ateniense que consumía dichos libros. Por lo cual, algunos especialistas rechazan la existencia de una "alfabetización masiva"[10], a partir de lo que infieren un alcance reducido del carácter vinculante del texto escrito (especialmente en el contexto de la codificación legal de fines del siglo V)[11]. No obstante, Anna Missou (2011, 109-142) ha puesto de manifiesto que, independientemente de que haya habido o no un sistema público encargado de la alfabetización[12], la reorganización de los demos y tribus a fines del siglo VI habría promovido la escritura entre los atenienses, en tanto sirvió como un elemento importante para el intercambio de información entre los demos y las tribus, así como entre el centro urbano y sus unidades constituyentes[13]. Sin embargo, habría que tener en cuenta que este fe-

---

9   Cf. Eupolis, Fr. 327 K-A [= Pollux 9.47]. Mientras que en varios fragmentos cómicos del siglo V encontramos referencias a βιβλιοπῶλαι ("libreros"); cf. Teopompo, Fr. 79 K.-A. [= 77 Kock = Zonaras 388]; Aristómenes, Fr. 9 K-A; Nicofonte, Fr. 10 K-A [= Ateneo, 126e].

10 Cf. Harris (1991, 62-63, 79-80, 102-104); Robb (1994, 125-156); Cascajero (1993, 99-109); Davison (1962, 143); Harvey (1966, 586-587).

11 Para un rechazo del carácter vinculante de la ley escrita, ver: Camassa (1988, 150-153); Hölkeskamp (1992, 61-66; 2000, 88); Osborne (1999, 346-347). Para una matización de la función de la ley escrita en Atenas, ver: Gagarin (2008, 176-205).

12 Cf. Burns (1981, 375-376); Pébarthe (2006, 42-53); Harris (1991, 96-104); Beck (1964, 79-80, 83, 94, 111); Harvey (1966, 588-590); Lynch (1972, 32-67); Pritchard (2015, 117-121).

13 Missou (2011, 17-25) comparte la posición de Pébarthe (2006, 67) respecto de una alfabetización extendida en Atenas durante el período clásico. Cf. Shear (2011, 89-96), quien sostiene que efectivamente la disposición de las inscripciones en el espacio geográfico del Ática, durante la segunda mitad del siglo V, implicaba una suerte de lógica

nómeno no fue homogéneo durante todo el período, sino que, como sostiene Thomas (2009, 37-41), el grado de alfabetización que se esperaba de los magistrados hacia comienzos del siglo V era muy bajo como para sostener que la alfabetización habría sido extendida durante todo el siglo, sino que es recién hacia fines del mismo que se habría esperado un alto grado de alfabetización de sus funcionarios, pudiendo afirmar en cierta medida una suerte de "alfabetización masiva". Algunos de los estudios cuantitativos sobre la alfabetización en Atenas se sostienen sobre el supuesto de que determinar el porcentaje de población alfabetizada (*i.e.* quienes pueden leer y escribir los textos que se producen) o el grado de alfabetización (*i.e.* quienes tienen acceso a ser educados en la lectura y escritura), se presentan como factores determinantes para explicar los modos de circulación y consumo de los textos. No obstante, como sostuvimos más arriba, no es la posesión de libros ni la capacidad de poder leerlos lo que garantiza su circulación, distribución y consumo.

Libros e intelectuales

Si bien la circulación de textos escritos bajo el formato de "libro" se habría expandido durante el período clásico respecto del período precedente, el uso de libros era visto como la incorporación de un elemento no solamente novedoso, sino también sospechoso entre las élites intelectuales atenienses. Entre las acusaciones que distintos autores utilizaron para criticar y acusar estilos de vida extravagante, el uso de libros resulta ser un factor común. Platón (*República*, 364e) al acusar las nuevas prácticas rituales que habrían instalado la creencia de la absolución y purificación de iniquidades, menciona y pone el acento sobre el uso de libros de Orfeo y Museo para regular los ritos, destacando justamente que ello habría llevado "no sólo a los ciudadanos particulares" (οὐ μόνον ἰδιώτας), sino también a la *pólis*, a una creencia que permitiría la liberación de los males sólo para los grupos privados que practiquen el rito. Lo mismo podemos observar en Eurípides (*Hipólito*, 953-954), donde Teseo acusa a Hipólito diciendo "vende tu régimen vegetariano... honrando el humo de muchos escritos", lo cual no sólo es un indicador de la presencia del

---

direccional del mensaje, de modo que no solamente no se inscribía cualquier disposición, ni todas estaban dispuestas en todo el espacio del Ática, sino que su distribución en el espacio respondería a un interés de comunicar ciertos mensajes o disposiciones a grupos sociales específicos, lo cual presupone un cierto grado de alfabetización por parte de los receptores del mensaje.

libro en el imaginario ateniense, sino que además introduce un elemento novedoso en la literatura del período: asociar la identidad personal con la "honra" (τιμῶν) a los libros (Henrich: 2003, 212-213; Baumgarten: 1998, 76 ss.), la cual se realiza de manera privada (ἰδιώτας), tal como había sostenido Platón, pero que atentan contra la unidad de la *pólis*, debido al carácter vacuo (καπνούς) del contenido textual de esos libros (Burkert: 2007, 395-396). La acusación hacia los libros, por tanto, se encuentra vinculada al uso sectorial que el mismo presenta, esto es, se percibe asociado con prácticas que atentan contra la unidad y cohesión social de la *pólis*. En tanto la publicidad del texto depende de prácticas sociales que se legitiman en su articulación con los dioses (Platón, *Fedro*, 274b 10-11), la crítica al libro pone en evidencia los intereses de aquellos sectores aristocráticos encargados de controlar estas prácticas, en tanto desplazados de su lugar de privilegio.

Por otra parte, el uso del verbo καπήλευ'(ε) ("vender") en v. 953 por parte de Eurípides, resulta significativo en tanto es el único pasaje de sus obras conservadas donde se lo emplea. Este verbo adquiere para la mentalidad ateniense del período clásico un carácter peyorativo (Platón, *Leyes*, 919d; *Sofista*, 224d), ya que resulta asociado directamente con los embaucadores o charlatanes, quienes sólo pueden vender una mercancía pobre si persuaden a los clientes respecto de su buena calidad (Platón, *Protágoras*, 313c). En el *Protágoras*, Platón acusa a los sofistas, en tanto maestros de retórica, de ser "comerciantes" (ἐμπορός) o "vendedores" (κάπηλος) de "los bienes de los que se alimenta el alma". Esto nos permitiría conjeturar que la utilización de καπελεύω por parte de Eurípides estaría asociando la venta de doctrinas religiosas por medio de libros, para el caso de los órficos, con la crítica a los sofistas, asociada a los sectores conservadores de la Atenas clásica, sobre la venta de técnicas retóricas de persuasión. Los sofistas, a su vez, son asociados con "saberes especializados"[14], los cuales habrían sido "vendidos" a quienes quisieran disponer de ellos. Ahora bien, esto no se refería necesariamente al cobro de un honorario por su enseñanza, como se desprende de la acusación de Jenofonte al comparar su actividad con la prostitución (Jenofonte, *Memorables*, 1.6.13), sino fundamentalmente con la composición y venta de "tratados" retóricos donde se recogen los principios para el manejo de la palabra. Asimismo, la frase πολλῶν γραμμάτων... καπνούς puesta en

---

14 Cf. Platón, *Protágoras*, 315a; *Hipias menor*, 363c; Ateneo, 424 ss. [= DK 85 A8 = Page *FGE* 12]; Filóstrato, *Vida de los sofistas*, 1.1.

boca de Teseo por Eurípides, es utilizada posteriormente por Aristófanes (*Nubes*, 320) cuando Estrepsíades, luego de oír al coro de nubes que representa las doctrinas sofísticas, afirma que su alma λεπτολογεῖν ἤδη ζητεῖ καὶ περὶ καπνοῦ στενολεσχεῖν, equiparando y poniendo al mismo nivel, entonces, el humo de las doctrinas órficas transmitidas a través de los libros con las nubes de las técnicas retóricas de los sofísticas. Por lo cual, la "cultura del libro" no habría estado asociada, en la Atenas de los siglos V y IV, con la expansión de la escritura (γράμματα) en general, sino con esta nueva generación de intelectuales, representadas principalmente por sofistas y órficos. De modo que, así como se distingue entre texto y escrito, existía una clara diferenciación entre escritura en general y los libros (βίβλος/βιβλίον).

Libros y persecución de intelectuales: el caso de Protágoras

Los libros como medio de transmisión del pensamiento estuvo asociada, durante el período clásico, con las doctrinas provenientes de grupos intelectuales vinculados a las nuevas ideas introducidas en Atenas durante el período de la Guerra del Peloponeso (Tucídides, 2.8; cf. Plácido: 1997, 192-210), principalmente con órficos y sofistas (Bremmer: 1994, 89). No obstante, los libros no fueron valorados como un elemento de prestigio de las doctrinas en ellos expuestas, como cree Thomas (2003, 164), sino que, por el contrario, eran observados como elementos de desconfianza, en tanto se considera que tienden a atentar contra la cohesión social de la *pólis*, al ser escritos que no están articulados con la producción social del sentido por medio de ritos públicos, sino que se circunscriben a prácticas privadas. Si bien hay testimonios que asocian a los sofistas con la pronunciación de discursos ante un público numeroso, equiparándolos con los antiguos rapsodas, tanto Platón como Jenofonte suelen asociar a los sofistas (específicamente a Protágoras y Pródico) con las casas de atenienses ricos (Platón, *Protágoras*, 311a, 314e, 315d; *Sofista*, 231d-232a; Jenofonte, *Banquete*, 1.5). Asimismo, los tratados teóricos de carácter "humanístico" que escribieron algunos sofistas, eran leídos en círculos reducidos y luego difundidos en copias escritas (Diógenes Laercio, 9.54 [= DK 80 A1]; Aristófanes, *Ranas*, 943). Por lo cual, si bien las enseñanzas sofísticas estaban disponibles a todo aquel que pudiera pagarlas, las prácticas de enseñanza se remitían en la mayoría de los casos a actos privados, ya sea por medio de lecturas en círculos reducidos como a través de libros que eran adquiridos por ciertos sectores ricos para uso privado.

En algunos fragmentos preservados de la comedia antigua se atribuye a los libros el ser la causa de la corrupción de los ciudadanos. Aristófanes en un fragmento de *Freidores* (Escolio a Aristófanes, *Nubes*, 361a [= Fr. 506 K-A = Fr. 490 Kock]) afirma que "a este hombre lo ha corrompido un libro o Pródico o alguno de los charlatanes"[15]. Esto pondría en evidencia que es el libro, como representante de las nuevas doctrinas introducidas por los sofistas, el que se presenta como un peligro, en tanto es un tipo de escritura que corrompe al ciudadano particular, tal como afirmaba Platón para los libros órficos, lo cual podría desembocar en la corrupción de la *pólis* misma.

El compromiso político de muchos de estos intelectuales escritores de libros hacia mediados del siglo V, habría derivado en una situación adversa tras la muerte de Pericles en 429 a.C (Wallace: 2007, 31-32; Rubel: 2014, 30-31), produciéndose así un rechazo al intelectualismo (Ober: 1998, 3-13; Connor: 1992, 143-147). Por lo cual, el período pospericleo se encontró signado por persecuciones a intelectuales, entre las cuales los testimonios respecto de acusaciones por "impiedad" (ἀσέβεια)[16] nos ofrecen un panorama de dicha persecución[17], en tanto se asocia la denuncia de corrupción de la *pólis* por parte de los libros con el ateísmo y la impiedad[18]. Entre los perseguidos podemos observar que varios de ellos pertenecieron al círculo íntimo o estuvieron vinculados en alguna medida con Pericles (Anaxágoras, Aspasia, Protágoras)[19]. De estos casos, resulta significativo para nuestro trabajo la acusación a Protágoras, en tanto es uno de los pocos cuya condena recayó, además, sobre sus libros.

---

15   En consonancia con Aristófanes, Teogneto (Ateneo, *Banquete de los eruditos*, 16.671b [= Fr. 1.8 Kock]), un poco más tarde (s. III), acusa a un converso a la filosofía en tanto "ha trastocado su vida con los libros".

16   Sobre el problema de la ἀσέβεια como categoría jurídica en el período clásico, ver Leão (2004, 202-205); Lipsius (1905-15, II 359-360); Rudhardt (1960); MacDowell (1986, 197-200); Gil (1961, 58-60); para una definición concisa, Leão (2013).

17   Los casos que las fuentes testimonian como juicios por ἀσέβεια para el siglo V son las acusaciones a: los Alcmeónidas; Esquilo; un megárico desconocido; Anaxágoras; Aspasia; Protágoras; los Hermocópidas y los profanadores de misterios; Diágoras de Melos. Cf. Filonik (2013).

18   Cf. Bremmer (1982, 50-52); Ramón Palerm (2014, 158-159); Rubel (2014, 31-35).

19   Escolio a Aristófanes, *Paz*, 1085. Cf. Rubel (2014, 37-41); Gil (1961, 60-61); Plácido (1988).

De acuerdo con el testimonio de Diógenes Laercio (9.52 [= DK 80 A1]): "Por culpa del inicio de este escrito suyo [sc. *Sobre los dioses*] fue expulsado de la ciudad por los atenienses, que quemaron también sus libros en el ágora, tras haberlos recogido de sus poseedores mediante un bando público" (trad. Melero Bellido). Este testimonio sería uno de los casos más significativos respecto de la quema de libros en Atenas. Si aceptamos el testimonio de esta fuente, entonces tenemos evidencia de la difusión que habría tenido el libro de Protágoras. No obstante, el testimonio de Timón de Fliunte recogido por Sexto Empírico (*Contra los matemáticos*, 9.55-56 [= DK 80 A12]): "[los atenienses] quisieron (ἔθελον) convertir sus escritos en cenizas", matizaría un poco la cuestión, ya que no afirma que lo hayan hecho, sino simplemente las intenciones (ἔθελον) de hacerlo. En defensa de la tolerancia religiosa de los atenienses Dover (1988, 142-145) rechaza el testimonio de Diógenes Laercio en tanto lo considera una exageración a partir de la afirmación de Timón de Fliunte. No obstante, el hecho de que un sector de los atenienses tuviera la intención de quemar los libros de Protágoras, no sólo da cuenta del influjo de estos textos entre los atenienses, sino también de un proceso inédito en la historia de Atenas, ya que aportaría evidencias de la conciencia acerca de la autonomía del texto respecto del autor (O'Sullivan: 1996, 119), en tanto su instanciación escrita le permitiría independizarse de "la ayuda del *lógos*" (βοηθεῖν τῷ λόγῳ) que exigía Platón (*Fedro*, 274b-278e; Szlezák: 2000). Asimismo, el hecho de que los testimonios que condenan a los libros los acusen de corromper la unidad de la *pólis*, coloca a los libros como elementos de corrupción y, por ende, sujetos a purificación. Por lo cual, teniendo en cuenta que el fuego tiene una importancia significativa en los rituales de purificación (Burkert: 2007, 105-108), la quema del libro de Protágoras no sólo habría sido posible, en tanto forma parte del horizonte de comprensión ateniense, sino que además operaría como elemento simbólico que buscaba restablecer la unidad de la *pólis* (Rubel: 2014, 67-68).

A modo de balance

El análisis de la función del libro en la Atenas clásica nos permite inferir que este, en tanto producto escrito, opera como factor relevante para la circulación del texto. Lo cual para ciertos sectores conservadores atenienses del siglo V, resulta un elemento peligroso en tanto independiza al texto de los mecanismos sociales de producción de sentido y, por ende, de quienes ejercen el control de estos mecanismos. El caso de la persecución político-religiosa a los intelectuales vinculados a la escritura y difusión de libros, nos permite comprender de qué manera el libro no se presenta como un peligro para la democracia, sino para las facciones que se vieron desplazadas del ejercicio del poder durante el período de Pericles. Mientras que, por otra parte, la autonomía adquirida por el libro pone de manifiesto que la condena a la escritura por parte de los sectores antidemocráticos, lo coloca al libro como "chivo expiatorio" (φαρμακός) de las facciones desplazadas del ejercicio del poder político en Atenas.

Bibliografía

Baumgarten, R. (1998). *Heiliges Wort und Heilige Schrift bei den Griechen: Hieroi Logoi und verwandte Erscheinungen*, Tübingen.

Beck, F.A.G. (1964). *Greek education 450-350 B.C.*, London.

Bremmer, J. (1982). "Literacy and the origins and limits of Greek atheism", en J. den Boeft y A.H. Kessels (eds.), *ACTUS. Studies in honour of H.L.W. Nelson*, Utrecht, 43-55.

Bremmer, J. (1994). *Greek religion*, Oxford.

Burkert, W. (2007). *Religión griega: arcaica y clásica*, Madrid.

Burns, A. (1981). "Athenian literacy in the fifth century B.C.", *Journal of the History of Ideas* 42 (3), 371-387.

Caballero, R. (2005). "Reflexiones sobre el concepto de «publicación» en la Grecia arcaica: el problema de los tratados en prosa", *Estudios Clásicos* 127, 7-21.

Camassa, G. (1988). "Aux origines de la codification écrite des lois en Grèce", en M. Detienne (ed.), *Les savoirs de l'écriture en Grèce ancienne*, Paris, 130-155.

Cascajero, J. (1993). "Escritura, oralidad e ideología. Hacia una reubicación de las fuentes escritas para la Historia Antigua", *Gerión* 11, 95-144.

Connor, W.R. (1992). *The new politicians of fifth-century Athens*, Indianapolis.

Davison, J.A. (1962). "Literature and literacy in ancient Greece", *Phoenix* 16 (3), 141-156.

Diano, C. y Serra, G. (1980). *Eraclito. I frammenti e le testimonianze*, Milano.

Dover, K.J. (1988). "The freedom of the intellectual in Greek society", en *The Greek and their legacy*, Oxford, 135-158.

Filonik, J. (2013). "Athenian impiety trial: a reappraisal", *Dike* 16, 11-96.

Gagarin, M. (2008). *Writing Greek law*, Cambridge.

Gil, L. (1961). *Censura en el mundo antiguo*, Madrid.

Harris, W.V. (1991). *Ancient literacy*, Cambridge.

Harvey, F.D. (1966). "Literacy in the Athenian democracy", *Revue des Études Grecques* 79, 585-635.

Havelock, E. (1983). "The linguistic task of the Presocratics", en Robb (ed. 1983), 7-82.

Henrich, A. (2003). "*Hieroi logoi* and *hierai bibloi*: the (un)written margins of the sacred in ancient Greece", *Harvard Studies in Classical Philology* 101, 207-266.

Hölkeskamp, K.-J. (1992). "Arbitrators, lawgivers and the «codification of law» in archaic Greece: problems and perspectives", *Métis* 7 (1-2), 49-81.

Hölkeskamp, K.-J. (2000). "(In-)Schrift und Monument. Zum Begriff des Gesetzes im archaischen und klassischen Griechenland", *Zeitschrift für Papyrologie und Epigraphik* 132, 73-96.

Kahn, C.H. (1983). "Philosophy and the written word: some thoughts on Heraclitus and the early Greek uses of prose", en Robb (ed. 1983), 110-124.

Lipsius, J.H. (1905-1915). *Das attische Recht und Rechtsverfahren mit Benutzung des Attischen Processes*, Leipzig, 3 vols.

Lynch, P. (1972). *Aristotle's school: a study of a Greek educational institution*, Berkeley.

MacDowell, D.M. (1986). *The law in classical Athens*, Ithaca.

Missou, A. (2011). *Literacy and democracy in fifth-century Athens*, Cambridge.

Nieddu, G.F. (1984). "La metafora della memoria come scrittura e l'immagine dell'animo come *deltos*", *Quaderni di Storia* 19, 213-219.

O'Sullivan, N. (1996). "Written and spoken in the first Sophistic", en I. Worthington (ed.), *Voice into text. Orality and literacy in ancient Greece*, Leiden, 115-127.

Ober, J. (1998). *Political dissent in democratic Athens. Intellectual critics of popular rule*, Princeton.

Osborne, R. (1999). "Inscribing performance", en S. Goldhill y R. Osborne (eds.), *Performance culture and Athenian democracy*, Cambridge, 341-358.

Pébarthe, P. (2006). *Cité, démocratie et écriture. Histoire de l'alphabétisation d'Athènes à l'époque classique*, Paris.

Plácido, D. (1988). "La condena de Protágoras en la historia de Atenas", *Gerión* 6, 21-37.

Plácido, D. (1997). *La sociedad ateniense: La evolución social en Atenas durante la guerra del Peloponeso*, Barcelona.

Pritchard, D.M. (2015). "Athens", en W.M. Bloomer (ed.), *A companion to ancient education*, Chichester, 112-122.

Ramón Palerm, V.M. (2014). "Metodología para la investigación de la irreligiosidad en la Atenas clásica", *Myrtia* 29, 149-162.

Robb, K. (1983). "Preliterate ages and the linguistic art of Heraclitus", en Robb (ed. 1983), 153-206.

Robb, K. (1994). *Literacy and* paideia *in ancient Greece*, New York.

Robb, K. (ed. 1983). *Language and thought in early Greek philosophy*, La Salle.

Rubel, A. (2014). *Fear and loathing in ancient Athens. Religion and politics during the Peloponnesian War*, Oxford.

Rudhardt, J. (1960). "La définition du délit d'impiété d'après la législation attique", *Museum Helveticum* 17, 87-105.

Shear, J. (2011). *Polis and revolution. Responding to oligarchy in classical Athens*, Cambridge.

Svenbro, J. (1993). Phrasikleia. *An anthropology of reading in ancient Greece* (1988), Ithaca.

Svenbro, J. (2011). "La Grecia arcaica y clásica. La invención de la lectura silenciosa", en G. Cavallo y R. Chartier (eds.), *Historia de la lectura en el mundo Occidental* (1997), Buenos Aires, 67-97.

Szlezák, T. (2000). "¿Qué significa acudir en ayuda del logos? Estructura y finalidad de los diálogos platónicos", *Areté. Revista de filosofía* 12 (1), 91-114.

Thomas, R. (2003). "Prose performance texts: *epideixis* and written publication in the late fifth and early fourth centuries", en H. Yunis (ed.), *Written texts and the rise of literate culture in ancient Greece*, Cambridge, 162-168.

Thomas, R. (2009). "Writing, reading, public and private «literacies»", en W.A. Johnson y H.N. Parker (eds.), *Ancient literacies*, Oxford, 13-45.

Turner, E.G. (1975). "Los libros en la Atenas de los siglos V y IV a.C.", en G. Cavallo (ed.), *Libros, editores y público en el Mundo Antiguo. Guía histórica y crítica*, Madrid, 25-50.

Wallace, R. (2007). "*Nomos/phusis*: the anti-democratic context", en A.L. Pierris (ed.), *Φύσις and νόμος. Power, justice and the agonistical ideal of life in high Classicism*, Patras, 23-44.

West, M.L. (1971). *Early Greek philosophy and the Orient*, Oxford.

Zangrando, V. (1997). "Lingua d'uso ed evoluzione lingüística: alcune conziderazioni sul diminutivo nella commedia aristofanea", en A. López Eire (ed.), *Sociedad, política y literatura. Comedia griega antigua. Actas del I Congreso Internacional*, Salamanca, 353-360.

JUSTICIA POÉTICA Y POLÍTICA DEMOCRÁTICA EN LA COMEDIA DE ARISTÓFANES[1]

Claudia Fernández

(UNIVERSIDAD NACIONAL DE LA PLATA / CONICET)

> Dicen que cuando el tirano Dionisio quiso conocer la forma de gobierno (πολιτείαν) de los atenienses, Platón le envió la obra de Aristófanes... (*Vida de Aristófanes*, 43-4 KA)

La comedia antigua aristofánica es abiertamente política[2]. Su intriga abreva en los problemas políticos de Atenas en el momento mismo de la presentación teatral. Nos referimos a la guerra del Peloponeso –una guerra que había generado poca ganancia y parecía interminable (*Acarnienses*, del 425[3], *Paz*, del 421, *Lisístrata*, del 411)–, o al comportamiento inapropiado de las masas frente a los demagogos de turno (*Caballeros*, del 424), o a la incompetencia de la asamblea y su negativa a tratar temas de verdadera importancia (*Asambleístas*, del 391), o a la alteración cívica producida por las cortes democráticas (*Avispas*, del 422)[4]. Estos desórdenes de índole política y social son los disparadores de la crítica del héroe cómico, quien no se contenta con la sola expresión de la queja y, compelido por su rol dramático a corregir la situación, provee una solución al problema que, las más de las veces, es fantástica o utópica, esto es, inviable o ineficaz en la vida real[5].

---

1 Es esta una versión reducida de nuestra intervención en el *IV Coloquio PEFSCEA: "Regímenes políticos en el mundo antiguo"*. Agradezco a los organizadores la invitación para participar del encuentro y a los asistentes en general por los comentarios y aportes recibidos.

2 Aristófanes es el único autor de comedia antigua del que nos han llegado obras completas –once de las cuarenta que habría escrito. Pertenece a una tercera generación de comediógrafos, junto con Éupolis y Cratino.

3 Todas las fechas son a.C.

4 Cf. Sommerstein (2014, 291): "... Comedy was never entirely indifferent to politics, and (very significantly) politicians were never entirely indifferent to comedy". Sabemos sin embargo de la existencia de una comedia menos política, más interesada en el desenvolvimiento de la intriga, como la de Ferécrates, por ejemplo.

5 Como la concertación de una paz privada con los espartanos (*Acarnienses*), o el viaje hasta el Olimpo para increpar a Zeus y rescatar finalmente a la diosa Eirene prisionera

Esta estrecha relación de la comedia aristofánica y la historia política de su tiempo ha generado debates inacabados en la crítica acerca de cómo debe ser interpretada. Uno de estos debates gira en torno a la posibilidad de reconocer la opinión política del propio autor en sus denuncias, preocupación que ha virado hacia la cuestión más "literaria"[6], y mejor direccionada, de la "ideología" del género cómico en su etapa antigua[7]. Es dentro de ese marco interpretativo que queremos reflexionar con respecto al tema convocante referido a los regímenes políticos en la Antigüedad. A nuestro entender, son equivocadas las consideraciones como la de Gomme (1938) o la de Heath (1987), que, partiendo de la errónea noción de la imparcialidad del artista y del arte, consideran improcedente preguntarse por la cuestión política de la comedia –ya que una obra de arte no podría, ni debería, proveer una opinión política. Es innegable que la comedia expresa una opinión disidente con respecto al orden democrático imperante[8], y muy especialmente ataca, en el marco de esa crítica, a tres actores políticos de la democracia fuertemente vinculados: demagogos, delatores y jueces. En efecto, los personajes de comedia comentan directamente sobre los líderes políticos u oradores (ῥήτορες o δημαγωγοί en griego), acerca del discutido valor de sus agendas políticas "populistas", así como sobre el uso y abuso de las cortes, entendidas también, al igual que la *ekklesía*, como un emblema de la

---

         en una cueva (*Paz*), o la recuperación de la visión de Pluto, el dios de la Riqueza, para que pueda distinguir a los honestos y se encamine solo a ellos (*Pluto*), etc.

6   Ciertamente el término "literario" no es adecuado para referirnos al teatro griego, pero tampoco a la épica o a la lírica, ya que en todos los casos se trata de actividades performativas, esto es, ejecutadas en contextos propios de representación, que exceden además el dominio de lo "artístico".

7   Otra discusión relacionada, imposible de zanjar, gira en torno a la determinación del tipo de relación que la comedia entablaba con la sociedad ateniense: ya si interfería en las decisiones políticas de la ciudadanía, ya si se trataba de un fenómeno autocontenido, sin efectos sociales fuera del teatro; al respecto, ver Mastromarco (1994). Este debate se relaciona, además, con la posible promulgación de decretos que limitaran su libertad de expresión; una opinión escéptica en tal sentido puede leerse en Halliwell (1991), o, más moderada, en Sommerstein (2004).

8   No todos los estudiosos de Aristófanes coinciden con esta lectura que ve en su obra una defensa de la ideología conservadora, de tendencia oligárquica, en contra de la democracia reinante en la Atenas de esos años. Henderson (1993; 1998) y Olson (2010), por ejemplo, afirman que la comedia era firmemente democrática en el sentido que se preocupaba por el bienestar del demos y expresaba, asimismo, lo que la gente común decía sobre los asuntos de la ciudad, siendo el poeta a un tiempo formador de opinión y repetidor de la voz del pueblo; es decir, interpretan que el género cómico funcionaba como una herramienta para la protesta cívica y que el pueblo nunca perdía el control de la situación.

Atenas democrática; los delatores (συκοφάνται), por su parte, integraban también el engranaje jurídico que sostenía el funcionamiento de las cortes populares en una sociedad en que sus ciudadanos estaban obsesionados por pleitear[9]. Las tensiones de clases y económicas, producto de esa descomposición política, asimismo constituyeron el blanco de los ataques.

Los historiadores tienden a interpretar estos "testimonios" como ejemplos de recepción histórica, es decir, de la propia experiencia del autor como testigo del desempeño de la democracia de su tiempo y de la fascinación que provocaban en el pueblo sus políticas imperialistas. Nosotros preferimos entender esa crítica, punzante y sostenida, como un componente estético y retórico de la poética del género (*genre*), que, por un lado, tendía al ridículo y al insulto, y, por otro lado, buscaba satisfacer una sed de justicia social, en cuya expresión se inscriben todas sus denuncias.

El estilo combativo y agresivo de la comedia no solo es permitido, sino propiciado y celebrado por el género, y ha sido destacado desde antiguo como una de sus notas más peculiares[10]. Uno de sus recursos expresivos básicos es el *onomastì komodeîn*, nombre con que los alejandrinos bautizaron a las acusaciones o insultos personales y nominales –"por su nombre"– contra personajes de la Atenas contemporánea, lo que producía el efecto de una criminalización de gran parte del cuerpo ciudadano; muchos de esos ciudadanos probablemente espectadores presentes en los festivales teatrales[11]. Hay quienes que, como Henderson (1998), han visto en este procedimiento cómico un ejercicio extremo de la *parrhesía* democrática. De haber sido así, no deja de ser curioso que sirviera esencialmente para criticar a sus conductores políticos y al pueblo por igual[12].

---

9 Hay delatores en *Acarnienses* (818-829, 910 ss.), *Aves* (1410-1169) y *Pluto* (850-958). Se los acusa de un activismo político desenfrenado (πολυπραγμονεῖν), otro de los males que la comedia achaca a la democracia. Se estima que sus demandas en las cortes son siempre mentirosas, motivadas exclusivamente por el interés monetario.

10 Cf. Horacio, *Sátiras*, 1.4.1-5; Cicerón, *De re publica*, 4.11; Quintiliano, 10.1.65; al respecto, véase Storey (1998).

11 Véase Fernández (2013).

12 En efecto, en un estudio sobre las categorías de los burlados (κωμῳδούμενοι) en comedia, Sommerstein (1996) observa que la casi totalidad de los insultados (115 de un total de 224) son miembros activos de las instituciones democráticas: generales, *próbouloi*, embajadores, delegados, delatores, así como gente que ocupaba puestos públicos menores, como oficiales militares subordinados, taxiarcos, hiparcos, oficiales religiosos, esto es, sacerdotes o heraldos de los misterios.

Política democrática

Los cargos que la comedia adjudica a los demagogos pueden resumirse esencialmente en dos acusaciones: la del robo de los fondos públicos –lo que puede encuadrarse dentro del abuso de poder– y la del soborno a las masas con promesas falsas que solo buscan la obtención de bienes personales para evadir sus obligaciones, tanto para con los atenienses como para con las ciudades aliadas[13]: "Y después estos individuos [los demagogos] se dejan corromper (δωροδοκοῦσιν) por los cincuenta talentos que provienen de las ciudades, gritando y amenazando cosas como estas: «Denme el tributo o con un trueno voy a abatir su ciudad»" (*Avispas*, 669-671)[14]. Ellos insisten en que se preocupan por el bienestar del pueblo, pero, aunque pueda parecer lo contrario, no buscan el bien de la gente: "Y estos [los políticos], conociendo bien el estado de debilidad de los pobres y su falta de recursos para procurarse alimentos, expulsaron con sus agudos gritos a la diosa [Paz]..." (*Paz*, 635-637)[15].

Su interés se centra en robar los fondos del Estado, pagándose a sí mismos y a sus asociados salarios inflados, y extrayendo sobornos de cualquier fuente. Por esa razón se los llama "ladrones de los fondos públicos" (*Nubes*, 351: ἅρπαγα τῶν δημοσίων), "busca-cargos" (*Acarnienses*, 595: σπουδαρχίδης) y "cobra-cargos" (*Acarnienses*, 597: μισθαρχίδης)[16]. Pregunta Dicéopolis a Lámaco[17]: "¿Y por qué razón ustedes siempre cobran un sueldo sea como sea (μισθοφορεῖν ἀμηγέπῃ)?" (*Acarnienses*, 607-608). En opinión de los héroes de comedia, la democracia radical resulta una verdadera estafa: la retórica engañadora de la adulación con

---

13 En razón de que la crítica a los demagogos no es un rasgo particular de la comedia aristofánica, sino que, por el contrario, varios autores de comedia antigua habrían escrito piezas destinadas a atacar a políticos de la época (*Maricas* de Éupolis, del 421, e *Hipérbolo*, del 415, *Pisandro*, del 411, y *Cleofón*, del 405, de Platón el cómico), se considera que la comedia sobre demagogos constituía un subgénero que habría florecido durante las últimas décadas del s. V. Aunque la mayoría de las críticas que se le adscriben a los demagogos son serias, no dejan de ser vapuleados también por cuestiones menores o baladíes, como la forma de su cabeza, o la extrema delgadez.

14 Cf. también *Caballeros*, 832-835, 840. La mayoría de los ejemplos que consignamos aparecen también en Olson (2010), excelente comentario sobre la problemática relación de la comedia de Aristófanes con la política de su tiempo. Las traducciones son nuestras.

15 Cf. también *Caballeros*, 48-70; *Avispas*, 682-712.

16 Cf. también *Caballeros*, 280-283, 823-827, 1030-1034; *Avispas*, 655-675, 691-694; *Pluto*, 665-666.

17 Lámaco fue un general ateniense que estuvo al mando de la expedición a Sicilia (435 a.C.) junto con Nicias y Alcibíades. En *Acarnienses* es el antagonista del héroe cómico y representante de la política belicista.

la que se expresa ha cegado al pueblo que, bloqueado por la guerra, la necesidad y la miseria, acaba incapaz de velar por sus propios intereses (Olson: 2010, 66)[18].

Varios modelos metafóricos se usan para explicar el tipo de relación que vincula a la gente con sus líderes políticos. Entre ellos, el que equipara a Atenas con una ciudad de ovejas (*Avispas*, 31-33)[19], razón por la cual lo que se necesita y se busca es un buen cuidador de ganado (*Avispas*, 955). Otro diferente es el que se expone en *Caballeros*, donde la casa sobre la escena remite al Estado, los esclavos que habitan en ella son los políticos, y Demos (Pueblo) el amo del *oîkos*. En este paradigma, los políticos se comportan como amantes rivales que intentan sobrepasarse en los obsequios a su amado –compiten entre sí, dándole todo lo que pueden–, en el modelo de *Avispas*, en cambio, los políticos son perros pastores guardianes de las ovejas. En ambos patrones se recalca la pasividad de la gente: hace poco ella misma y es "protegida" por quien trata de ganar su favor.

En este engranaje democrático que ilustra la comedia, los jueces populares ejercen de brazos ejecutores de los líderes demagógicos. *Avispas* expone precisamente este tipo de manipulación y advierte que el salario que reciben es ínfimo comparado con el dinero que acaba siempre en los irónicamente llamados "no traicionaré a la muchedumbre ateniense, sino que lucharé siempre por el pueblo" (*Avispas*, 666-667: οὐχὶ προδώσω τὸν Ἀθηναίων κολοσυρτόν, ἀλλὰ μαχοῦμαι περὶ τοῦ πλήθους ἀεί).

La corrupción enquistada en la política democrática ocurre, entonces, a expensas de la imbecilidad del pueblo. Las gentes son robadas por sus líderes, pero ellas creen tener el control y no son capaces de reconocer la verdad. Como les gusta ser aduladas, "lo mismo con razón o sin ella" (καὶ δίκαια κἄδικα), no se dan cuenta de que son "compradas" por los políticos (*Acarnienses*, 373-374: ἀπεμπολώμενοι)[20]. Solo porque el pueblo es tonto, sobre todo en cuestiones políticas (*Caballeros*, 736-740), malicioso (*Paz*, 822: κακοήθεις) y un grupo de "maricones empeder-

---

18 En *Caballeros* (1341-1342) el morcillero recuerda las frases aduladoras que se dicen en la Asamblea: "Oh Pueblo, soy tu enamorado (ἐραστής), te quiero (φιλῶ τέ σε) y me preocupo por ti (κήδομαί σου); yo solo delibero por tus intereses (προβουλεύω)"; cf. también *Caballeros*, 46-52; *Avispas* 666-667. Sobre la relación entre la *kolakeía* y la tiranía, cf. Edwards (2010).

19 *Avispas*, 31-33: "Me pareció en el primer sueño que en la Pnyx celebraban asamblea unas ovejas sentadas, que llevaban bastones y capas cortas...".

20 Cf. también *Acarnienses*, 634-640; *Caballeros*, 714-720, 1339-1353; *Avispas*, 703-705.

nidos" (*Nubes*, 1090 ss.: ἐξ εὐρυπρώκτων)²¹ –según dice la comedia–, pueden los demagogos controlar tanto la asamblea como los tribunales a su albedrío, y engañar e intimidar para hacer con ellos lo que quieren.

Cabría ver en esta descripción una propensión casi perversa de la muchedumbre por escoger siempre los peores conductores, de modo que el más corrupto e ignorante tiene más posibilidad de llegar a ser un buen demagogo: "La conducción del pueblo (δημαγωγία) no es cosa de hombre instruido (μουσικοῦ), ni decente en sus formas (χρηστοῦ τοὺς τρόπους), sino del ignorante (ἀμαθῆ) e inmundo (βδελυρόν)" (*Caballeros*, 191-193)²².

Ninguna comedia lo expone mejor que *Caballeros*. Allí Agorácrito, un vendedor de morcillas del ágora, será el candidato para reemplazar al esclavo Paflagonio –no otro que Cleón– y tomar su lugar en la casa de Demos²³. Tiene todas las credenciales para vencerle: como trabaja en el mercado (180: ἀγορᾶς), es experto en el engaño y en el robo, un canalla (180: πονηρὸς), hijo de canallas (186: 'κ πονηρῶν) y un descarado (180: θρασύς). El bajo estatus social del morcillero es clave para prever su éxito, pues otra acusación reiterada hecha a los demagogos es la de pertenecer a la clase de comerciantes recientemente enriquecidos²⁴, emergentes de una clase de fabricantes o proveedores de servicios, ya no más provenientes de tradicionales familias nobles y aristocráticas, como los líderes de épocas anteriores. Esta acusación recae sobre Cleón, un curtidor de cuero, y también sobre Hipérbolo y Cleofón, vendedor de lámparas y fabricante de flautas respectivamente. Se le advierte a Demos: "No aceptas a los buenos hombres de progenie (τοὺς μὲν καλούς τε κἀγαθοὺς) ofreciéndote en cambio a los vendedores de lámparas (λυχνοπώλαισι),

---

21 Literalmente "culos dilatados".

22 Cf. todo el pasaje *Caballeros*, 180-193, 217-219, 324-325; también *Asambleístas*, 174-177: "Llevo con pesar y gravemente todos los asuntos de la ciudad, pues veo que esta se vale siempre de gobernantes malvados (πονηροῖς)". Un análisis profundo y exhaustivo sobre los demagogos y la *ponería* puede leerse en Rosenbloom (2002).

23 No conocemos otra comedia que se conciba como un ataque sostenido contra un demagogo como el caso de *Caballeros* contra Cleón (el esclavo Paflagonio). Este habría intentado llevar a juicio a Aristófanes por haber sido calumniado en *Babilonios*, una comedia del 426 a.C., pero el juicio no habría prosperado. El episodio se recuerda en *Acarnienses* (377-382, 659-664) y *Avispas* (502-506, 1284-1291). Sobre el tipo de juicio entablado y los intentos de limitar la libertad de expresión, véase Sommerstein (1992).

24 En el imaginario social griego, el robo y el fraude aparecen como los medios privilegiados para una riqueza repentina. En *Pluto* se desarrolla, como en ninguna otra comedia, la relación de la riqueza con la delincuencia.

a los remendones (νευρορράφοις), a los zapateros (σκυτοτόμοις) y a los vendedores de cueros (βυρσοπώλαισιν)" (*Caballeros*, 738-740).

La política belicista que defienden los demagogos también se explica por la satisfacción que la guerra procura a sus apetencias personales. Se afirma que surge porque sirve a los intereses privados de Pericles (*Acarnienses*, 524-534; *Paz*, 606-611)[25], y que continúa porque los políticos encuentran que pueden obtener ventajas con el enfrentamiento (*Caballeros*, 801-804, *Paz*, 632-648; *Lisístrata*, 489-491).

Justicia poética

Ahora bien, todas estas embestidas contra la corrupción democrática no se comprenden desvinculadas de otra de las notas características del género: su compromiso para con la justicia, sobre todo en relación con el desenvolvimiento de la vida ciudadana. En este compromiso se asienta el rol de educador del poeta (*Acarnienses*, 645, 655; *Caballeros*, 510), rol que también alcanza al género cómico en su conjunto (*Acarnienses*, 500-501) y al héroe cómico, en tanto portavoz de su agenda poético-política; todos ellos aliados de la justicia y las causas justas (*Acarnienses*, 661)[26]. Desenmascarando las maniobras demagógicas de las cuales el pueblo es víctima –y a un tiempo responsable según hemos visto– alerta a los ciudadanos de la ceguera en la cual están inmersos y los incita a ver más allá de las apariencias[27]. En este escenario, el héroe cómico juega un papel decisivo, aunque no libre de ambigüedad, pues, formando parte del demos y, por tanto, víctima de los demagogos, se comporta simultáneamente como juez (ya que dictamina acerca del conflicto y de quiénes tienen la razón) y justiciero (ya que ejercita la justicia por mano propia). Su postura, aunque en primera instancia pueda aparecer ensimismada

---

25 Son las únicas dos escasas acusaciones hechas contra Pericles en la comedia de Aristófanes; quizá su inmunidad se deba a que sea el último líder proveniente de una familia aristocrática. En cambio sí fue blanco de ataques por parte de Cratino, Teleclides y Hermippo.

26 El nombre mismo de Dicéopolis, el protagonista de *Acarnienses*, un alter ego del poeta, lo pone de manifiesto. Ha sido traducido por "Ciudad justa", "Hombre de justicia pública", "Justo en relación con la ciudad", etc.; véase al respecto Nelson (2014, 131, n. 31).

27 Cf. Gavray (2013, 498): "Se prononçant sur son propre rôle, il se présente en instructeur soucieux du juste, à la différence des démagogues qui subordonnent le juste à un autre but: satisfaire le plaisir du public. La véritable activité politique, celle que convoite le poète dans ses comédies, apparaît donc intégralement fondée sur la justice. En tant qu'elle est associée à la politique, la justice signifie dans ces circonstances montrer les choses telles qu'elles sont, et non telles que le public se plairait à les voir et entendre".

y egoísta[28], termina, sin embargo, incidiendo en la sociedad. Y esto es así porque el héroe cómico desvía rápidamente la atención de sí mismo y su miseria personal para enfocarse en los otros, en aquellos que, sin merecerlo, disfrutan de la prosperidad y la buena vida[29]. Es en ese terreno en el que los demagogos, los jueces y los actores de la democracia encuentran su lugar propio.

En la ejecución de la justicia –punitiva para con los demagogos, pero también compensatoria y distributiva para sus víctimas– la comedia se vale de acciones y agentes, si no injustos, al menos transgresores del orden social. Los héroes cómicos, en efecto, alardean de su costado ilegal e infractor con conductas que desafían las restricciones y responsabilidades cívicas: mujeres en el poder, esclavos emancipados, ciudadanos al margen de la ley. Un personaje como Estrepsíades, el héroe cómico de *Nubes*, para citar un ejemplo, afirma que ambiciona torcer la justicia (434, στρεψοδικῆσαι), y que su único deseo es aprender del Argumento Injusto (uno los personajes de la comedia), con el cual vencer en los tribunales[30]. Los héroes y heroínas de la comedia aristofánica violentan y vulneran, con felices resultados, las normas jurídicas y sociales.

La comedia es un género sanador[31] –cura al pueblo de "enfermedades" como la demagogia, pero, por sobre todo, es un género justo, poética no políticamente hablando. La noción de justicia poética acuñada por Thomas Rymer (1678, 23-36, 37, 126)[32], usada para señalar la capacidad del pensamiento poético de satisfacer una demanda moral para la cual la experiencia resulta ineficiente, se ajusta perfectamente al modo en que el género cómico antiguo impone en escena una nueva regulación que propicie una justicia más justa[33], una justicia cómica, impotente en el mundo de lo real, pero que informa, desde su imaginario, de las denun-

---

28 Sobre todo en personajes como Diceópolis (*Acarnienses*), Estrepsíades (*Nubes*) o Peisetero (*Aves*).

29 La detección de este tipo de injusticia (la fortuna inmerecida) despierta, según Aristóteles, *Retórica*, 1387a 8-9, la indignación (νεμεσᾶν). Aristóteles mismo describe esta emoción como opuesta a la piedad, el sentimiento trágico por antonomasia, que surge ante la percepción de un sufrimiento no merecido.

30 Ἄδικος, "injusto" en griego, puede traducirse también por "deshonesto" o "delincuente", y ἀδικεῖν significa tanto "ser injusto" como "cometer un acto ilícito".

31 La afirmación es de Frye (1957).

32 Rymer (1678, 117) habla inclusive de "decencia poética", que es la única que asegura un exacto castigo o recompensa para alcanzar una satisfacción plena, y lo hace en atención a la tragedia.

33 Cf. Kertzer (2010), que retoma el concepto de "justicia poética" y lo aplica a la comedia.

cias y demandas que el poeta como la sociedad ateniense reclaman[34]. La justicia poética, aun en un género con estrechas conexiones con la realidad extraescénica, solo tiene vigencia en el dominio de la ficción. Y es en ese marco ficcional en que la literatura revela el esfuerzo de la imaginación por articular una idea de justicia y de cómo debe ser ejercida.

Como un reclamo justo, entonces, expone la comedia su deseo por el cese del liderazgo demagógico en Atenas, acompañado de una fuerte y sostenida mirada nostálgica hacia el pasado. La comedia es altamente conservadora, sus utopías tienden a imitar o repetir el ideal de una edad pasada mejor, una edad de oro que identifica con la época gloriosa de Maratón y de sus guerreros[35]. La expulsión de los demagogos, concebidos como seres repulsivos, tanto social como moral y estéticamente hablando, se corresponde con la expulsión del chivo expiatorio (φαρμακός), expulsión que tiene también un componente humorístico esencial: "The idea of expulsion [...] has a comic aspect, because crises are often resolved by the expulsion, through laughter of (or more often, at) a scapegoat" (Griffith y Marks: 2007, 32).

Deberíamos prestar mayor atención al hecho de que el humor articula toda la narrativa cómica, incluidas las cuestiones políticas, como las atinentes a la democracia más radical, o las de índole ética, como las de la justicia. La comedia expone las cuestiones más serias a través de la lente distorsionadora de la parodia, la exageración, la inversión y la fantasía cómica, aquella que hace que Cleón sea descripto como un monstruo con "dientes filosos, ojos brillantes, cien cabezas alrededor de su cabeza, voz de un torrente de muerte, olor de foca, bolas sucias y culo de un camello" (*Paz*, 704-708), o se diga que Cleofón tiene una golondrina tracia en los labios (*Ranas*, 678-685)[36]. Cohabitan en estas imágenes cuestiones de clase, estatus, carácter, valores morales y también

---

34 Que la comedia recogiera prejuicios y preocupaciones de la mayoría del público es más que probable si pensamos que la intención del comediógrafo era obtener la victoria en la competición.

35 Sobre la batalla de Maratón, cf. *Caballeros*, 779-787, 1333-1334; *Avispas*, 678-679, 700-701, 706-711, 1097-1101, 1117-1122. Las alusiones a este pasado también remiten a Salamina y a políticos como Cimón, Temístocles y Milcíades.

36 En la misma dirección van Steen (2007, 110): "Even if we feel that we may be closing in on the politics of Aristophanes, we should not forget that the execution of his plays and, in particular, the intended humour of his verbal, paraverbal and visual gags, was still dependent on many more factors and variables...".

cuestiones estéticas. La risa, no olvidemos, es una parte de lo feo, como señala Aristóteles en la *Poética*[37].

Para concluir

Que el repudio a los demagogos y a su pretensión de ejercer el liderazgo político sea constitutivo de la imaginación cómica y que este repudio coincida con ciertos objetivos de la oligarquía –se ha advertido que los tres blancos vilipendiados por la comedia, Hipérbolo, Androcles y Cleofón, fueron muertos en los golpes oligárquicos–, no nos habilita a sostener que la violencia simbólica ejercida contra los demagogos en el escenario haya incitado a la violencia fuera del teatro[38], porque el héroe cómico, y su propuesta toda, se sitúa, como dijimos, fuera de la escena política real, en un lugar de ambigüedad parademocrático o, si se prefiere, paraoligárquico, es decir, fuera de la jurisdicción sociopolítica de la Atenas del momento. No parece haber sido la misión intelectual y social del género cómico la de ofrecer una solución práctica para los problemas políticos.

Sin embargo, la imposibilidad de transponer las utopías cómicas a la Atenas del s. V, por impracticables e ineficaces, así como la dificultad de adscribir al poeta, o al héroe cómico, alguna posición moral consistente, no impone negar sus pronunciamientos acerca del desenvolvimiento de la política ateniense, en particular de la inconveniencia de la radicalización de su democracia, de la clase de embaucadores, sin educación ni nobleza de nacimiento que, sin merecer la autoridad ni el poder que tienen, lideran la Asamblea del pueblo. Sobre todas estas cuestiones la comedia no ha sido neutral, así como tampoco ha evadido un compromiso político para con la justicia.

---

37   Aristóteles, *Poética*, 1449a 33-34: "La comedia es imitación de los más viles (μίμησις φαυλοτέρων), no ciertamente de cualquier forma de maldad (κακίαν), sino que lo cómico es parte de lo feo (αἰσχροῦ ἐστι τὸ γελοῖον μόριον)".

38   *Contra* Rosenbloom (2012, 433): "The *Frogs* adopts a brutal attitude toward demagogues, predicting and advocating the killing of the leading demagogue Cleophon –an event which inaugurated the first phase of the Thirty's rule (Lys., 13.7-12; 30.10-14; X., *HG*, 1.7.35), as the killing of Hyperbolus, Androcles, and others marked the first stages of oligarchic revolution on Samos and at Athens (Th., 8.73.3; 65.3)". Según Rosenbloom (2012, 407), en su parábasis *Ranas* (686-706) diseña una "receta antidemocrática", reclamando amnistía a los que apoyaron al golpe oligárquico de los 400. Ciertamente muchas de las observaciones que leemos en Aristófanes se asemejan a las del viejo Oligarca, pero sería ir demasiado lejos sostener que las revoluciones oligárquicas del 411 y del 404 fueron agitadas por los poetas cómicos.

La comedia de Aristófanes entrelaza exitosamente temas cívicos con cuestiones éticas, intelectuales y valores estéticos. Con maestría ha demostrado que el juego cómico bien puede ser político y que la política también puede ser un juego[39].

Bibliografía

Edwards, A.T. (2010). "Tyrants and flatterers: *kolakeia* in Aristophanes' *Knights* and *Wasps*", en P. Mitsis y C. Tsagalis (eds.), *Allusion, authority, and truth. Critical perspectives on Greek poetic and rhetorical praxis*, Berlin, 303-338.

Fernández, C.N. (2013). "Transgresiones, delitos y castigos en el imaginario jurídico-social de la comedia griega antigua", *Aletria* 23 (1), 33-43.

Frye, H. (1957). *Anatomy of criticism. Four essays*, Princeton.

Gavray, M-A. (2013). "Le juste, la comédie connaît ça aussi", *Études Philosophiques* 107, 493-512.

Gomme, A.W. (1938). "Aristophanes and politics", *Classical Review* 52 (3), 97-109.

Griffith, D. y Marks, R. (2007). *A funny thing happened on the way to the agora. Ancient Greek and Roman humor*, Kinston.

Halliwell, S. (1991). "Comic satire and freedom of speech in classical Athens", *Journal of Hellenic Studies* 111, 48-70.

Heath, M. (1987). *Political comedy in Aristophanes*, Göttingen.

Henderson, J. (1993). "Comic hero versus political élite", en A. Sommerstein *et al.* (eds.), *Tragedy, comedy and the polis. Papers from the Greek drama conference*, Bari, 307-319.

Henderson, J. (1998). "Attic old comedy, frank speech, and democracy", en D. Boedeker y K. Raaflaub (eds.), *Democracy, empire, and the arts in the fifth-century Athens*, Cambridge (MA), 255-273.

Kertzer, J. (2010). *Poetic justice and legal fictions*, Cambridge.

Mastromarco, G. (1994). *Introduzione a Aristofane*, Roma-Bari.

Nelson, S. (2014). "Aristophanes and the polis", en J. Mhire y B-P. Frost (eds.), *The political theory of Aristophanes. Explorations in poetic wisdom*, Albany, 109-136.

Olson, D. (2010). "Comedy, politics, and society", en G.W. Dobrov (ed.), *Brill's companion to the study of Greek comedy*, Leiden, 35-69.

---

39 Versión libre de una cita de van Steen (2007, 117-118): "This is the man [Aristophanes] who showed that he liked to play with all the possibilities, that a play could be politics, and that even dry politics could be play".

Rosenbloom, D. (2002). "From *poneros* to *pharmakos*: theater, social drama and revolution at Athens, 428-404 B.C.E.", *Classical Antiquity* 21 (2), 283-346.

Rosenbloom, D. (2012). "Scripting revolution: democracy and its discontents in late fifth-century Athens", en A. Markantonatos y B. Zimmermann (eds.), *Crisis on stage. Tragedy and comedy in late fifth-century Athens*, Berlin, 405-441.

Rymer, T. (1678). *The Tragedies of the Last Age*, London.

Sommerstein, A. (1992). "Old comedians on old comedy", *Drama* 1, 14-33.

Sommerstein, A. (1996). "How to avoid being a *komoidoumenos*", *Classical Quarterly* 46 (2), 327-356.

Sommerstein, A. (2004). "Harassing the satirist: the alleged attempts to prosecute Aristophanes", en I. Sluiter y R. Rosen (eds.), *Free speech in classical Antiquity*, Leiden, 145-174.

Sommerstein, A. (2014). "The politics of Greek comedy", en M. Revermann (ed.), *The Cambridge companion to Greek comedy*, Cambridge, 291-305.

Storey, I. (1998). "Poets, politicians and perverts: personal humour in Aristophanes", *Classics Ireland* 5, 85-134.

van Steen, G. (2007). "Politics and Aristophanes: watchword «caution!»", en M. MacDonald y M. Walton (eds.), *The Cambridge companion to Greek and Roman comedy*, Cambridge, 108-123.

DE LA DEMOCRACIA A LA OLIGARQUÍA Y DE LA OLIGARQUÍA A LA DEMOCRACIA, UNA Y OTRA VEZ: ATENAS, 411-403 A.C.

Julián Gallego

(UNIVERSIDAD DE BUENOS AIRES / CONICET)

El período que se extiende entre 411 y 403 es uno de los más conflictivos de la historia ateniense. La *stásis* llega a su punto más álgido y violento generando, al mismo tiempo, un problema conceptual complejo. Esto último alude a la dificultad interpretativa que surge cuando se producen cambios que afectan al régimen político y la pertenencia a la ciudadanía, según la visión de Aristóteles de las articulaciones entre *pólis* y *politeía*.

Este es un problema central del libro III de la *Política*, donde se presenta una serie de abstracciones que apunta a establecer una definición general. Una de las cuestiones más controvertidas que aparece de inmediato a partir de su razonamiento radica en la conocida reflexión acerca de si una ciudad sigue siendo o no la misma en caso de producirse un cambio en la *politeía*, independientemente de que conserve o no el mismo nombre y que sus habitantes sean o no los mismos que antes del cambio. Veamos el pasaje *in extenso*, situándolo en el contexto completo de la argumentación aristotélica que deriva en la reflexión aludida:

"Algunos plantean la cuestión en estos términos: cuándo la ciudad es la que ha actuado y cuándo no; por ejemplo, cuando se pasa de una oligarquía o de una tiranía a una democracia. En estas circunstancias algunos no quieren observar los contratos públicos, alegando que no los ha contraído la ciudad, sino el tirano; ni tampoco otras muchas obligaciones semejantes, con el argumento de que algunos regímenes políticos existen gracias a un acto de fuerza y no a la conveniencia pública. Y si existen también algunas democracias de este tipo, habrá que aceptar que las acciones realizadas por tal régimen político fueron hechas por la ciudad, en igual medida que las acciones realizadas por una oligarquía o una tiranía" (1276a 8-16).

En situaciones concretas de cambios de régimen político, Aristóteles encuentra que se convirtieron en ciudadanos quienes anteriormente no lo eran. Además de preguntarse por el carácter justo o no de esta posibilidad, lo que Aristóteles introduce es el asunto eminentemente práctico de la continuidad de los actos, obligaciones y responsabilidades de una *pólis* en la medida en que ella cambia debido a un acto de fuerza (cf. Moraux: 1965).

"Este razonamiento parece relacionado con la siguiente dificultad: ¿cuándo se debe decir que una ciudad es la misma y cuándo no por haberse transformado en otra ciudad diferente? El modo más sencillo de tratar esta dificultad consiste en atender al emplazamiento y los habitantes, pues es posible que el lugar y la población estén separados y que unos habiten en un lugar y otros en otro. Se ha de considerar esta dificultad de pronta solución, pues, al tener el vocablo ciudad varias acepciones facilita el examen de la cuestión. Del mismo modo, si la población habita en el mismo lugar, ¿se debe considerar que la ciudad es una?" (1276a 17-26).

Aristóteles parece aquí desplazar el problema hacia indicaciones comprobables empíricamente: territorio y población. La cuestión implícita es si la *pólis* adquiere unidad por el hecho de tener un territorio que la identifique y si, en consecuencia, la población que se asienta en dicho territorio compone una única *pólis*. El reconocimiento de las diferentes acepciones de la palabra *pólis* pone de relieve que sus distintos sentidos dependen del uso contextual, y, como ya veremos, puede estar aludiendo al lugar, a los habitantes, al centro urbano, a la comunidad política, etc. Esto implica que la pregunta sobre la unidad de la *pólis* puede tener diversas respuestas conforme al plano de significación en que se sitúe el registro discursivo.

"En cuanto al tamaño de la ciudad, el político no debe pasar por alto qué extensión conviene y si debe tener un solo pueblo o más. Sin embargo, cuando una misma población habita un mismo lugar, ¿se debe admitir que la ciudad es la misma siempre que los que la habitan sean de la misma estirpe, aunque continuamente unos mueran y otros nazcan, al igual que estamos acostumbrados a decir que los ríos y las fuentes son los mismos, aunque sin cesar las corrientes de agua vienen y se van? O, por el contrario, ¿se debe decir por una razón similar que la población es la misma y la que cambia es la ciudad?" (1276a 32-40).

Si la cuestión de la permanencia y la alteración, sincronía y diacronía, presentada bajo la apariencia de un lugar ya dado en y por el sentido común a partir del ejemplo de los cursos de agua, tuviera reminiscencias heraclitianas (cf. Heráclito, Fr. 22 B49a DK), entonces los problemas del cambio y la estabilidad de la *pólis* se emplazarían en un contexto intertextual que no se agotaría en el solo plano del pensamiento filosófico de la política. ¿Son realmente los mismos hombres, a juzgar por el reemplazo que opera la sucesión de las generaciones? Si decimos que los hombres son los mismos, ateniendo al sentido común que impone una identidad a aquello que está sometido a un cambio dentro de un cauce que le da una cierta direccionalidad al movimiento, entonces, ¿la ciudad sigue siendo la misma o es ella la que cambia?

"Pues si, en efecto, la ciudad es cierto tipo de comunidad, y es la comunidad de ciudadanos de un régimen político, entonces cuando el régimen político se hace diferente en su forma y cambia, parecería necesario que la ciudad tampoco sea ya la misma, así como decimos que un coro es diferente si aparece como un coro cómico o como uno trágico, aunque a menudo consista de las mismas personas. De manera similar decimos que cualquier otra comunidad o compuesto es diferente si la disposición del compuesto es diferente, como decimos que la armonía de los mismos sonidos es diferente cuando se emplea el modo dorio o el frigio. Si este es el caso, es evidente que debemos decir que una ciudad es la misma atendiendo principalmente a su régimen político: mientras tanto, se la puede llamar con un nombre diferente o con el mismo nombre, tanto si las personas que la habitan son las mismas u otras personas completamente diferentes. En cuanto a si las obligaciones públicas contraídas deben o no cumplirse cuando la ciudad cambia de régimen político, esto es otra cuestión" (1276b 1-15; cf. 1290b 39-1291b 30).

Finalmente, Aristóteles arriba al núcleo del problema, estableciendo ahora de manera abstracta aquello esbozado de entrada al señalar la situación que se deriva, en lo concerniente a la continuidad de los contratos y las obligaciones, a partir del pasaje de una oligarquía o una tiranía a una democracia: la forma de la *pólis* sería aquella aportada por su *politeía*. Irónicamente, el problema que da origen a la reflexión aristotélica, el cumplimiento de los contratos, no es abordado en el registro de pensamiento desarrollado, pues se trata de otra cuestión.

Veamos las implicaciones del razonamiento aristotélico. La *pólis* como cierto tipo de *koinonía* refiere inmediatamente a la comunidad de ciudadanos, cuyo punto de partida es el derecho de ciudadanía. La participación en la comunidad se establece axiomáticamente a partir de la instauración del derecho de ciudadanía: la *pólis* es el conjunto de los ciudadanos que pertenecen a la comunidad (cf. Aubenque: 1998). Pero la pertenencia a la comunidad no es condición suficiente para definir el derecho de ciudadanía, puesto que "el que es ciudadano en una democracia a menudo no lo es en una oligarquía" (1275a 3-5). El principio de la pertenencia permite comprender la instauración de la *pólis* en tanto comunidad. Pero señalar la pertenencia del ciudadano a la comunidad no implica definir el régimen político de esa comunidad; sólo indica una delimitación relativa al conjunto de los integrantes de la misma. De lo anterior se desprende que para poder establecer qué significa la pertenencia a una *pólis* resulte necesario tomar en cuenta su régimen político, pues toda comunidad de ciudadanos implica un *politeía* (cf. Ampolo: 1981, 28-35). La existencia de la comunidad comporta entonces, a un tiempo, no sólo la pertenencia sino también lo que siguiendo la teoría de conjuntos denominaremos la inclusión en la *pólis*. En efecto, si la pertenencia constituye la presentación del conjunto, ya que la ciudad consta de los elementos que la componen conformando la comunidad de ciudadanos, cada ciudad a su vez debe observarse en relación con su régimen político, pues "la *politeía* es cierta ordenación de los habitantes de la ciudad", sostiene Aristóteles (1274b 38).

Conforme a su perspectiva de las relaciones lógicas entre *pólis*, *koinonía* y *politeía*, se observa que el principio de inclusión consiste en la distribución de los ciudadanos en distintas clases o subconjuntos discernibles en la situación. Aristóteles muestra que las *póleis* no son sustancialmente democráticas, oligárquicas o tiránicas, pues si la *pólis* es cierta *koinonía* y es una comunidad de ciudadanos de una *politeía*, cuando ésta se transforma en otra diferente entonces la *pólis* dejaría de ser la misma; todo depende del modo en que se halla compuesta.

Como vimos en uno de los pasajes citados de la *Política*, Aristóteles incluye entre sus consideraciones no sólo la población, a la que termina circunscribiendo a una cierta cantidad de ciudadanos, sino también el territorio. Por ende, cabe indagar en qué medida la delimitación de una *pólis* implica la determinación de un espacio con características precisas.

Partiendo de los planteamientos del Copenhagen Polis Centre cabe precisar que el término *pólis* adquiere diversos sentidos que terminan asociándose, puesto que en más del 90% de los casos que remiten a las eras arcaica y clásica *pólis* se utiliza para designar tanto un centro urbano, es decir, una ciudad, como una comunidad política (cf. Hansen: 1997; 2004). Ambos sentidos del término *pólis* se hallan asociados, pues en líneas generales toda *pólis* poseía un centro urbano en el que se desarrollaba la vida política característica de este tipo de comunidad. Tomando en cuenta esto y valiéndonos del libro de Shear (2011, 19-187), haremos ahora algunas consideraciones, que apuntan al modo en que tanto los oligarcas como los demócratas atenienses actuaron sobre los espacios, especialmente del centro urbano, para reformularlos de acuerdo con los intentos de instaurar una oligarquía o restaurar la democracia.

En 411/10 los Cuatrocientos hicieron cesar a los integrantes del consejo de los quinientos para erigirse ellos en un consejo que por su número intentaba legitimarse a partir de la referencia al consejo ancestral creado por Solón, y se apropiaron del espacio del *bouleutérion* para que fuera el centro de referencia de la política oligárquica en el marco del ágora. Junto con la apropiación de la sala del consejo, los Cuatrocientos y luego los 5.000 erigieron documentos en la acrópolis, ganando así control sobre el espacio del santuario para hacer más evidente el cambio político operado. Al mismo tiempo, los oligarcas intentaron apropiarse de un espacio en el Pireo, tradicionalmente asociado a los *thêtes* y la democracia radical, estableciendo un fuerte en Eetioneia que además debía otorgarles una rápida salida al mar.

Fue en respuesta a estas modificaciones y apropiaciones del espacio que la restauración del poder del *dêmos* en 410 dio lugar a una política del espacio que buscó contestar a los usos de los lugares que habían hecho los oligarcas. El ágora y la acrópolis fueron objeto de intervenciones precisas tendientes a marcar el carácter democrático del espacio en contraste con las transformaciones intentadas por los oligarcas. Una de las primeras cuestiones sobre las que se centra Shear es el hecho sin precedentes de que un conjunto de nuevas inscripciones, entre ellas el decreto de Demofanto que introducía un juramento en defensa de la democracia contra cualquier nuevo intento de golpe oligárquico, fue ubicado en el ágora, puesto que el lugar habitual de colocación de estos documentos era la acrópolis y sus laderas. En el caso del decreto recién citado, fue puesto enfrente del viejo *bouleutérion*; esta interacción con la topografía del lugar se reforzaba con la mención en la inscripción de Harmodio y Aristogitón, los tiranicidas cuyas estatuas se hallaban emplazadas en el medio del ágora. Otras inscripciones fueron colocadas en frente de la *stoà basíleios*, como la ley de Dracón. Junto con otros documentos del período también instalados en el ágora, la ubicación en este espacio de este conjunto de inscripciones apuntaría a resignificar un ámbito público del que los oligarcas intentaron apropiarse para dejar la huella del cambio político que habían intentado desarrollar.

Esta reorganización del espacio público como ámbito de visibilización de las decisiones del *dêmos* produjo paralelamente una resignificación del rol de la acrópolis: si las inscripciones en el ágora estaban dirigidas casi por completo a los ciudadanos atenienses, en cambio, aquellas depositadas en la acrópolis concentraron desde entonces las cuestiones inherentes a los extranjeros o las conectadas de un modo u otro con lo divino. Al mismo tiempo, esta redistribución de los espacios se vio reforzada por los proyectos de construcción, como el nuevo *bouleutérion* destinado a albergar al consejo de los quinientos tras su restauración junto con la democracia, pero también a hacer visible una institución que pasivamente había aceptado la destitución impuesta por los Cuatrocientos, asentándola en un nuevo lugar diferente del emplazamiento del viejo *bouleutérion*, que se había transformado en el ámbito de las decisiones de la oligarquía. Fue por eso que las inscripciones de la restaurada democracia se colocaron enfrente del viejo edificio del consejo. Las construcciones en la acrópolis apuntaron en igual sentido, en particular la finalización del Erecteion, templo dedicado a Atenea políada iniciado en los años 420 que permanecía inacabado, y que la oligarquía no había intentado terminar.

Cuando los Treinta tiranos tomaron el poder en Atenas, la disputa por el sentido del espacio estuvo nuevamente en el centro de su acción. En primer lugar, removiendo y destruyendo un conjunto de inscripciones, empezando fundamentalmente por las leyes derivadas de la actuación de Efialtes en 462/1, que habían limitado el poder de control y tutela de la *politeía* que detentaba hasta ese momento el aristocrático consejo del Areópago. Lo más llamativo en cuanto a las transformaciones en el espacio fue la remodelación de la Pnyx donde la asamblea se reunía, dándole a su orientación un giro de 180 grados. En el siglo V se utilizó la pendiente natural de la colina para albergar a los ciudadanos en las reuniones de la asamblea, situándose el *bêma* o tribuna en la parte inferior de la pendiente. El orador quedaba mirando hacia el mar. Durante la oligarquía de los Treinta, se construyó un plano inclinado inverso a la pendiente natural de la colina para dar un espacio de reunión a los 3.000 y, al mismo tiempo, despojar a la democracia radical de uno de los lugares concretos y simbólicos más emblemáticos. La tribuna fue situada en lo que anteriormente era la parte más elevada de la colina, de manera que el orador quedara dándole la espalda al mar. Toda una simbología de lo que había sido la orientación externa "marítima" de la democracia radical, que los Treinta combatieron en el terreno de la apropiación de los espacios políticos apuntando al interior de la ciudad.

Ahora bien, en el terreno específico de la *politeía* el problema planteado en la *Política* adquiere una derivación puntual que surge de la aplicación de los principios abstractos esbozados al caso concreto de Atenas, a partir del único testimonio que nos ha llegado de la serie de estudios de *politeíai* que la escuela aristotélica llevó a cabo. Sobre la base de la *Constitución de los atenienses* se ha planteado la aporía que produce suponer que la ciudad de Atenas dejó de ser la misma para transformarse en otra con cada *metabolè politeías* que hubo allí.

De atenernos al sentido estricto de esta idea, resultaría que con cada cambio constitucional (los once o doce detallados en la primera parte de la *Constitución de los atenienses* y sintetizados en el parágrafo 41) la ciudad de Atenas habría en cada caso dejado de ser la misma para pasar a ser otra, aun cuando siguiera llamándose con el mismo nombre y sus habitantes siguieran siendo los mismos. Como dice Murray (1993), esto implicaría el hecho absurdo de que la historia ateniense fuera en realidad un compendio de once o doce ciudades diferentes, lo cual choca asimismo con la propia denominación del texto, *Athenaíon Politeía*, donde el singular *politeía* parece apuntar al carácter de conjunto histórico "de los atenienses" como una *pólis* a la vez identitaria y múltiple (cf. Bordes: 1980; 1982, 435-454; Ober: 1996, 161-187).

Contra lo que la lógica parece indicar, centrando el análisis en el período que queda delimitado por los golpes oligárquicos de 411 y 404 y las restauraciones democráticas de 410 y 403, voy a proponer que estas cuatro mutaciones de *politeía*, octava, novena, décima y undécima de la recapitulación en el parágrafo 41 de la *Constitución de los atenienses*, conllevan cambios que transforman a la *pólis* en otra. Murray (1993, 198) reafirma el carácter absurdo de esta idea diciendo que, de ser así, "Atenas ya no es más Atenas bajo una oligarquía (o en términos griegos los atenienses ya no son más atenienses)". Si bien se trata siempre de Atenas y los atenienses, los cambios topográficos modifican materialmente a Atenas y la reducción o la ampliación de la participación política alteran institucionalmente el conjunto de los incluidos o excluidos de la ciudadanía, y por ende de la condición de ateniense. Aristóteles dice que puede tener el mismo nombre u otro; en este caso, tiene el mismo. Pero los cambios conllevan transformaciones de la *pólis* y su comunidad de ciudadanos. Más que decir que ya no es Atenas, cabe decir que es otra Atenas; y más que decir que ya no son atenienses, cabe decir que son otros atenienses o, en todo caso, que sólo son atenienses quienes detentan la ciudadanía plena, no siendo ya atenienses en términos políticos quienes han quedado excluidos de ella.

Volvamos por un momento al punto de partida. Al preguntarse si la ciudad seguía siendo o no la misma conforme a las transformaciones que pudieran ocurrir en la *politeía*, Aristóteles (*Política*, 1274b 41) respondía que la ciudad es una determinada cantidad de ciudadanos (*he gàr pólis politôn ti plêthós estin*), situando así el razonamiento en el mismo plano concebido por Tucídides (7.77.7) cuando le hacía decir a Nicias: los hombres son la ciudad (*ándres gàr pólis*), en su arenga a las tropas a punto de caer derrotadas en Sicilia (Paiaro: 2012, 52-54).

De atenernos a la información que nos entregan Tucídides (8.54-97) y la *Constitución de los atenienses* (29-33), principalmente, en 411 el golpe oligárquico impuso una transformación de la *politeía* que implicó una restricción de la participación política plena en la ciudadanía: un grupo selecto de 5.000 tendría a su cargo los asuntos del gobierno de la ciudad. Tanto Tucídides como Aristóteles (que quizás haya seguido al historiador en este punto) mencionan que la riqueza era la condición de pertenencia a estos 5.000. En efecto, según Tucídides (8.65.3), los 5.000 que se harían cargo del gobierno de la ciudad serían aquellos que fueran capaces de servir con sus riquezas y con sus cuerpos (*toîs te khrémasi kaì toîs sómasin opheleîn*). Más adelante (8.97.1) se refiere a los 5.000 como los que se procuran el armamento de hoplita (*hópla parékhontai*). El primer comentario es prácticamente repetido en el texto aristotélico (*Constitución de los atenienses*, 29.5) pero usando el sugestivo verbo *leitourgeîn* para aludir a los servicios que estos 5.000 ciudadanos debían poder desempeñar. En el mismo parágrafo se dice también que un cuerpo de 10 miembros de más de 40 años, uno por cada tribu, se encargaría del enrolamiento (*kataléxousi*) de los 5.000 (cf. Rhodes: 1981, 382-385).

El horizonte que plantean estos testimonios implica un cuerpo de ciudadanos reducido a una élite hoplítica que probablemente incluyera sólo a los atenienses de la clase ociosa (cf. van Wees: 2006, 374; Gallego y Valdés Guía: 2014, 159-162). Ahora bien, ¿supuso esto un cambio de *pólis* en la misma medida en que se puede afirmar que hubo un cambio de *politeía*? La perspectiva que más "naturalmente" se impone es la mismidad, la continua identidad de Atenas consigo misma, más allá de las mutaciones políticas e institucionales que la ciudad hubiera sufrido a raíz del golpe oligárquico. Pero, a juzgar por las visiones de los propios actores, uno se divide en dos, y Atenas no se hallaría necesariamente en la propia Atenas.

Veamos por qué. Según Taylor (2010, 188-277), como consecuencia del golpe de 411 se percibe la existencia de dos Atenas. La que queda emplazada en el Ática deviene la ciudad oligárquica, aquella controlada por quienes traman y ejecutan el golpe que derroca la democracia. El argumento de Taylor viene a señalar que Atenas dejó de ser democrática y que, por fuera del grupo de quienes sostenían la oligarquía de manera activa, los que permanecieron en Atenas no hicieron nada por evitar la caída de la democracia: la multitud, que en un principio parecía molesta, rápidamente se habría conformado con la idea de cambiar la *politeía*; ni el pueblo, ni la asamblea, ni el consejo se resistieron a la instauración de la oligarquía. Ahora bien, una vez que los atenienses que permanecieron con la flota en Samos destituyeron a los líderes pro-oligárquicos, nombraron nuevos jefes y se reivindicaron como los verdaderos atenienses, puesto que Atenas debía ser esencialmente democrática, ¿se debe considerar como la verdadera Atenas a aquella asentada en el Ática, o Atenas estaba ahora en Samos (Tuc. 8.73-77)?

Los hombres que estaban en el Ática fueron vistos por los atenienses en Samos como si hubieran dejado de ser atenienses. Ahora bien, estos últimos, en caso de que los que estaban en Samos hubieran regresado al Ática, les habrían negado la posibilidad de ejercer los derechos plenos de ciudadanía. Por eso, los atenienses samios decidieron considerarse a sí mismos como los integrantes de la verdadera Atenas asentada en Samos. Esto parece poner de relieve la idea de que los hombres son la *pólis*, una *pólis* ateniense que debía ser ante todo democrática. Pero entonces la sede locativa perdería todo sentido para delimitar la pertenencia a la ciudad, y Atenas podía estar en Samos y ya no más en el Ática. Esta imagen de la ciudad dividida, la *stásis* que hace posible la existencia de dos Atenas, viene a decirnos que la ciudad deja de ser la misma para transformarse en otra, a punto tal que se ve a la ciudad en el Ática como no siendo ya Atenas. Pues, para continuar siendo Atenas, se requiere que la ciudad conserve su *politeía*, que los atenienses samios reivindicaban como esencialmente democrática.

Con otras características en cuanto al modo en que la oligarquía es instaurada en Atenas con el golpe de los Treinta de 404, sin embargo, los problemas que suscita el cambio de *politeía* no dejan de ser similares a los que acabamos de plantear para el golpe de 411.

Los lacedemonios hicieron valer su condición de vencedores imponiendo la destrucción de los Muros Largos y los del Pireo; la instauración del nuevo gobierno se llevó a cabo bajo la supervisión del general espartano Lisandro. En estas circunstancias, según Jenofonte (*Helénicas*, 2.3.2), "el pueblo decidió (*édoxe tô démo*) elegir treinta personas que compilaran las leyes tradicionales (*patríous nómous*) conforme a las cuales se gobernarían"; aunque según la *Constitución de los atenienses* (34.3) el pueblo fue obligado a votar la oligarquía. La tiranía de los Treinta instauró el terror como práctica sistemática (se habla de unos 1.500 asesinados; cf. Németh: 2005; Wolpert: 2006). Con la excusa de perseguir a los malos ciudadanos, dice Jenofonte (*Helénicas*, 2.3.14), perseguían a los humildes e incluso a quienes podían sentirse marginados del poder y buscaban por ello tener iniciativas propias que lograran atraer las simpatías de los disconformes. En este contexto, según Jenofonte (*Helénicas*, 2.3.18; 20; 48) para dar una mayor base de sustentación al régimen oligárquico, los Treinta formalizaron el poder de la élite mediante la confección de una lista de 3.000 para participar del gobierno de la ciudad, a quienes una vez designados pasaron revista en el ágora, mientras que los que quedaron fuera del catálogo fueron revistados en diferentes lugares. Con un relato distinto de la secuencia, de todos modos, el punto es indicado también por la *Constitución de los atenienses* (36).

Ahora bien, tras los sucesos que culminaron con la muerte de Terámenes, la narración de Jenofonte (*Helénicas*, 2.4.1) de la fase final de la tiranía de los Treinta deja ver que los Treinta y los 3.000 se transformaron en los rectores de una ciudad oligárquica, de un modo en alguna medida similar a lo que ocurrió con la oligarquía de los Cuatrocientos y los 5.000. En este caso, los demócratas no se identificaron con otro espacio fuera del Ática sino con dos lugares concretos del territorio de la *pólis*, aun cuando se instalaran momentáneamente allende las fronteras atenienses: File, el lugar fortificado tomado primeramente por Trasíbulo y setenta hombres, y el Pireo, donde tuvo lugar la batalla final entre demócratas y oligarcas.

El espacio de la ciudad quedó, pues, reservado para los 3.000. Ciertamente, hubo una decisión política que buscó asegurar la dominación de los Treinta impidiendo el ingreso de los excluidos del catálogo, en la medida en que también se les había quitado las armas. Pero esta discriminación a través de la ocupación y reserva en exclusividad del espacio conllevaba al mismo tiempo una segregación destinada a distinguir de manera fehaciente a los ciudadanos que estaban en la ciudad y participaban del poder de quienes no eran ciudadanos o, más importante aún, de quienes dejaron de contar como tales aun cuando continuaran residiendo en la ciudad. Es probable que una parte fuera efectivamente reubicada; pero lo que debió haber ocurrido fue un cambio en su condición política rebajando su estatus. Según Isócrates (7.67), hubo más de 5.000 atenienses refugiados en el Pireo; según Diodoro Sículo (14.5.7), más de la mitad de los atenienses debió marcharse de la ciudad. Krentz (1982: 82) cree que los excluidos de los 3.000 fueron efectivamente expulsados de la ciudad, transformándose en una especie de *períoikoi* en relación con los que detentaban la ciudadanía plena, quienes constituirían los *hómoioi* al frente del gobierno de Atenas: una suerte de Esparta en tierra ática.

Ahora bien, lo que se percibe es que la ciudad de Atenas y el Pireo se constituyeron en los referentes espaciales del conflicto entre oligarcas y demócratas. En efecto, durante la guerra civil ambos espacios aparecen como referencias identitarias de los bandos en pugna, en los que aglutinan sus fuerzas. En Jenofonte (*Helénicas*, 2.4) o la *Constitución de los atenienses* (37-40) las referencias a los espacios organizan la narración de los hechos, atribuyendo a los sujetos de las acciones realizadas en el combate las identidades locativas que en lo inmediato se derivan de la ocupación de los sitios que conquistan o en los que se refugian (cf. Wolpert: 2002, 15-24). Así, vemos que el espacio por excelencia de los oligarcas es la ciudad ocupada por los 3.000. Un vez que los oligarcas perdieron el control del Pireo, éste se constituyó en el ámbito definitorio de la fuerza política de los demócratas desde donde se lanzaron a la conquista del poder. El Pireo democrático es el espacio de la indistinción multitudinaria, según la mirada de Jenofonte (*Helénicas*, 2.4.25), en oposición al espacio de Atenas propiamente dicha que ha devenido el de la discriminación de una clase. ¿Cuál de ellos es Atenas? Trazando un paralelo con la situación de 411/10, habría una Atenas de la ciudad y otra del Pireo.

Aun con las fluctuaciones inherentes a los sucesos históricos en relación con el planteamiento lógico y abstracto de Aristóteles en la *Política*, la reseña de los golpes oligárquicos muestra cambios que afectan la *politeía* y cuestionan la unidad y la continuidad de la *pólis*. Las restauraciones democráticas desandan los caminos trazados por los gobiernos oligárquicos, pero vuelven a plantear el problema de la continuidad de la *pólis* con los cambios de *politeía*. A tal punto esto subyace que en la

Constitución de los atenienses (39.6; 40.3) el autor parece mostrar sorpresa cuando se deja de lado el acuerdo, según el cual el pueblo no iba a hacerse cargo de las deudas contraídas por los tiranos, dando la idea, precisamente, de que no habría continuidad entre la Atenas de los oligarcas y la Atenas de los demócratas. El hecho de que el pueblo asumiera también los préstamos tomados por los oligarcas da una respuesta concreta al interrogante que en la *Política* generaba la reflexión de Aristóteles sobre la continuidad o no de una *pólis* ante las obligaciones adquiridas cuando cambiaba su *politeía*. La sorpresa radica en que la ciudad volvió a ser la misma después de restaurada la democracia, a partir de que el *dêmos* decretó una amnistía, haciéndose perdonar, dice Loraux (1997, 11-40, 146-172, 257-277), su victoria sobre la otra Atenas y perdiendo en definitiva su *krátos*.

Bibliografía

Ampolo, C. (1981). *La politica in Grecia*, Roma-Bari.

Aubenque, P. (1998). "Aristote était-il communitariste?", en A. Álvarez Gómez y R. Martínez Castro (eds.), *En torno a Aristóteles. Homenaje al Profesor Pierre Aubenque*, Santiago de Compostela, 31-43.

Bordes, J. (1980). "La place d'Aristote dans l'évolution de la notion de *politeia*", *Ktèma* 5, 249-256.

Bordes, J. (1982). Politeia *dans la pensée grecque jusqu'à Aristote*, Paris.

Gallego, J. y Valdés Guía, M. (2014). *El campesinado ático y el desarrollo de la democracia ateniense*, Buenos Aires.

Hansen, M.H. (1997). "The *polis* as an urban centre. The literary and epigraphical evidence", en Idem (ed.), *The polis as an urban centre and as a political community*, Copenhagen, 9-86.

Hansen, M.H. (2004). "Was every *polis* state centred on a *polis* town?", en T.H. Nielsen (ed.), *Once again: Studies in the ancient Greek polis*, Stuttgart, 131-147.

Krentz, P. (1982). *The Thirty at Athens*, Ithaca.

Loraux, N. (1997). *La cité divisée. L'oubli dans la mémoire d'Athènes*, Paris.

Moraux, P. (1965). "Quelques apories de la *Politique* et leur arrière-plan historique", en AA. VV., *La "Politique" d'Aristote*, Vandœuvres-Genève, 125-148.

Murray, O. (1993). "*Polis* and *politeia* in Aristotle", en M.H. Hansen (ed.), *The ancient Greek city-state*, Copenhagen, 197-210.

Németh, G. (2005). "The victims of the Thirty tyrants", en U. Bultrighini (ed.), *Democrazia and antidemocrazia nel mondo Greco*, Alessandria, 177-187.

Ober, J. (1996). *The Athenian revolution. Essays on ancient Greek democracy and political theory*, Princeton.

Paiaro, D. (2012). "*Ándres gàr pólis*. Algunas reflexiones acerca de los debates recientes en torno a la estatalidad de la ciudad griega antigua a la luz del caso ateniense", en E. Dell'Elecine, H. Francisco, P. Miceli y A. Morin (eds.), *Pensar el Estado en las sociedades precapitalistas. Pertinencia, límites y condiciones del concepto de Estado*, Los Polvorines, 51-77.

Rhodes, P.J. (1981). *A commentary on the Aristotelian* Athenaion Politeia, Oxford.

Shear, J. (2011). *Polis and revolution. Responding to oligarchy in classical Athens*, Cambridge.

Taylor, M. (2010). *Thucydides, Pericles and the idea of Athens in the Peloponnesian War*, Cambridge.

van Wees, H. (2006). "Mass and elite in Solon's Athens. The property classes revisited", en J.H. Blok y A.P. Lardinois (eds.), *Solon of Athens. New historical and philological approaches*, Leiden, 351-389.

Wolpert, A. (2002). *Remembering defeat. Civil war and civic memory in ancient Athens*, Baltimore.

Wolpert, A. (2006). "The violence of the Thirty tyrants", en S. Lewis (ed.), *Ancient tyranny*, Edinburgh, 213-223.

LAS TIRANÍAS GRIEGAS ENTRE LOS SOCRÁTICOS. EL CASO DEL *HIERÓN* DE JENOFONTE

Claudia Mársico
(UNIVERSIDAD DE BUENOS AIRES /
UNIVERSIDAD NACIONAL DE SAN MARTÍN / CONICET)

Un acercamiento al pensamiento político de los inicios del siglo IV requiere tener en cuenta los desarrollos de las filosofías socráticas, que incluyen los planteos de Platón y Jenofonte pero también los de Esquines y los megáricos, antisténicos, elíacos y cirenaicos, por nombrar sólo las líneas principales. Esta multiplicidad despliega potentes variantes teóricas que muestran la dimensión agónica de la naciente filosofía, desdibujada en los abordajes que centran su atención exclusiva en las figuras centrales de este entramado. En lo que sigue y apuntando a enfatizar la importancia del estudio integral de este tejido intelectual complejo, partiremos de la dimensión del diálogo socrático como formato textual adoptado por esta corriente numerosa de autores que deja su impronta en el inicio del siglo IV a.C. y sobre esa base analizaremos el tratamiento de las tiranías en el *Hierón* de Jenofonte. Esto permitirá examinar las claves de análisis sobre este modelo político, esbozar razones respecto de la elección de los protagonistas en este género discursivo y establecer los motivos que configuran la relación propuesta entre cultores del saber y ejercicio del poder. Por esta vía, además, será posible acercarnos a la pervivencia contemporánea del problema, cifrada en la presencia del *Hierón* como base para la polémica que sobre esta cuestión sostuvieron Strauss y Kojève.

El fenómeno del diálogo socrático y la corporación socrática

Las visiones tradicionales tienden a enfatizar el vínculo entre el diálogo socrático y la producción platónica, desdibujando la amplitud de un formato que Aristóteles (*Poética*, 1447b) no duda en considerar un género literario autónomo. Con más de trescientas obras en un cuarto de siglo surgidas de más de una docena de autores reconocidos, el fenómeno del diálogo socrático determina el modo de manifestación de un momento que coincide con la instauración de la filosofía como disciplina autónoma, hasta el punto de que en buena medida las variantes inaugurales se juegan en las distintas facetas que Sócrates adquiere en las obras de sus discípulos directos[1].

Cabe notar que el diálogo socrático requiere un entramado ficcional que en la mayoría de los casos instala la figura del maestro en interacción con sus adversarios teóricos o sus representantes, pero no hay que olvidar que los autores del círculo socrático también han incursionado en la variante ficcional de diálogo sin Sócrates. Muy conocido es el caso de Platón en sus últimas obras, donde Sócrates rejuvenece primero y luego se desvanece a los márgenes hasta desaparecer completamente. Antístenes explora diversas variantes que exceden incluso al diálogo socrático y ensayan una apropiación filosófica del discurso retórico-forense y lo mismo puede decirse de Euclides y especialmente de Esquines, conocido en las fuentes tardías como uno de los más finos exponentes del diálogo socrático[2]. Nos interesa mencionar a Esquines dado que en sus obras se despliega un ejercicio de proyección al pasado que revela un aspecto notable de hermeneusis histórica en el seno de este formato discursivo. Temístocles, Milcíades, Aspasia, Pericles, Alcibíades, Hagnon, Teramenes y otros varios aparecen en diálogos de Esquines mostrando una dimensión de análisis histórico marcado[3]. Este despliegue permite sopesar el caso de Jenofonte y acercarlo al formato de diálogo socrático del que precisamente por el peso de elementos históricos se pretendió alejarlo como un exponente menor y "poco filosófico". Por el contrario, apuntamos a mostrar que la reflexión histórica, donde el tópico de la tiranía es central, fue un elemento fundamental de la reflexión de los socráticos y, por esta vía, de la conformación de la filosofía como disciplina autónoma.

La complejidad de la composición del grupo socrático no debe ser desestimada. Tras la muerte de Sócrates se produjo una salida masiva de Atenas que los llevó a Mégara y luego, en muchos casos, al sur de Italia[4]. Los

---

1 Véase Rossetti (1974; 1975; 2003). Sobre el diálogo socrático como formato discursivo, Clay (1994).

2 Sobre los socráticos en general, véase la Introducción general y los estudios particulares en Mársico (2013; 2014). Sobre las obras de Antístenes puede consultarse el trabajo tradicional de Patzer (1970) y las consideraciones de Giannantoni (1990). Sobre la producción megárica, Gardella (2014); sobre Esquines, Kahn (1994); Mársico (en prensa).

3 Mársico (2014, 100-128).

4 Diógenes Laercio, 3.6 (SSR, II.A.5 = FS, 60), entre otros.

testimonios antiguos ofrecen algunos datos sobre los vericuetos de la vida en la corte, donde parecen haber apelado al legado socrático para cimentar su peso intelectual, en un contexto donde las desavenencias entre ellos estuvieron a la orden del día y no faltan las referencias a enfrentamientos y boicots intragrupales[5]. En este sentido, cobra más relevancia que sobre esta base de conflictos y fricciones hayan logrado desarrollar una estrategia de posicionamiento corporativo que consistió precisamente en la utilización del diálogo socrático y la legitimación de la figura de Sócrates a los efectos de combatir sus aristas controvertidas. No se trata de una actitud aislada ni pasajera, ya que una década después, cuando se produce la salida de Italia y varios de ellos retornan a Atenas, la estrategia corporativa se mantiene tan firme como sus desavenencias personales.

De este escenario y contando con el dato del comportamiento corporativo, es importante contar con que el posicionamiento frente a la tiranía resulta un tema fundamental de discusión, como es en cierto sentido esperable cuando las acusaciones que propiciaron la muerte de Sócrates se apoyan en el trasfondo de duda respecto de sus convicciones democráticas y su cercanía respecto de figuras altamente sospechadas[6]. No sólo soporta Sócrates la acusación de sus vínculos con Critias y Cármides, por un lado, y con Alcibíades, por otro, sino que su condena y posterior muerte se despliegan como una versión especular de las de Terámenes, político controvertido a quien, según se relata, sólo Sócrates intentó liberar encontrándose con la negativa de Cármides[7]. En una iteración donde Sócrates fue antes una suerte de Critón, la persistencia en la aceptación de la condena revela la emulación de un personaje sumamente polémico que todavía debe ser investigado en detalle. En lo que aquí nos importa, cabe enfatizar que este contexto muestra un trasfondo político marcado en el que resulta entendible y esperable que los autores del círculo socrático dediquen atención a la cuestión política proponiendo enfoques de lo más disímiles y cuenten con un examen respecto de los modelos políticos. Esta multiplicidad incluye posiciones que van desde el diseño de sociedades utópicas hasta la impugnación de la política, pasando por múltiples modelos de reforma, haciendo del círculo socrático, entre otras cosas, un laboratorio de pensamiento político.

---

5   Diógenes Laercio, 2.61 (SSR, IV.A.22 = FS, 1170), como caso claro de estos conflictos.
6   Sobre estos elementos como sustrato de la acusación, Colaiaco (2001); Wolfsdorf (2008, 212 ss.).
7   Diodoro Sículo, 14.5.1-3. La versión de Plutarco, *Moralia*, 836f, menciona a Isócrates. Sobre Terámenes, Adeleyde (1976); Harding (1974); Brickhouse y Smith (2002, 180).

Las desventuras del tirano en el *Hierón* de Jenofonte

Detengámonos en el *Hierón* de Jenofonte precavidos de no caer en el error de síntesis exagerada. Pensar que todo el entorno socrático dice lo mismo lleva a malentendidos, como el de juzgar al *Hierón* una obra menor y casi descartable porque Platón escribió mejor sobre este tema[8]. Más allá del juicio sobre la obra platónica, lo cierto es que Platón no sostiene lo mismo que Jenofonte. Platón no cree que un tirano pueda tomar decisiones políticas que alteren la composición estatal de tal modo que el régimen se purifique sin que haga falta una reestructuración radical, como sí surge del tratamiento de Jenofonte, indicando que no se trata de un modelo intrínsecamente reprobable. La elección del horizonte ficcional ilumina este punto.

Simónides, de Ceos, en Jonia, siguió la práctica usual entre los intelectuales de apelar al mecenazgo de gobernantes que querían reforzar su imagen con la propaganda provista por las obras de arte. Si se piensa en el origen repentino de las tiranías, surgidas de situaciones de crisis, y por tanto en su necesidad de solidificar su poder, la relación con poetas que ensalcen sus obras resulta fundamental. Así es que Simónides estuvo primero en la corte de Hiparco, el hijo de Pisístrato, y también en Tesalia. Fue el primer poeta en escribir odas corales en la celebración de victorias atléticas, lo que suele interpretarse como la transposición a un mortal del tipo de reconocimiento tradicionalmente orientado hacia los dioses. A sus ochenta años se retiró a Siracusa, donde lo encuentra la obra de Jenofonte que nos ocupa, en tren de sintetizar lo aprendido en su largo periplo[9].

Hierón, por su parte, sucedió a su hermano Gelón en el gobierno de Siracusa en 478 a.C. Apoyó su gestión en la victoria sobre los cartagineses de 480 a.C. Reunió en su entorno a numerosos intelectuales, entre los que se cuentan Píndaro, Esquilo, Epicarmo, Simónides y su sobrino Baquílides, y quedó representado en odas[10]. Estuvo en el poder hasta el 467. Respecto de la elección de Hierón, los testimonios antiguos hablan precisamente de una suerte de conversión, de modo que un gobierno que comenzó atravesado de acciones arbitrarias tomó luego un rumbo de equidad. En esa línea, en *De la tardanza de la divinidad en castigar*

---

8   Véase, por ejemplo, Marchant (1925, xvi): "Es desafortunado para nuestro amigable autor que Platón haya escrito sobre el mismo tema con una brillantez incomparablemente mayor".

9   Molyneux (1992, 224 ss.).

10 Sobre la corte de Hierón, Webster (1942, 32 ss.).

(6.552a) Plutarco sostiene que Hierón adquirió la tiranía con malas artes, pero luego fue un gobernante moderado.

La temática de la obra no sólo estaba presente en la reflexión teórica, sino que una serie de instancias podrían haber concitado atención sobre la política siracusana, a la vez que Hierón es lo suficientemente inespecífico como para valer por un tirano universal y Simónides se desdibuja en recomendaciones que podrían responder a cualquier origen y encarnar el "tipo" consejero-intelectual.

El *Hierón* comienza con la pregunta de Simónides a Hierón sobre la diferencia entre el modo de vida del rey y del individuo común en relación con la felicidad (1.2). Hierón traza una diferencia entre los biotipos del gobernante y el súbdito que favorecen al último (1.4-5). Simónides se apura a invertir los términos y mostrar que el gobernante goza más (1.8). Lo que sigue es, en consecuencia, una lista de desventajas del gobernante en lo que toca a placeres sensoriales, comida y sexualidad (1.10-38), a los que se agrega llamativamente una serie de desventajas en cuanto a la riqueza (2), la amistad (3), la confianza (4), la calidad de sus allegados (5), la insatisfacción que dejan el entretenimiento y las reuniones sociales (6) y la imposibilidad de recibir honores sinceros (7.1-10). Esta suma de calamidades lleva a un desenlace de tonos trágicos donde preso en una dinámica agotadora de la que no puede salir, Hierón concluye que le convendría ahorcarse para terminar con sus males (7.13).

A partir del naufragio trágico de Hierón, Simónides toma la voz cantante y avanza en la construcción de un modelo alternativo. El primer paso, estratégico para la consecución del argumento, habilita la posibilidad de que el gobernante sea amado (8.1). La primera receta concreta de práctica política que ofrece Hierón recomienda al gobernante delegar la coerción odiosa y reservarse la entrega de premios (8.3). Esta idea implica tejer una red de actividades que refuerce el círculo de reconocimiento, de manera que los ciudadanos estén ocupados en avanzar en sus profesiones o inventar modos de bienestar social por los que recibirán honores (9.10). Es un modelo de emulación y competencia que, a la luz de los tipos humanos que Platón esboza en *República*, VIII, constituye una suerte de apuesta a la honra (*timé*) como pilar de estructuración social. En primer término, entonces, hay que reordenar axiológicamente el Estado para apoyarlo en dinámicas de reconocimiento social asociado con el impuso del bienestar general.

El segundo aspecto redefine la política de seguridad. La infelicidad del gobernante se asocia con su permanente situación de temor, de modo que Simónides propone transformar la seguridad privada del gobernante, que provocaba animadversión, en fuerzas de seguridad al servicio del cuerpo social íntegro en la forma de una policía que proteja a todos por igual. Este cambio de signo de los grupos mercenarios convierte al gobernante en un benefactor que custodia el bienestar de sus súbditos y les otorga tranquilidad y tiempo libre que de otro modo debían invertir en diseñar sus propias medidas de seguridad privada. De este modo Simónides soluciona también el problema financiero de manutención de las fuerzas de seguridad, pues dado que sirven al conjunto de la población serán mantenidas por ella sin retaceos.

Como tercer punto adviene un corolario de la medida anterior: la conversión de privado en público. Claramente la ampliación de la seguridad no es la dilución o transferencia de un gasto sino la instauración del gasto público como inversión social, motorizada por el interés del propio gobernante, que ve crecer su imagen positiva en la percepción de grandeza de su ciudad. De este modo, el gobernante es un vencedor amado por sus súbditos, lo cual aparecía como la carencia más profunda del gobernante egoísta de Hierón, y no sólo por ellos, dado que la admiración se traslada a otros lugares que desearían tener un entorno social así. Esta situación revierte todos los inconvenientes de aislamiento y empobrecimiento del círculo del poder, ya que el cuerpo social se vuelve una protección del gobernante y los mejores son los que quieren acercarse para ofrecer sus servicios, en lo que describe un dispositivo de cuadros técnicos e intelectuales que refuerzan las capacidades del gobernante y el círculo de bienestar en el que descansan las bases del Estado. Los pesares personales desaparecen, ya que el interés deja de ser el único motivo por el que los otros se acercan al gobernante, de modo que pareja y familia pierden el carácter oscuro de la descripción inicial y se vuelven espacios en que el gobernante se fortalece.

La moraleja del *Hierón* de Jenofonte consiste precisamente en que la tragedia hieroniana adviene porque se amarra a su ser privado y resuelve lo público como una dimensión limitada al entorno que por tanto hay que administrar desde las coordenadas de lo privado. Por el contrario, Simónides le propone una inversión de este esquema que subsume lo privado en lo público, de un modo que permite administrar lo público desde lo público, podríamos decir. Así, el gobernante no es un sujeto privado que administra lo público como una posesión ampliada, sino que requiere una conversión que le permita pensar en términos universales con la premisa del bienestar general.

El cierre de la obra asegura que esto no implica un suicidio del interés personal del gobernante, sino por el contrario en la única vía para satisfacerlo. Los últimos tres parágrafos grafican esto con claridad sugiriendo una especie de sintético "manual de conducción política". Simónides recomienda a Hierón enriquecer a su entorno para enriquecerse a sí mismo y engrandecer a su ciudad, porque sus allegados lo fortalecen. Sus allegados conforman su grupo político de acción, mientras la ciudad constituye su base territorial, es decir el ámbito de actores políticos que le responden y por tanto el andamiaje que cimenta su poder. Con su fuerza política ordenada y su territorio asegurado, se recomienda inmediatamente atender a la cuestión geopolítica y recabar aliados que protejan su posición global. En esta especie de gradación entre política partidaria, nacional e internacional, la garantía última no es la fuerza sino el buen gobierno que capte el apoyo creciente de voluntades. El terror que paralizaba y hacía miserable la vida de Hierón se desvanece en un final en el que Simónides aventura que "si gobiernas a tus amigos haciendo el bien, los enemigos no podrán enfrentarte" (# XI.15), lo cual sugiere la recomendación de no apartarse de los ejes de multiplicación del bienestar y administración de justicia con que empezaron los consejos, a los efectos de mantener en aumento la masa popular que apoya la gestión de gobierno.

La respuesta a la pregunta inicial del diálogo respecto de la calidad de la felicidad que alcanzan gobernante y súbdito queda entonces respondida de dos modos: en la versión hieroniana, el gobernante instalado en lo privado queda despedazado por una maquinaria que lo excede y lo destroza; en la versión simonidiana, el gobernante instalado en lo público se convierte en el eje de transformación social y supera con ello cualquier proyección del ámbito de lo privado. El político persigue el poder para mejorar la vida de sus conciudadanos y, en este mismo movimiento, mejorar también su propia existencia con la potenciación de todas sus relaciones humanas, de un modo que justifica los esfuerzos y sinsabores de la gestión del poder.

Cabe notar, al mismo tiempo, que en esta segunda modalidad queda habilitada una relación entre poder y política que, en línea con la dinámica virtuosa general, queda definida por el mejoramiento mutuo. Los tres niveles del "manual de conducción política" de Simónides tienen sentido solamente en la práctica de un gobernante dispuesto a priorizar el bienestar general y pensar su existencia en el entrelazamiento de lo universal y lo particular.

Estrictamente, el planteo de Jenofonte constituye una de las variantes socráticas que pensaron sobre las condiciones de la felicidad subjetiva y el bienestar general. En algún sentido, esta transformación que se requiere en el gobernante remeda los rasgos que Platón considera necesarios para la instauración de Kalípolis en *República*. Evidentemente no hay en el breve *Hierón* un *curriculum* de estudios ni la recomendación explícita de que el gobernante se vuelva él mismo filósofo, pero claramente requiere un posicionamiento estructural que lo separe de la búsqueda solipsista de satisfacción personal en que el poder es solamente un adorno privado. Estamos cerca de las exhortaciones a Alcibíades testimoniadas en las obras de Esquines y Platón[11], donde se plantea la necesidad de una virtud que acompañe la peculiar situación del hombre en condición de hacerse cargo del destino de otros hombres.

Pervivencias contemporáneas

La reflexión sobre la relación entre filosofía y política está presente en todas las líneas de la antigüedad, desde los testimonios sobre los demás socráticos hasta los opúsculos de Plutarco dedicados a justificar la participación en política de los intelectuales[12]. El *Hierón* de Jenofonte se mantuvo vigente y atravesó la selección del Medievo para convertirse en un texto especialmente bienvenido en el Renacimiento, muestra de lo cual es la influyente traducción de Leonardo Bruni[13]. Constituye una fuente a la que acude Maquiavelo, en quien Strauss vio al responsable del abandono de la noción de tiranía en favor de términos supuestamente desprovistos de elementos valorativos. Su éxito siguió vivo por mucho tiempo, como sugiere el hecho de la tradición que atribuye a Isabel I de Inglaterra una traducción del *Hierón* hacia fines del siglo XVI o principios del XVII[14]. En tiempos recientes la recepción más conocida parte del trabajo de L. Strauss, *On tyranny*, publicado en 1948, que lleva adelante una exégesis general de la obra con la idea directriz de que el enfoque antiguo ofrece parámetros útiles para pensar la política,

---

11   No son estos los únicos filósofos del círculo socrático que dedicaron obras a la figura de Alcibíades. También Euclides de Mégara y Antístenes escribieron diálogos que circularon con este título –véase *infra*–. Alcibíades fue de fundamental importancia para la evaluación que en la época se hizo sobre el tipo de influjo que la enseñanza socrática tenía en los jóvenes, aspecto por el cual actuó como un presupuesto de las acusaciones de corrupción de la juventud en el momento de la condena y también más tarde, cuando tras una década los socráticos retornaron al círculo ateniense y fueron resistidos, como sugiere la redacción del Panfleto de Polícrates. Cf. Gribble (1999, 214-259); Janko (2009, 55-59).

12   Nos referimos a las obras de Plutarco *Sobre la necesidad de que el filósofo converse con el gobernante* y *A un gobernante falto de instrucción*.

13   Maxson (2010, 188-206).

14   Bradner (1964, 324-326).

la relación entre política y filosofía y la noción de tiranía. Las claves hermenéuticas utilizadas siguen los patrones de rastreo de intenciones del autor en cuestión en un marco que suele ser caracterizado como analítico y ahistórico. Se trata del enfoque que ha llevado a considerar la epistemología straussiana como ingenua y distorsiva.[15] En efecto, la pretensión de desentrañar estrategias ocultas de los autores en cuestión puede constituir un ejercicio sugerente pero altamente antojadizo.

Strauss invita a Alexandre Kojève a comentar su texto y surge de allí una lectura que enlaza a Jenofonte con las discusiones sobre el fin de la historia. Estos autores se conocieron en la convulsionada París de principios del '30 en momentos en que Strauss se alejaba de Alemania, antes de que en 1934 emigrara primero a Inglaterra y finalmente a Estados Unidos. Los contactos epistolares posteriores se mantuvieron y la diferencia de sus enfoques no opacan las declaraciones de entendimiento. Por esta vía el *Hierón* de Jenofonte llega a manos de Kojève, que ofició en Francia de gran portavoz de la filosofía hegeliana, especialmente a través del seminario que impartió en la École Practique des Hautes Études entre 1933 y 1939, al cual acudió la plana mayor de los que serían en pocos años los intelectuales más importantes de Francia. Las ideas directrices de su lectura constan en su influyente *Introducción a la lectura de Hegel*.

Como Jenofonte muchos siglos antes, Kojève tuvo la vivencia de los distintos tipos de vida, dado que después de mucho tiempo dedicado a la práctica filosófica encaminó su actividad hacia la política y a partir de su intervención en el Ministerio de Economía de Francia se convirtió en un partícipe activo del GATT y la Comunidad Económica Europea[16]. En este sentido, la interpretación del *Hierón* y la lectura crítica de la lectura straussiana se produjeron precisamente en el momento en que Kojève se internaba en los terrenos de la política. Kojève es, en este sentido, no un gobernante en condiciones de ser comparado con un rey o tirano, pero sí con un consejero. De algún modo podría decirse, *mutatis mutandis*, que la función que cumple Simónides en la obra de Jenofonte, como consejero del gobernante, tiene algún punto de contacto con el modo de participación política que encarnó Kojève a mediados del complejo siglo XX. No debe extrañar, desde esta perspectiva, que su texto preste atención a la función de los asesores o cuadros técnicos como variante de la conexión entre filosofía y política.

---

15 Véase, en esta línea, las críticas de Blau (2012), que tilda las interpretaciones de Strauss de "epistemológicamente ingenuas" y sostiene que sus principios metodológicos se apoyan en falsas dicotomías y errores lógicos y sus aproximaciones son sesgadas.
16 Sobre la biografía de Kojève, Devlin (2004, X ss.); Nichols (2007, 1-10).

Strauss pretende ser fiel al texto de Jenofonte, pero introduce supuestos discutibles que se deben más a sus propios puntos de partida y su propósito de condenar todo tipo de sistema de gobierno que juzga tiránico que a un acercamiento plausible a los planteos de Jenofonte. La noción misma de *túrannos* que está en juego en el *Hierón* está lejos de prestarse sin más a la simplificación straussiana, así como tampoco es evidente que Jenofonte estuviera comprometido con una supuesta utopicidad e ineptitud de la posición filosófica. Se trata de un diálogo que busca ser respetuoso y sin embargo traiciona este objetivo proyectando condicionamientos de interpretación de origen dudoso para potenciar su propósito de denuncia de un determinado régimen político, comprensible dentro de las coordenadas contemporáneas en que se mueve el pensamiento straussiano.

La actitud de Kojève resulta la opuesta. El acceso al texto de Jenofonte está mediado por la intención primaria de ofrecer una réplica al trabajo de Strauss y se refiere al *Hierón* sin mayores cuidados y agregando incluso la mediación del horizonte hegeliano. Igualmente comprometido con la justificación teórica de las derivas políticas asociadas con el fin de la historia, el texto de Jenofonte reverbera en el diálogo con este nuevo horizonte. Curiosamente y aunque sea casi por casualidad, en algunos puntos hace más justicia al entorno eidético jenofonteo que el supuesto preciosismo literal de Strauss, en un juicio que en todo caso agrega una nueva capa al diálogo interepocal, mirando desde los inicios del siglo XXI los ecos de las voces que desde el pasado nos ayudan a construir miradas prospectivas. Las apropiaciones del siglo XX constituyen, en ese sentido, un aliciente para ahondar en nuevos intercambios interepocales con el material antiguo, tanto como con el más reciente, signados de nuevo por un posicionamiento dialógico, que nos coloque en el lugar de interlocutores en busca de nuevos derroteros teóricos.

En efecto, los inicios de la filosofía se entremezclan con el fin de la historia, noción atravesada ella misma también de malentendidos y vueltas irónicas, donde esta categoría de indudable desarrollo por parte de Kojève, rechazada explícitamente por Strauss, fue luego adaptada por F. Fukuyama, que sanciona el fin del comunismo como indicio del fin de las ideologías. Fue utilizada por los gobiernos republicanos de Bush padre e hijo, que a su vez reclamaron a Strauss como inspirador y respaldo teórico de enormes tropelías a nivel mundial en una especie de Estado universal que renunció a la homogeneidad social y se conformó con la administración de la desigualdad. La crisis política y económica que afectó especialmente a los centros de poder tradicionales, tanto estadounidenses como europeos, en una especie de símbolo del hundimiento de los proyectos straussiano y kojèviano, puso de manifiesto una nueva serie de escenarios para los países en desarrollo, lo cual implica la renovación de las coordenadas en contextos de emancipación y descolonización cultural y epistémica.

Corolarios

Este breve recorrido invita a internarse en el entramado de voces que conforman las filosofías socráticas y a experimentar la vivencia de su importancia para una reconstrucción no parcelada del pasado. Propone asimismo, sobre esta base, una evaluación de los aportes de sus integrantes que parta de una consideración integral de las discusiones del movimiento socrático y su entorno. En este ejercicio de análisis de una zona de tensión dialógica, el *Hierón* de Jenofonte ofrece la peculiaridad de un programa político en diálogo con otras propuestas teóricas y con vicisitudes políticas concretas de su momento de producción que pasan inadvertidas en las lecturas aisladas. Sobre este ejercicio que pide ser ampliado sugerimos las proyecciones asociadas con un estudio interepocal que conecte esta zona de tensión dialógica inicial con las de otras instancias temporales, en este caso la contemporaneidad. De este modo, el trasfondo "encarnado" del pasado cobra espesor para la intelección del debate contemporáneo, a la vez que el debate contemporáneo ofrece elementos hermenéuticos provistos por el legado de las obras antiguas y constituye por eso no un elemento de anacronismo sino un instrumento para una exégesis diacrónica de los textos fundacionales en una dinámica que enriquece la hermeneusis de las zonas en juego y pone en primer plano los aspectos disciplinares de la filosofía y la historia en su interrelación prístina.

Bibliografía

Adeleyde, G. (1976). "Theramenes: the end of a controversial career", *Museum Africum* 5, 9-22.

Blau, A. (2012). "Anti-Strauss", *Journal of Politics* 74 (1), 142-155.

Bradner, L. (1964). "The Xenophon translation attributed to Queen Elizabeth I", *Journal of the Warburg and Courtauld Institutes* 27, 324-326.

Brickhouse, T. y Smith, N. (2002). *Socrates on trial*, Oxford.

Clay, D. (1994). "The origins of the Platonic dialogue", en Vander Waerdt (ed. 1994), 23-47.

Colaiaco, J. (2001). *Socrates against Athens*, New York.

Devlin, F. (2004). *Alexandre Kojève and the outcome of modern thought*, Maryland.

Gardella, M. (2014). *Las críticas de los filósofos megáricos a la ontología platónica*, Buenos Aires.

Giannantoni, G. (1990). *Socratis et Socraticorum reliquiae*, Napoli.

Gribble, D. (1999). "Plato and the Socratics", en Id., *Alcibiades and Athens. A study in literary presentation*, Oxford, 214-259.

Harding, P. (1974). "The Theramenes myth", *Phoenix* 28 (1), 101-111.

Janko, R. (2009). "Socrates the freethinker", en S. Ahbel-Rappe y R. Kamtekar (eds.), *A companion to Socrates*, New York, 48-62.

Kahn, C. (1994). "Aeschines on Socratic eros", en Vander Waerdt (ed. 1994), 87-106.

Marchant, E. (1925). *Xenophontis opera omnia*, Oxford.

Mársico, C. (2013). *Filósofos socráticos. Testimonios y fragmentos, I. Megáricos y Cirenaicos* (introducción, traducción y notas), Buenos Aires.

Mársico, C. (2014). *Filósofos socráticos. Testimonios y fragmentos, II. Antístenes, Fedón, Esquines y Simón* (introducción traducción y notas), Madrid.

Mársico, C. (en prensa). "Shock, erotics, plagiarism and fraud: aspects of Aeschines of Sphettus' philosophy", en F. de Luise, C. Moore y A. Stavru (eds.), *Socrates and the Socratic dialogue*, Leiden.

Maxson, B. (2010). "Kings and tyrants: Leonardo Bruni's translation of Xenophon's *Hiero*", *Renaissance Studies* 24 (2), 188-206.

Molyneux, J. (1992). *Simonides. A historical study*, Illinois.

Nichols, J. (2007). *Alexandre Kojève. Wisdom at the end of history*, Plymouth.

Patzer, A. (1970). *Antisthenes der Sokratiker. Das literarische Werk und die Philosophie dargestellt am Katalog der Schriften*, Heidelberg (diss.).

Rossetti, L. (1974). "Alla ricerca dei *logoi sokratikoi* perduti (I)", *Rivista di Studi Classici* 22, 424-438.

Rossetti, L. (1975). "Alla ricerca dei *logoi sokratikoi* perduti (II-III)", *Rivista di Studi Classici* 23, 87-99, 361-381.

Rossetti, L. (2003). "Le dialogue socratique *in statu nascendi*", *Philosophie Antique* 1, 11-35.

Vander Waerdt, P. (ed. 1994). *The Socratic movement*, Ithaca.

Webster, T. (1942). *Greek interpretations*, Manchester.

Wolfsdorf, D. (2008). *Trials of reason*, Oxford.

TERCERA PARTE:

MUNDO ROMANO Y ANTIGÜEDAD TARDÍA

LA POLÍTICA Y LA CIUDAD-ESTADO. REFLEXIONES SOBRE EL MODO DE PRODUCCIÓN ANTIGUO

Carlos García Mac Gaw
(UNIVERSIDAD NACIONAL DE LA PLATA /
UNIVERSIDAD DE BUENOS AIRES)

El concepto de modo de producción antiguo de Marx aparece en las *Formaciones económicas precapitalistas*, uno de los borradores para la redacción de *El capital*[1]. Este concepto tuvo un impacto relativo mucho menor al que alcanzó el modo de producción asiático[2]. Si bien algunos autores lo retomaron (Hindess y Hirst: 1979; Padgug: 1981; Wickham: 1989), en general quedó opacado por la tendencia creciente a ligar las sociedades antiguas clásicas con el esclavismo[3]. Ninguno de ellos realiza una clara asociación entre la ciudad-estado y el modo de producción antiguo, algo que para Marx es fundamental y que define claramente la relación que existe con el proceso de desarrollo de las clases sociales[4]. Discutiremos algunos de estos elementos y especialmente la interpretación del modo de producción antiguo como preclasista. Trataremos de avanzar en una formulación teórica que esté acorde con el desarrollo de los estudios del mundo mediterráneo clásico, y en especial con el impulso que la arqueología ha aportado a la cuestión, luego de una breve presentación de los lineamientos básicos provistos por Marx.

---

1 Cf. Hobsbawm (1966, 7-23), sobre el contexto general de la obra de Marx en el que se inscribe este texto y una breve historia del mismo. Su objetivo no es el estudio de las formaciones precapitalistas sino el proceso por el cual se generaron las condiciones históricas previas para el funcionamiento de las relaciones de producción capitalistas.

2 Sobre el modo de producción asiático, Sofri (1971), Godelier (1973, 47-68), Chesnaux y otros (1975), Krader (1975), Ruiz Rodríguez y otros (1978), Anderson (1985), Hindess y Hirst (1979, 183-224).

3 El mismo Marx (1971, 446-447, 452) dice que el esclavismo es la consecuencia de la evolución del modo antiguo. Sin embargo, cf. la lectura crítica de Nippel (2005, 40) sobre el esclavismo antiguo en Marx.

4 Hindess y Hirst hacen una referencia indirecta cuando indican la existencia de una apropiación por derecho de ciudadanía.

Los aspectos centrales de la forma antigua, "producto de una vida histórica más dinámica" en relación con la asiática, son para Marx (1971, 436-438):

1. "La ciudad como sede ya desarrollada (centro) de los campesinos propietarios de la tierra".
2. "La tierra de cultivo aparece como territorio de la ciudad".
3. "La guerra es la gran tarea común".
4. "La naturaleza de la organización tribal lleva por sí misma a la constitución de linajes superiores e inferiores, diferenciación ésta que se desarrolla aún más por la mezcla con tribus sojuzgadas, etc."
5. "La propiedad comunitaria como propiedad estatal –*ager publicus*– se ve en este caso separada de la propiedad privada".
6. "La comunidad –como Estado– es, por un lado, la relación recíproca entre estos propietarios iguales y libres, su vínculo contra el exterior, y es, al mismo tiempo, su garantía".
7. Es "presupuesto para la apropiación del suelo el ser miembro de la comunidad, pero, en tanto miembro de la comunidad, el individuo es propietario privado".
8. "El supuesto de la perduración de esta organización comunitaria es el mantenimiento de la igualdad entre sus *self-sustaining peasants* libres y el trabajo propio como condición para la perduración de su propiedad".
9. "El individuo es *placed in such conditions of gaining his life as to make not the acquiring of wealth his object, but self-sustenance* [...]"[5].

Creo que deberíamos insistir en tres aspectos específicos que definen a este modo: 1) la forma de la propiedad, 2) la ciudad como Estado, y 3) la dinámica interna.

Marx observa especialmente en las *Formaciones* la manera en que se organizan las relaciones de apropiación sobre la tierra, principal medio de producción en las sociedades donde la base económica es la producción agropecuaria. El desarrollo de la propiedad privada supone una comunidad más permeable al cambio social a través del proceso de concentración de tierras, contrariamente a lo que ocurre en las sociedades orientales menos propensas al cambio. La pertenencia a la comunidad y la propiedad de la tierra a título individual organizan una relación

---

5   El texto en inglés es mantenido así en la traducción al castellano de Marx (1971) ya que en el original se encuentra en esa lengua y no en alemán.

condicional doble, puesto que la entidad comunitaria está conformada por miembros que son agricultores propietarios de la tierra que trabajan. Por otra parte, la propiedad privada coexiste con la propiedad pública y está separada de ella[6]. Retomaremos esto más adelante.

El segundo de los tres aspectos indicados está en relación con la ciudad como Estado. Marx (1971, 441-442) plantea el lugar fundamental que ésta ocupa para la comunidad antigua. El autor no trata los procesos históricos a través de los cuales se constituye la *pólis/civitas*, pero destaca algunos elementos específicos. El primero es que la ciudad debe ser entendida como el centro económico (de la vida rural) y político de la comunidad antigua, siendo además el domicilio de los campesinos que la habitan. Por otra parte, puesto que la *pólis/civitas* se organiza como un Estado, entonces tiene una existencia objetiva por fuera de los individuos que la componen que se manifiesta en el espacio urbano y en sus magistrados. Estos elementos resultan básicos a la hora de pensar la especificidad de la comunidad de tipo antigua y volveremos sobre ellos.

Sin embargo, existen apreciaciones controvertidas sobre la consideración de la comuna antigua como Estado. Hobsbawm (1966, 46) entiende que Marx considera a las variantes básicas del comunalismo primitivo como sociedades preclasistas, incluyendo también el "modo asiático". Godelier (1971, 149) ha planteado que el modo de producción asiático es una de las formas de transición de las sociedades sin clases a las de clases. Esto se explicaría por la existencia combinada de comunidades primitivas organizadas sobre la base de relaciones de parentesco y un poder de Estado que controla los recursos económicos fundamentales y se apropia de una parte del trabajo. Sin embargo, esto no es coherente puesto que la existencia del tributo modifica las condiciones originales de la comunidad organizada sobre las relaciones parentales y subsume esas relaciones bajo la lógica de la explotación que limita el alcance de los mecanismos redistributivos. No se trata de una transición sino que ya se ha impuesto la lógica explotativa por sobre la redistributiva[7].

En mi criterio no quedan dudas de que Marx (1971, 435) entendía al modo asiático desde una perspectiva clasista[8], al indicar que en las formas asiáticas aparece una *unidad omnicompresiva* por encima de las

---

6   Cf. Krader (1975, 105) quien plantea una secuencia dialéctica desde la forma primitiva comunal a las formas de propiedad oriental, a la antigua y a la germánica. No estoy de acuerdo con tal lectura.
7   Cf. Campagno (1998, 33).
8   Cf. en el mismo sentido Krader (1975, 123-124).

pequeñas entidades comunitarias como propietario superior de la propiedad colectiva y "el plusproducto [...] pertenece entonces de por sí a esta entidad suprema". Esto es una clara referencia a la transferencia de excedentes desde las comunidades hacia esa *unidad omnicomprensiva* que identificaremos con el primer Estado[9].

Ahora bien, en el texto la cuestión de la apropiación de excedentes no resulta tan clara en relación con el modo antiguo. Marx no indica aquí una apropiación de plusvalor, y los argumentos para estar a favor de entender a la comuna antigua como una sociedad de clases son su porfía en la existencia de la ciudad como Estado y la referencia a "la constitución de linajes superiores e inferiores, diferenciación esta que se desarrolla aún más por la mezcla con las tribus sojuzgadas" como producto de la expansión guerrera (Marx: 1971, 437). Esa diferenciación se da primero en el plano interno y luego a partir de la dominación externa, argumento que después despliega en relación con el desarrollo de la esclavitud.

Marx no avanza en el análisis de los mecanismos que llevan al surgimiento del Estado en general, ni tampoco para casos específicos. En el caso de la forma antigua se limita a señalar que la comunidad existe de hecho como Estado en la ciudad, pero no explica cómo se alcanza este desarrollo a partir de la evolución de la comuna primitiva. Algunos esbozos aparecen en *El origen de la familia, la propiedad privada y el Estado* de Engels, donde destaca a la esclavitud como la principal causa de la división de la sociedad en clases[10]. La conquista de territorios extranjeros por parte de los clanes, formas de organización incapaces de proveer la dominación, habría llevado al surgimiento del Estado por la vía de la jefatura[11].

Childe (1950) y Redfield (1953) insistieron en la relación entre el surgimiento de la ciudad y del Estado, lo que se ajusta particularmente al caso de la *pólis*, aunque Claessen y Skalník (1978, 12) argumentaron que debe ser investigado hasta qué punto la aparición de las ciudades puede haber sido un factor indispensable concomitante con la formación

---

9   Marx (1971, 435): "una parte de su plustrabajo pertenece a la comunidad superior, que en última instancia existe como *persona*, y este plustrabajo se hace efectivo tanto en tributos, etc., como en el trabajo destinado a exaltar a la unidad...".

10 Cf. Claessen y Skalník (1978), sobre las diferentes teorías en relación con el surgimiento del Estado, y los "Estados tempranos" (*early states*, cf. Claessen: 1978, 586-593).

11 Claessen y Skalník (1978, 6-7). Engels (2012, 49-63) desarrolla el problema de la *gens* griega en el marco de la teoría de Morgan, y el surgimiento del Estado ateniense pero no tenemos espacio para una crítica acabada de la cuestión.

y posterior desarrollo del Estado. Sin embargo, dejando de lado el periodo creto-micénico, el surgimiento del Estado en Grecia y Roma está ligado a la ciudad, y esto es uno de los elementos centrales para entender su especificidad[12]. La arqueología viene a confirmar el hecho de que el mundo clásico estaba centrado en la vida urbana[13]. Durante el periodo arcaico la existencia de las ciudades supone un desarrollo anterior de los centros urbanos cuyas raíces en algunos casos podrían remontarse a la época micénica[14]. Marx no tenía conocimiento sobre los palacios micénicos y los ignora en las *Formaciones*[15]. Actualmente sabemos que las condiciones para el surgimiento de la *pólis* son el producto de un largo proceso ligado con la desaparición de los Estados micénicos, la consecuente dispersión de las comunas aglutinadas en ellos, y la posterior reorganización bajo formas totalmente distintas[16]. Esta transición supone el paso de formas estatales a otras que, como veremos a continuación, pueden ser identificadas como sociedades de jefatura o, en su defecto organizadas en torno a un *big man*[17].

La cuestión del carácter de estas comunas campesinas es controvertida puesto que, mientras los arqueólogos han destacado condiciones sociales igualitarias, los historiadores destacaron la estratificación, principalmente a partir de Homero (Snodgrass: 1993a, 35-36). En la historiografía se impuso el modelo de A. Snodgrass (1980; 1993a, 30-32) para interpretar este proceso. Se parte desde un periodo altamente civilizado controlado por los palacios hacia otro de retracción demográfica crítico, marcado incluso por el abandono de la agricultura y el avance del pastoralismo.

---

12   Cf. Hansen (1993, 13-16).
13   Bintliff (2006, 22) señala que entre el 75 y el 80% de las poblaciones vivían en las ciudades durante la Grecia clásica, mientras que el porcentaje restante habitaba en pequeñas granjas y aldeas de los territorios que aquéllas controlaban.
14   Hall (2013, 9-10). Foxhall (1995, 249) carga contra la visión dominante del surgimiento de la *pólis* "like a phoenix out of long-dead LBA palaces ashes" (LBA= Late Bronze Age). En contra cf. Morris (1987, 6), con cuyas ideas estoy de acuerdo.
15   Schliemann empezó sus excavaciones en Troya en 1870 y el primer tomo del CIL de Mommsen apareció en 1863, así es que los avances arqueológicos que revolucionaron el conocimiento del mundo griego ocurrieron tardíamente en su vida (Hobsbawm: 1966, 17). Cf. Morris (1997, 535-539), sobre la relación entre los poemas homéricos y la arqueología desde los hallazgos de Schliemann.
16   Chadwick (1977), Marazzi (1982), Killen (1985, 241-242), Foxhall (1995, 243), Halstead (1992). Cf. la cronología que presenta Dickinson (2010, 27-43) para el periodo posterior a la caída de los palacios.
17   Es decir que se trataría de una involución en el desarrollo de las fuerzas productivas con consecuencias que encuentran un sugestivo parecido con lo ocurrido después de la caída del Imperio Romano de occidente en el siglo V.

Se habría dado luego un retorno a una época civilizada caracterizada por el dominio de la agricultura en el marco de la *pólis* en ascenso desde los inicios del siglo VIII[18]. Actualmente se mantiene la idea de la caída demográfica aunque con matices locales. El paso al pastoralismo y el abandono de la agricultura ha sido criticado y en su lugar se sostiene la prevalencia de una economía mixta semejante a la existente tanto en las comunidades pre-palatinas como en la Grecia clásica[19]. Este proceso no parece haber sido idéntico en las diferentes regiones, a pesar de que la lectura de los poemas homéricos produce la idea de una sociedad homogénea, algo que la arqueología ha cuestionado[20]. El avance de las prospecciones arqueológicas demuestra que el hundimiento post-micénico no habría sido tan catastrófico, aunque la época es caracterizada como de inseguridad e incertidumbre básicamente por la evidencia de la movilidad de la población y por la reducción de su tamaño[21].

Conviene observar las modificaciones ocurridas en las relaciones de explotación en las comunidades de la época oscura antiguamente controladas por los palacios. Dickinson (2010, 87) indica que las nuevas clases dirigentes de los asentamientos supervivientes, incluyeran o no a miembros de las antiguas élites, habrían tenido que establecer nuevos límites en relación con su control ya que su poder no podía ser tan firme como el de las clases dirigentes de los núcleos palatinos, y ello supone nuevos balances de poder[22]. Los asentamientos con baja población (100 o menos habitantes) probablemente permitieran a sus miembros un acceso abierto a la tierra arable, de pastura y otros recursos naturales[23]. Estas comunidades no tendrían jerarquías sociales fijas sino un *big man* como líder, que alcanzaba y mantenía su posición por su habilidad para atraer

---

18 Cf. la descripción de este proceso historiográfico en Palmer (2001, 43-53). Sobre la *pólis* y las formas modernas para traducir su concepto cf. Hansen (1993).

19 Cf. las estimaciones demográficas de Morris (1991, 31-34) para algunos sitios. Sobre la economía mixta cf. Palmer (2001, 50-53, 66-77), Dickinson (2010, 122-134).

20 Whitley (1991, 341-343), Morris (1998, 29-31, 42-43), Raaflaub (2005, 28), Dickinson (2010, 103-105).

21 Dickinson (2010, 96). Cf. Bintliff (1994, 213-215) para el caso de Beocia.

22 Dickinson (2010, 226-227) resalta la simplicidad y la ausencia de ostentación en los usos funerarios de la edad del hierro (c. 1050-700 a.C.). La única excepción clara es el heroon de Lefkandi.

23 Palmer (2001, 67). Para el caso de Atenas, Morris (1991, 27, 42) retrasa este proceso hasta el 1050 a.C., pero Thomas y Conant (1999, 66-84) tienen una visión más matizada. Cf. también Valdés Guía (2001, 134; 2011, 161, n. 22).

seguidores a través de regalos y fiestas²⁴. Esto se ajusta en cierto modo al concepto que se deriva de la *basileía* presente en Homero y Hesíodo²⁵.

Podemos preguntarnos si esta aristocracia formaba ya una clase de Estado con capacidad de apropiación de excedentes sobre los sectores campesinos productores. En este sentido vale la pena remitirnos a la idea del Estado de Pierre Clastrés (1981, 114-116) como un umbral divisorio entre las sociedades "primitivas" –dejando de lado toda connotación negativa en esta calificación– y no primitivas. Nuestro planteo afirmará la particularidad de la ciudad-estado como forma estatal en la cual ciertas condiciones propias de los Estados se cumplen de manera laxa, especialmente la del monopolio de la coerción que ha sido objeto de discusión entre los historiadores de la antigüedad²⁶.

Runciman (1982, 351) propone cuatro condiciones conjuntas necesarias para la emergencia del Estado a partir de sociedades no estatales: especialización en roles de gobierno, centralización de la autoridad ejecutiva, permanencia de la estructura, y emancipación de los vínculos de parentesco reales o ficticios como la base para las relaciones entre los ocupantes de los roles gubernamentales y los gobernados. Esa transición crítica depende de las condiciones de un aumento acumulativo de poder en manos de los titulares de los potenciales roles gubernamentales. Dicho poder existe bajo tres formas: la económica, la social (en el sentido del estatus social), y la política. Es decir que los poderes de los gobernantes derivan de una combinación de: 1) el control o la posesión sobre las fuentes y la distribución de la riqueza; 2) la atribución por los súbditos y/o compañeros ciudadanos de un honor o prestigio superior que deriva ya sea de un carisma sagrado o secular de tipo institucional o personal; 3) el comando de los medios técnicos y organizacionales de la coerción física que le permiten imponer la obediencia por la fuerza²⁷. Runciman (1982, 367) entiende que existe una evidencia clara de que alrededor

---

24 Tomamos aquí el concepto de *big man* como está presentado por Sahlins (1963, 289).
25 Dickinson (2010, 296-297), Bennet (1997, 521-522). Cf. Van Der Vliet (1986, 125) sobre la posibilidad de caracterizar a estas sociedades como jefaturas (*chiefdoms*) y Claessen y Skalník (1978, 22). Campagno (2002, 73-74) compara ambos tipos de sociedades.
26 Cf. también (Clastrés: 1978, 177). Creemos que el concepto de Estado puede ser aplicado a formaciones sociales distintas a las modernas, y que el Estado-nación solo es un tipo de Estado entre otros. Sobre la coerción cf. Berent (1998; 2004; 2006); Morris (1991, 44); y especialmente Paiaro (2011, 224-232) *contra* Berent.
27 Runciman (1982, 361).

del siglo VIII a.C. se produjo en el mundo griego una acumulación de poder de estos tres tipos que se reforzaron mutuamente[28].

Hay dos aspectos en la definición de Runciman que resultan importantes: el paso de la dominancia de las relaciones parentales a las políticas, y el control de la clase de poder sobre los medios de producción y distribución –lo que implica la existencia de las clases sociales y su conflicto–[29]. Ambos aspectos están indisolublemente ligados. Para que exista una clase social capaz de controlar los medios de producción por encima de las constricciones que impone la comunidad se debe quebrar la reproducción de las relaciones sociales que garantizan condiciones de no-explotación entre quienes integran tal comunidad en cuanto miembros. Es decir que deben poder romperse los vínculos regulatorios parentales instalándose en su lugar los vínculos políticos. M. Campagno (2011, 45-46) indica que en los espacios que se extienden *entre* tramas parentales diversas se pueden producir condiciones propicias para el ejercicio de prácticas contrarias a las que regula el parentesco, contra los criterios de reciprocidad y redistribución[30]. Algunos de estos espacios propuestos son: 1) las guerras, dando por resultado un control permanente de los vencedores sobre los vencidos; 2) contextos urbanos que resultan de procesos de concentración poblacional diversa; 3) formas de liderazgo sagrado donde el líder puede presentarse como un ser separado socialmente de la comunidad. Estos tres escenarios suponen la posibilidad de avanzar por fuera de los principios que rigen en el orden parental. Los dos primeros, y su combinación, son recurrentes para el caso de la *pólis/civitas*. El tercero no se presenta así, aunque la cuestión religiosa tiene un lugar central en el paso a la ciudad-estado[31].

Alrededor del 700 a.C. las relaciones de poder se alterarían en las regiones donde emergieron las ciudades-estado. Las élites conformaron allí una clase terrateniente que aumentó el control sobre la tierra a medida que se produjo un rápido aumento demográfico, y así numerosas

---

28 Snodgrass (1993a, 34) indica que las transformaciones operadas durante el siglo VIII solo podrían haber ocurrido en el contexto de la transición al Estado.

29 Haldon (1993, 280 n. 37), con bibliografía.

30 Cf. Renfrew (1986, 6-7) quien sugiere que el cambio proviene de la interacción entre unidades políticas semejantes (*peer polity interaction*). Cf. Campagno (1998, 106; 2011, 45).

31 La inversión de recursos por parte de la aristocracia en los santuarios durante el siglo VIII es una muestra de ello: de Polignac (1995, 11-21), Anderson (2005, 12); así como su voluntad de establecer una conexión con la tradición heroica: Morris (1996, 31-33), Antonaccio (1994) y de Polignac (1995, 128-138).

familias pasaron a depender de ellos para su subsistencia. Valdés Guía (2011, 163-164) describe este proceso a través de la colonización del Ática realizada por los *áristoi*, al igual que Fornis (2003, 30-33) para el caso del sinecismo espartano y la expansión hacia Laconia y Mesenia. Gallego (2013, 117-121) sugiere convincentemente que el enfrentamiento del poeta Hesíodo con su hermano Perses según *Trabajos y días* se podría interpretar como la consecuencia de la búsqueda de los sectores campesinos empobrecidos ascreos de un apoyo en los grupos aristocráticos de la ciudad de Tespias, realizado mediante los arbitrajes de los *basileîs*, y debilitando de esa forma las normales relaciones de *philía* en el marco de la aldea. Para reforzar nuestra idea alcanza con la evidencia de una explotación que puede incluso resultar laxa, en donde los campesinos estaban sujetos a exacciones, lo que se corresponde con formas de subordinación de tipo servil como en el caso de hectémoros e hilotas[32].

Marx no trató en las *Formaciones* los mecanismos concretos por los cuales se ejercía la explotación para el caso de la comuna antigua. Sin embargo, podemos afirmar que allí se articulan la renta y el tributo, variando en cuanto a su peso relativo según los casos históricos concretos. Ste. Croix (1988, 71) ha resumido la obtención de excedentes en el mundo antiguo en tres formas: 1) trabajo asalariado; 2) trabajo no-libre, que incluye a los esclavos-mercancía, los siervos y los siervos por deudas; 3) a través del alquiler de propiedades rústicas e inmuebles[33]. A esto debe sumarse la apropiación realizada por el Estado a través de impuestos, tributos, botines de guerra y trabajos forzados. En general coexisten todos estos tipos de explotación, con mayor o menor preponderancia de unos sobre otros según el tiempo y el espacio y creo que ninguno de ellos distingue de manera específica al modo de producción antiguo que caracteriza a la ciudad-estado, lo que marca una diferencia básica con el planteo más difundido que centra su análisis en la explotación de la fuerza de trabajo esclava o, más recientemente, con el concepto de modo de producción tributario.

John Haldon (1993; 1998; 2003) ha insistido en la idea de la apropiación extraeconómica del excedente, bajo la forma indistinta de renta o tributo, para caracterizar a la mayor parte de las formaciones

---

32 Ste. Croix (1981, 135-136, 147-162).
33 Sería más coherente no restringir el tipo de esclavitud y hablar de esclavos en general. Por otra parte, Ste. Croix (1988, 168) incluye a los hilotas, clarotas y mnoítas, penestas, mariandinos, cilirios o *kyllírioi*, woiciatas y bitinios en la categoría de siervos, clasificación atendible. Cf. la crítica de Banaji (2010, 14-15) al concepto de trabajo "no libre".

precapitalistas. Si bien la ciudad-estado encaja bien allí, el problema resulta de su inespecificidad ya que el modo tributario iguala en esta perspectiva económica a sociedades tan diversas como el Egipto faraónico, las ciudades mesopotámicas, Bizancio, los estados islámicos, etc. En contra de esta perspectiva creemos conveniente retomar a Perry Anderson (1985, 413-414) quien argumenta sobre la necesidad de tomar en cuenta las formas jurídicas e institucionales para la caracterización de los modos de producción precapitalistas, ya que ellas intervienen *directamente* en el nexo interno de extracción de excedente. Según el autor estos modos no pueden definirse *si no es a partir de* sus estructuras políticas, legales e ideológicas, ya que son ellas las que determinan el tipo de coerción extraeconómica que los especifica[34]. En las formaciones precapitalistas, donde la apropiación del excedente se da por medio de la imposición de una renta o tributo por parte del no productor sobre el productor directo, tal apropiación ocurre en general en los momentos de la distribución y/o el intercambio, es decir por fuera del momento de la producción en sentido estricto, aunque efectivamente en el marco del modo de producción. Esto es así porque los productores detentan el control de los medios de producción. Las diferentes formas y matices en que se instrumenta tal apropiación de excedentes caracterizarán a las distintas formaciones sociales precapitalistas.

Deberíamos entonces entender a la política como un elemento fundante del concepto de modo de producción antiguo, es decir que conforma sus relaciones de producción específicas, y destacar el lugar central que ocupa la categoría de ciudadanía que organiza el espacio jurídico-político. Esa centralidad de la política nos lleva a analizarla en relación con el proceso productivo y, más específicamente, con las relaciones de distribución y cambio en tal proceso. O, dicho de otra forma, debemos estudiar las determinaciones específicas de la distribución y el cambio a través de los elementos políticos que ocurren en las formaciones sociales antiguas. La política es dominante en la medida en que es el sistema a través del cual ciertas clases sociales pujan por la redistribución del excedente obtenido por diversos mecanismos, y esto incluye mayormente a algunos propiamente comunitarios –como la guerra (y algunas de sus consecuencias como la apropiación de nuevas

---

[34] En el mismo sentido cf. Astarita (2003) y García Mac Gaw (2003).

tierras, hombres y el cobro de tributos)–, y también, aunque no resultan decisivos, otros privados –como el evergetismo–[35].

La política se constituyó como un espacio redistributivo en la medida en que la ciudad-estado se organizó e incorporó a campesinos, artesanos y tenderos en la comunidad (Finley: 1986, 29). Los resultados de este proceso diferirán en cada situación, pero la presencia de estos grupos sociales como parte constitutiva de la comunidad de ciudadanos es determinante para entender las características específicas de la *pólis/ civitas*. Hacia la segunda mitad del siglo VII los aparatos estatales de las ciudades solían estar divididos en tres: un cuerpo de magistrados electos con diferentes jerarquías que mantenían sus cargos por períodos fijos, usualmente breves; un consejo, cuya composición podía variar desde un número pequeño a uno mucho mayor (20-500); y una asamblea que podía representar los intereses de la comunidad en su sentido más amplio[36]. Van Der Vliet (2008, 203) dice que el proceso de la toma de decisión política se acomodaba a una rutina de: proposición por ciudadanos individuales o por una sección que presidía el consejo, decisión por el consejo, aceptación o rechazo por una asamblea popular. Eso se asemeja a las ondas producidas por una piedra arrojada en un estanque, y no a una pirámide con un tope y una base. No hay una jerarquía centralizada con una cabeza de la administración sino juntas de magistrados equivalentes que funcionan de manera similar a un sistema heterárquico[37]. Esto permite entender por qué resulta complejo aplicar el concepto weberiano de monopolio de la coerción para el caso de la ciudad-estado. Vale la pena señalar que Marx no trata para esta segunda forma –la antigua–, a diferencia de la primera –la asiática–, la estructura de la toma de decisiones. En la comuna asiática señala la existencia del déspota en sus diferentes variantes, pero en el caso de la comuna antigua la única referencia es a "la ciudad como estado"[38].

---

35 Finley (1986, 13). Sobre el concepto de "evergetismo" cf. Veyne (1976, 20-22, 181-194). Una crítica importante en Schmitt, Schnapp y Andreau (1978). Cf. Gyqax (2006, 11).
36 Anderson (2005, 177-178).
37 Esta imagen es contraria a la toma de decisiones de tipo jerárquica propia de los Estados tempranos. Sin embargo, este sistema es muy poco probable que funcionara así en el periodo inicial del surgimiento de la *pólis*. Este mecanismo ya es resultado de un intenso conflicto político que en algunos casos, como en el de Atenas, puede seguirse con dificultades.
38 Para Godelier (1971, 151) la noción de despotismo oriental no pertenece a la ciencia política sino a la ideología, y estamos de acuerdo. No obstante, resulta evidente que Marx utiliza esta imagen para transmitir la idea de la concentración de la toma de decisiones en los sistemas autocráticos.

La *pólis* temprana era oligárquica y la política esencialmente un dominio de las élites, sin embargo, la ampliación del cuerpo ciudadano derivó en tensiones y conflictos. Para Anderson (2005, 177-178), si se puede afirmar la aparición de una clase intermedia de granjeros hoplitas hacia fines del siglo VII, no resulta evidente que haya jugado un papel significativo en el control de algún estado griego antes del fin del siglo VI, si bien hay autores que afirman la participación más temprana de esos grupos desde el siglo VIII, con una dominación de los sectores altos hasta el periodo antes indicado[39]. La misma percepción de la *pólis* como un Estado de tipo segmentario, resultado de la agregación de aldeas, aparece como fundamento de sus rasgos igualitarios[40]. Estos elementos se constituyen y refuerzan a partir de procesos que ocurren conjuntamente como el de la expansión colonial y la organización militar hoplítica[41]. La necesidad de esos nuevos centros de dotarse de un marco jurídico y legal para asegurar el gobierno redundó luego en el reforzamiento de los factores políticos a partir del desarrollo del criterio de ciudadanía para los miembros de la comunidad[42].

Los principios de igualdad se afirmaron por la práctica de la distribución del territorio a razón de un lote por individuo en las nuevas fundaciones, lo que probablemente haya tenido repercusiones importantes en las demandas por el acceso a la tierra en las regiones centrales de Grecia[43]. Los derechos legales de los ciudadanos, especialmente la participación en la distribución de las apropiaciones estatales –en particular sobre la tierra– y el nivel de protección relativo para ser explotados como

---

[39] Foxhall (2005) confirma estas ideas de Anderson. En cambio Raaflaub (1993; 1996, 150-153; 2005), Donlan (1997) y Morris (1987; 1996; 1997; 2000) afirman la participación más temprana. Morris (1996, 20) dice que en el siglo VIII apareció algo similar al "principio de igual consideración" y que, más tarde en el siglo VI, se dio un "principio fuerte de igualdad", y que ambos se expresaron en una concepción del Estado entendido como una comunidad de ciudadanos "medios".

[40] Gallego (2005, 22-34), Morris (1994).

[41] Cf. un estado de la cuestión sobre la revolución hoplita en Echeverría Rey (2008), con amplia bibliografía. Cf. Snodgrass (1993b), Detienne (1968), Hanson (1991; 1996), Bowden (1993), van Wees (1994), Ducrey (1999), Raaflaub (2005). Sobre las primeras colonias cf. Ridgway (1997).

[42] Domínguez Monedero (1993, 100, 162-164).

[43] Cf. Graham (1964, 59) sobre la igualdad en la distribución de lotes a partir del estudio de decretos de fundación de colonias. Cf. Asheri (1966, 13-16), Boyd y Jameson (1981, 327, 336), Domínguez Monedero (1993, 150-153), Gallego (2005, 135-136). Hindess y Hirst (1979, 86-87) han destacado la existencia del Estado como propietario en el modo de producción antiguo, uno de los factores básicos planteados por Marx en las *Formen* para la comuna antigua, es decir, la articulación entre propiedad privada y comunal.

fuerza de trabajo, definen el campo del conflicto social para este modo de producción.[44] Es decir que la política, entendida como las prácticas e instituciones que la constituyen, es un factor dominante en la medida en que sobre ella se organizan los mecanismos de distribución de los medios de producción y de la renta. Este control de los recursos a la vez se extiende hacia el control sobre las formas de dominación entre ciertos grupos sociales a través de mecanismos jurídico-políticos, como las inmunidades sobre sectores ciudadanos y diversos tipos de acciones procesales. La posibilidad de exacción de excedentes por parte de las clases aristocráticas sobre los campesinos más pobres o los grupos sin tierras depende de la capacidad de la acción política de estos últimos[45].

En este tipo específico de Estado la burocracia no existe o está muy poco desarrollada. En la medida en que las instituciones de la ciudad-estado se burocratizan, como ocurrió en Roma a partir del principado, tienden a transformarse en un Estado de tipo tributario donde el poder se concentra, es decir que se afirma la autocracia a expensas de la horizontalidad de tipo segmentaria. Los diferentes regímenes políticos en el marco de la ciudad-estado estuvieron directamente ligados a la mayor o menor presencia activa de los sectores sociales cuya inclusión en la comunidad política definió la especificidad de estas formaciones socioeconómicas: campesinos, artesanos y tenderos. La ausencia de estos grupos en la toma de decisiones y el consecuente paso a sistemas autocráticos define negativamente la transición a sistemas de tipo tributario basados en la ciudad-estado pero vaciados de su dinámica política.

Bibliografía

Anderson, G. (2005). "Before *turannoi* were tyrants: rethinking a chapter of early Greek history", *Classical Antiquity* 24 (2), 173-222.

Anderson, P. (1985). "El modo de producción asiático", en Id., *El Estado absolutista*, Madrid, 407-443.

Antonaccio, C.M. (1994). "Contesting the past: hero cult, tomb cult, and epic in early Greece", *American Journal of Archaeology* 98 (3), 389-410.

Asheri, D. (1966). *Distribuzioni di terra nell'antica Grecia*, Torino.

---

44 Cf. Gallego (2005, 135).
45 Finley (1982, 84-118), Wood (1988), Plácido (1989), Valdés Guía (1999; 2006).

Astarita, C. (2003). "El factor político en los modos de producción feudal y tributario. Génesis y estructura en perspectiva comparada", en Haldon y García Mac Gaw (eds. 2003), 133-174.

Banaji, J. (2010). *Theory as history. Essays on modes of production and exploitation*, Leiden-Boston.

Bennet, J. (1997). "Homer and the Bronze Age", en Powell y Morris (eds. 1997), 511-534.

Berent, M. (1998). "*Stasis*, or the Greek invention of politics", *History of Political Thought* 19 (3), 331-362.

Berent, M. (2004). "In search of the Greek state: a rejoinder to M.H. Hansen", *Polis* 21 (1-2), 107-146.

Berent, M. (2006). "The stateless polis: a reply to critics", *Social Evolution & History* 5 (1), 140-162.

Bintliff, J. (1994). "Territorial behaviour and the natural history of the Greek polis", en E. Olshausen y H. Sonnabend (eds.), *Sttutgarter Kolloquium zur Historischen Geographie des Altertums 4, 1990*, Amsterdam, 207-249.

Bintliff, J. (2006). "City-country relationships in the 'normal polis'", en R.M. Rosen y I. Sluiter (eds.), *City, countryside, and the spatial organization of value in Classical Antiquity*, Leiden-Boston, 13-32.

Bowden, H. (1993). "Hoplites and Homer: warfare, hero cult, and the ideology of the polis", en J. Rich y G. Shipley (eds.), *War and society in the Greek world*, London, 45-63.

Boyd, T.D. y Jameson, M.H. (1981). "Urban and rural land division in ancient Greece", *Hesperia* 50 (4), 327-342.

Campagno, M. (1998). "Pierre Clastres y el surgimiento del estado. Veinte años después", *Boletín de Antropología Americana* 33, 101-113.

Campagno, M. (2002). *De los jefes-parientes a los reyes-dioses. Surgimiento y consolidación del Estado en el Antiguo Egipto*, Barcelona.

Campagno, M. (2011). "En los umbrales. Intersticios del parentesco y condiciones para el surgimiento del Estado en el valle del Nilo", en Campagno, Gallego y García Mac Gaw (eds. 2011), 45-80.

Campagno, M., Gallego, J. y García Mac Gaw, C. (eds. 2011). *El Estado en el Mediterráneo antiguo. Egipto, Grecia, Roma*, Buenos Aires.

Chadwick, J. (1977). *El mundo micénico*, Madrid.

Chesnaux, J. y otros (1975). *El modo de producción asiático*, Barcelona.

Childe, G. (1950). "The urban revolution", *Town Planning Review* 21 (1), 3-17.

Claessen, H.J. (1978). "The early state: a structural approach", en Claessen y Skalník (eds. 1978), 533-596.

Claessen, H.J. y Skalník, P. (1978). "The early state: theories and hypotheses", en Claessen y Skalník (eds. 1978), 3-29.

Claessen, H.J. y Skalník, P. (eds. 1978). *The early state*, The Hague.

de Polignac, F. (1995). *Cults, territory and the origins of the city-state*, Chicago.

Detienne, M. (1968). "La phalange: problèmes et controverses", en J.-P. Vernant (ed.), *Problèmes de la guerre en Grèce ancienne*, Paris, 119-142.

Dickinson, O. (2010). *El Egeo: de la edad del bronce a la edad del hierro*, Barcelona.

Domínguez Monedero, A. (1993). *La polis y la expansión colonial griega (s. VIII-VI)*, Madrid.

Donlan, W. (1997). "The relations of power in the pre-state and early state polities", en Mitchell y Rhodes (eds. 2005), 39-48.

Ducrey, P. (1999). *Guerre et guerriers dans la Grèce antique*, Paris.

Echeverría Rey, F. (2008). *Ciudadanos campesinos y soldados. El nacimiento de la "pólis" griega y la teoría de la "revolución hoplita"*, Madrid.

Engels, F. (2012). *El origen de la familia, la propiedad privada y el estado*, en http://www.marxists.org/espanol/m-e/1880s/origen/el_origen_de_la_familia.pdf (13/11/2013).

Finley, M.I. (1982). *Esclavitud antigua e ideología moderna*, Barcelona.

Finley, M.I. (1986). *El nacimiento de la política*, Barcelona.

Fornis, C. (2003). *Esparta. Historia, cultura y sociedad de un mito historiográfico*, Barcelona.

Foxhall, L. (1995). "Bronze to Iron: agricultural systems and political structures in late Bronze Age and early Iron Age Greece", *Annual of the British School of Athens* 90, 239-250.

Foxhall, L. (2005). "A view from the top. Evaluating the Solonian property classes", en Mitchell y Rhodes (eds. 2005), 61-74.

Gallego, J. (2005). *Campesinos en la ciudad. Bases agrarias de la* pólis *griega y la infantería hoplita*, Buenos Aires.

Gallego, J. (2013). "Hesíodo, Perses y los *basileîs*: los dependientes aldeanos en el surgimiento de la *pólis*", en M. Campagno, J. Gallego y C. García Mac Gaw (eds.), *Rapports de subordination personnelle et pouvoir politique dans la Méditerranée antique et au-delà*, Besançon, 107-125.

García Mac Gaw, C. (2003). "Conclusiones. Sobre la importancia de los elementos superestructurales en la caracterización de los modos de producción", en Haldon y García Mac Gaw (eds. 2003), 219-232.

Godelier, M. (1971). *Teoría marxista de las sociedades precapitalistas*, Barcelona.

Godelier, M. (1973). *Esquema de evolución de las sociedades*, Buenos Aires.

Graham, A.J. (1964). *Colony and mother city in ancient Greece*, Manchester.

Gyqax, M.D. (2006). "Contradictions et asymétrie dans l'évergétisme grec: bienfaiteurs étrangers et citoyens entre image et réalité", *Dialogues d'Histoire Ancienne* 32, 9-23.

Haldon, J. (1993). *The state and the tributary mode of production*, London-New York.

Haldon, J. (1998). "El modo de producción tributario: una discusión interdisciplinaria", *Hispania* 58 (3), n° 200, 795-968.

Haldon, J. (2003). "Bizancio y el temprano Islam: análisis comparativo de dos formaciones tributarias medievales", en Haldon y García Mac Gaw (eds. 2003), 7-60.

Haldon, J. y García Mac Gaw, C. (eds. 2003). *El modo de producción tributario*, en *Anales de Historia Antigua Medieval y Moderna* 36, 7-234.

Halstead, P. (1992). "The Mycenaean palatial economy: making the most of the gaps in the evidence", *Proceedings of the Cambridge Philological Society* 38, 57-86.

Hall, J.M. (2013). "The rise of state action in the archaic Age", en H. Beck (ed.), *A companion to ancient Greek government*, Malden-Oxford, 9-21.

Hansen, M.H. (ed. 1993). *The ancient Greek city-state*, Copenhagen.

Hanson, V.D. (1991). "Hoplite technology in phalanx battle", en Id. (ed.), *Hoplites. The classical Greek battle experience*, London, 63-84.

Hanson, V.D. (1996). "Hoplites into democrats: the changing ideology of the Athenian infantry", en Ober y Hedrick (eds. 1996), 289-312.

Hindess, B. y Hirst, P. (1979). *Los modos de producción precapitalistas*, Barcelona.

Hobsbawm, E. (1966). "Introducción", en K. Marx, *Formaciones económicas precapitalistas*, Buenos Aires, 5-47.

Killen, J.T. (1985). "The linear B tablets and the Mycenaean economy", en A. Morpurgo Davies e Y. Duhoux (eds.), *Linear B. A 1984 survey*, Louvain, 241-305.

Krader, L. (1975). *The Asiatic mode of production*, Assen.

Marazzi, M. (ed. 1982). *La sociedad micénica*, Madrid.

Marx, K. (1971). "Formas que preceden a la producción capitalista", en Id., *Elementos fundamentales para la crítica de la economía política (Grundrisse) 1857/8*, México, I, 433-477.

Mitchell, L.G. y Rhodes, P.J. (eds. 2005). *The development of the polis in archaic Greece* [1997], London.

Morris, I. (1987). *Burial and ancient society. The rise of the Greek state*, Cambridge.

Morris, I. (1991). "The early polis as city and state", en J. Rich y A. Wallace-Hadrill (eds.), *City and country in the Ancient World*, London, 25-57.

Morris, I. (1994). "Village society and Greek State", en P.N. Doukellis y L.G. Mendoni (eds.), *Structures rurales et sociétés antiques*, Besançon-Paris, 49-53.

Morris, I. (1996). "The strong principle of equality and the archaic origins of Greek democracy", en Ober y Hedrick (eds. 1996), 19-48.

Morris, I. (1997). "Homer and the Iron Age", en Powell y Morris (eds. 1997), 535-559.

Morris, I. (1998). "Archaeology and archaic Greek history", en N. Fisher y H. van Wess (eds.), *Archaic Greece. New approaches and new evidence*, London, 1-91.

Morris, I. (2000). *Archaeology as cultural history. Words and things in iron age Greece*, Malden.

Nippel, W. (2005). "Marx, Weber, and classical slavery", *Classics Ireland* 12, 31-59.

Ober, J. y Hedrick, C. (eds. 1996), Demokratia. *A conversation on democracies, ancient and modern*, Princeton.

Padgug, R.A. (1981). "Clases y sociedad en la Grecia clásica", en AA.VV., *El marxismo y los estudios clásicos*, Madrid, 73-103.

Paiaro, D. (2011). "Las ambigüedades del estado en la democracia ateniense: entre la libertad y la coacción", en Campagno, Gallego y García Mac Gaw (eds. 2011), 223-242.

Palmer, R. (2001). "Bridging the gap: the continuity of Greek agriculture from the Mycenaean to the historical period", en D.W. Tandy (ed.), *Prehistory and history. Ethnicity, class and political economy*, Montréal, 41-84.

Plácido, D. (1989). "«Nombres de libres que son esclavos...» Pólux (III, 82)", en AA. VV., *Esclavos y semilibres en la antigüedad clásica*, Madrid, 55-79.

Powell, B.B. y Morris, I. (eds. 1997). *A new companion to Homer*, Leiden.

Raaflaub, K. (1993). "Homer to Solon: the rise of the polis. The written sources", en Hansen (ed. 1993), 41-105.

Raaflaub, K. (1996). "Equalities and inequalities in Athenian democracy", en Ober y Hedrick (eds. 1996), 139-174.

Raaflaub, K. (2005). "Soldiers, citizens and the evolution of the early Greek polis", en Mitchell y Rhodes (eds. 2005), 26-31.

Redfield, R. (1953). *The primitive world and its transformation*, Ithaca.

Renfrew, C. (1986). "Introduction: peer polity interaction and socio-political change", en C. Renfrew y J.F. Cherry (eds.), *Peer polity interaction and socio-political change*, Cambridge, 1-18.

Ridgway, D. (1997). *El alba de la Magna Grecia. Pitecusa y las primeras colonias griegas de occidente*, Barcelona.

Ruiz Rodríguez, A. y otros (1978). *Primeras sociedades de clase y modo de producción asiático*, Madrid.

Runciman, W.G. (1982). "Origins of states: the case of archaic Greece", *Comparative Studies in Society and History* 24 (3), 351-377.

Sahlins, M. (1963). "Poor man, rich man, big-man, chief: political types in Melanesia and Polynesia", *Comparative Studies in Society and History* 5 (3), 285-303.

Schmitt, P., Schnapp, A. y Andreau, J. (1978). "Paul Veyne et l'évergétisme", *Annales. Économie, Sociétés, Civilisations* 33 (2), 307-325.

Snodgrass, A. (1980). *Archaic Greece. The age of experiment*, Berkeley.

Snodgrass, A. (1993a). "The rise of the *polis*. The archaeological evidence", en Hansen (ed. 1993), 30-40.

Snodgrass, A. (1993b). "The «hoplite reform» revisited", *Dialogues d'Histoire Ancienne* 19, 47-61.

Sofri, G. (1971). *El modo de producción asiático*, Barcelona.

Ste. Croix, G. de (1988). *La lucha de clases en el mundo griego antiguo*, Barcelona.

Thomas, C. y Conant, C. (1999). *Citadel to City-State. The transformation of Greece, 1200-700 BCE*, Bloomington.

Valdés Guía, M. (1999). "La sisactía de Solón y el juramento de los heliastas", *Arys* 2, 35-48.

Valdés Guía, M. (2001). "El proceso de sinecismo del Ática: cultos, mitos y rituales en la «primera polis» de Atenas", *Gerión* 19, 127-197.

Valdés Guía, M. (2006). "La tierra esclava del Ática en el s. VII a.C.: campesinos endeudados y hectémoros", *Gerión* 24 (1), 143-161.

Valdés Guía, M. (2011). "La formación del estado en Atenas. El sinecismo ático, entre mito y realidad", en Campagno, Gallego y García Mac Gaw (eds. 2011), 157-179.

Van Der Vliet, E. (1986). "«Big-man», tyrant, chief: the anomalous starting point of the state in classical Greece", en M. Van Bakel, R. Hagesteijn y P. Van Der Velde (eds.), *Private politics. A multi-disciplinary approach to "big-man" systems*, Leiden, 117-126.

Van Der Vliet, E. (2008). "The early state, the polis and state formation in early Greece", *Social Evolution & History* 7 (1), 197-221.

van Wees, H. (1994). "The Homeric way of war: the *Iliad* and the hoplite phalanx", *Greece & Rome* 41, 1-18.

Veyne, P. (1976). *Le pain et le cirque*, Paris.

Wickham, C. (1989). "La otra transición: del mundo antiguo al feudalismo", *Studia Historica. Historia Medieval*, 7, 7-35.

Whitley, J. (1991). "Social diversity in dark age Greece", *Annual of the British School at Athens* 86, 341-365.

Wood, E.M. (1988). *Peasant-citizen and slave. The foundations of Athenian democracy*, London.

GUERRAS SERVILES Y ESTADOS REBELDES: LAS MONARQUÍAS DE EUNO Y SALVIO

Fernando Piantanida

(CONICET / UNIVERSIDAD DE BUENOS AIRES)

> *"[Euno] el mismo asesinó a sus propios amos, Antígenes y Pytón. Luego de ponerse una diadema sobre su cabeza y de vestirse con los ornamentos reales, proclamó reina a la mujer que vivía con él (ella era siria y de la misma ciudad) y formó un consejo real con los hombres más inteligentes (...)"*[1].

De esta manera Diodoro describe algunas de las medidas adoptadas por Euno, el primer rey esclavo de la Sicilia romana. En la presente comunicación nos proponemos reflexionar sobre las formas estatales creadas por los esclavos rebeldes durante las dos guerras serviles sicilianas y argumentamos a favor de la complementación entre las fuentes literarias y las numismáticas.

El carácter de estas revueltas, su ideología y la composición social de los reinos rebeldes constituyen algunas de las problemáticas historiográficas más debatidas en los estudios modernos sobre las guerras de serviles del mundo antiguo. Nosotros abordaremos en primer lugar, partiendo de la principal fuente escrita (Diodoro Sículo), el análisis de las prácticas de organización política que los esclavos rebeldes emplearon para llevar a cabo sus revueltas y las instituciones que crearon; en segundo lugar, a través de un análisis de la información numismática, trataremos el problema de la composición social del Estado rebelde gobernado por el rey Euno. Antes de desarrollar nuestro análisis es menester tener en cuenta dos aspectos importantes. Por un lado, el carácter excepcional de las revueltas de esclavos (Bradley: 1998, 44), pues normalmente la resistencia a la esclavitud se expresó de otras maneras en el mundo antiguo, como la fuga de los esclavos, el sabotaje de la producción, el asesinato a los amos o el bandolerismo (Staerman: 1978, 174). Y toda-

---

1 Diodoro Sículo, *Biblioteca Histórica*, 34/35.2.15-16 (nuestra traducción).

vía más, solo tres de las revueltas serviles acontecidas en la antigüedad clásica han alcanzado la magnitud de auténticas guerras, con grandes ejércitos, batallas, asedios y conquistas de ciudades (Finley: 1982, 149). Ocurrieron entre los años 140 y 70 a.C. en Sicilia e Italia. En este trabajo pasaremos por alto la revuelta de Espartaco y trataremos exclusivamente las guerras serviles que tuvieron lugar en Sicilia en el siglo II a.C., ya que solo estas últimas dieron origen a verdaderos Estados rebeldes, esto es, a reinos creados por los mismos esclavos insurrectos.

Por otro lado, cabe recordar sucintamente el desarrollo de los acontecimientos. La primera guerra servil se produjo entre los años 136 (?)[2] y 132 a.C., cuyo líder y rey fue un esclavo llamado Euno. La segunda se desarrolló entre los años 104 y 100 a.C., su rey fue un esclavo llamado Salvio. En ambos casos se trata en el origen de pequeñas fugas de esclavos en rebelión, que recorren la campaña liberando y reclutando otros esclavos de las *villae* circundantes. Rápidamente el número de rebeldes crece y con ellos la escala de las revueltas. Se forman ejércitos que consiguen derrotar en reiteradas ocasiones a las fuerzas romanas y algunas ciudades caen bajo el control rebelde. Pero finalmente el ejército romano logra imponerse y los esclavos rebeldes son brutalmente asesinados.

En cuanto al alcance geográfico de las revueltas, es preciso tener en cuenta que la primera guerra servil se desarrolló en una única región, a saber, la zona centro oriental de la isla y sobre todo en un medio urbano. Las ciudades que cayeron bajo el control rebelde fueron: Enna, Taormina, Agrigento, Morgantina y Catana (Morton, 2014: 25) –quizás más pero no lo sabemos. En cambio la segunda guerra servil abarcó prácticamente a toda la isla y se dio principalmente en un ámbito rural, a excepción de Triocala, la capital del reino rebelde (Pareti: 1953, 486).

En lo que concierne a nuestro primer tema de análisis, esto es, las prácticas de organización política e instituciones rebeldes, disponemos de la información provista por nuestra principal fuente escrita sobre las guerras serviles sicilianas: los libros XXXIV-XXXVI de la *Bibliotheca Histórica* de Diodoro, un historiador siciliano del siglo I a.C. quien es-

---

2   El año preciso en el cual comenzó la revuelta es desconocido. Diodoro dice –según el epítome fociano– que empezó sesenta años después de la derrota de Cartago en la segunda guerra púnica, es decir, en el 201 a.C. (Diodoro, 34/35.2.1). El año 141 a.C. marcaría entonces el inicio de la primera guerra servil. Pero resulta claro que esta cifra de sesenta años es una aproximación. Además, otras fuentes señalan diferentes fechas: Tito Livio (*Períocas*, 56) indica la fecha del 134 a.C.; según Orosio (5.6.3) sería el 135 a.C. Sin embargo, esas dataciones tampoco son exactas ni están exentas de dudas; véase Bradley (1998, 140-141); Sánchez León (2002, 218).

cribió una historia universal en cuarenta libros, de los cuales veinticinco están perdidos, particularmente los últimos. Precisamente los libros XXXIV-XXXVI que narran las guerras serviles sicilianas sólo se conservan en forma indirecta y fragmentaria a través de dos versiones bizantinas[3]: un resumen del siglo IX que el patriarca de Constantinopla, Focio, incluye en su *Bibliotheca*; y unos extractos discontinuos reagrupados por temas en la colección del siglo X que ordenó hacer el emperador bizantino Constantino VII[4]. Debe tenerse en cuenta que el resumen fociano y los *Excerpta Constantiniana* no son iguales, pues enfatizan diferentes aspectos de los libros originales de Diodoro, conforme a los intereses de sus editores, por lo cual consideramos que es menester trabajar con ambos simultáneamente.

A partir del análisis de la narración diodorea inferimos los siguientes puntos:

En primer lugar, los esclavos rebeldes tuvieron una voluntad sistemática de reclutar otros partidarios serviles para fortalecer su revuelta. Es decir, se trataba de sublevar a otros esclavos todavía sometidos a sus dueños; y la mayor parte de las veces tuvieron éxito, especialmente en el contexto rural, donde estas tentativas siempre resultaron exitosas (Diodoro, 36.3; 36.4; 36.5).

En segundo lugar, los esclavos rebeldes, tras su éxito inicial (sea este la conquista de una ciudad o el asesinato de los amos de una *villa*), al comienzo de las revueltas adoptan una forma de organización política propia de los hombres libres, esto es, asambleas democráticas. Estas eligen a un rey, el cual en ambos casos se trata del líder de la revuelta en curso. Para la primera guerra servil el rey elegido es un esclavo llamado Euno (Diodoro, 34/35.2.14), para la segunda otro llamado Salvio (Diodoro, 36.4). Ambos se destacan por tener atributos mágico-adivinatorios, con una especial habilidad para comunicarse con los dioses. El elemento mágico y/o religioso deviene una constante de la personalidad de los principales líderes de las guerras serviles (Euno, Salvio y Espartaco). Es evidente entonces que lo mágico-religioso se trata de un factor importante a tener en cuenta para comprender la construcción de los liderazgos en los levantamientos de esclavos del mundo antiguo.

---

3   Véase Bradley (1998, 133-136); Dumont (1987, 200-203); Martínez Lacy (1995, 100-105); Sánchez León (2002, 217); Urbainczyk (2008, 81-90); Wiedeman (2005, 192-193).

4   Bajo los siguientes títulos: *Excerpta de virtutibus et vitiis*, *Excerpta de sententiis* y *Excerpta de insidiis*.

En tercer lugar, Euno y Salvio, cuando asumen como reyes, toman nombres de monarcas helenísticos, hecho a partir del cual los historiadores modernos infieren el rasgo helenístico de estos Estados rebeldes (Green: 1961, 20; Vogt: 1974, 52). En efecto, Diodoro nos indica que Euno se dio a sí mismo el título de Antíoco, nombre típico de los reyes seléucidas, y llamó "sirios" a sus súbditos (Diodoro, 34/35.2.24; Cf. Diodoro, 34/35.2.42). La significación de este último término es confusa y plantea un problema no resuelto por la crítica moderna. De esta manera, mientras que el historiador alemán Josep Vogt (1974, 52), considera que el vocablo "sirio" era la manera usual en aquella época para describir al Imperio Seléucida, entonces los súbitos del nuevo reino son llamados "sirios" porque este Estado era una monarquía seléucida trasplantada al Occidente; en cambio, Peter Morton (2009, 40-41) señala que los términos "sirio" y "asirio" eran intercambiables en las obras de los escritores griegos y romanos, por lo cual el término "sirio" podía indicar una persona originaria de toda la región sirio-palestina y no un lugar específico. Dumont (1987), a diferencia de ambos, piensa que se trata de una Siria mística, no geográfica.

Por otra parte, Salvio se da a sí mismo el nombre de Trifón, quizás en imitación del monarca usurpador de Siria llamado Diodoto (Yavetz: 1991, 76) y conocido como Trifón (142-138 a.C.). Pero además de este rasgo helenístico, la monarquía de Salvio-Trifón presenta elementos romanos (Vogt: 1974, 59), pues cuando su flamante consejo real celebraba audiencias, Diodoro nos indica que el rey Trifón vestía la toga *praetexta* y la túnica *laticlavia,* y era además precedido por lictores armados con hachas (Diodoro, 36.7). La toga, la túnica y los lictores son evidentes símbolos romanos tomados y resignificados por el rey rebelde.

Euno –según refiere Diodoro– también toma ornamentos reales y se ciñe una diadema, aunque estos elementos no son descritos con precisión, motivo por el cual no podemos profundizar en su caracterización. Diodoro también señala que Euno proclama como reina a su concubina en la esclavitud, siria y de la misma ciudad que él, esto es Apamea (34/35.2.16). Sabemos además que el rey Euno-Antíoco poseía sirvientes personales: un cocinero, un panadero, un bañero y un bufón (Diodoro, 34/35.2.22).

Por último, los reyes esclavos formaron consejos reales para gobernar sus reinos, escogiendo a tal efecto a los esclavos más inteligentes entre los rebeldes[5] y también armaron grandes ejércitos (Diodoro, 34/35.2.16). En el caso de la segunda guerra servil incluso se formó –con los caballos robados en las incursiones de pillaje– una fuerza de caballería que contaba con dos mil jinetes (Diodoro, 36.4).

Estos reinos rebeldes tomaron por centro unas ciudades concretas: en la primera guerra servil la capital escogida fue Enna, ciudad conquistada desde el principio de la rebelión; en la segunda Trifón se apoderó de Triocala, hizo construir allí su palacio real y fortificó la ciudadela de la urbe, ya naturalmente fuerte. Además Trifón –según indica Diodoro– hizo construir un gran foro para albergar un pueblo numeroso (36.7).

En síntesis, los esclavos rebeldes tomaron un conjunto de prácticas y símbolos de la sociedad libre y los resignificaron en el curso de sus revueltas: formaron asambleas como medio de organización política al comienzo de las insurrecciones; estas asambleas eligieron reyes; los cuales a su vez crearon consejos reales y ejércitos. La forma estatal configurada en el proceso de rebelión fue la de reinos helenísticos erigidos en contraposición al poder romano, aunque algunos símbolos romanos fueron tomados por el rey Trifón, como la toga *praetexta*, la túnica *laticlavia* y los lictores.

Pero la composición social de estos reinos helenísticos, y de la fuerza rebelde en general, constituye un problema historiográfico fuertemente debatido entre los especialistas. En este sentido, la principal pregunta que planteamos como problemática de investigación en el presente trabajo es la siguiente: ¿los reinos rebeldes creados al curso de las insurrecciones serviles estaban integrados solo por los ex esclavos o incluían también a sicilianos libres que se sumaron a las revueltas?

Al respecto el análisis de las fuentes numismáticas reviste especial interés ya que ellas nos proveen otro medio de información y con un ángulo diferente. Pues, todas las fuentes literarias que conservamos sobre las guerras serviles fueron escritas por la clase dominante, con un punto de vista hostil a la revuelta servil, allende el estoicismo presente en algunos autores. En cambio, las monedas batidas por Euno-Antíoco representan el único testimonio hecho por los mismos rebeldes que ha llegado hasta nosotros. A través de las monedas podemos reconstruir el mensaje político del rey esclavo, puesto que estas expresan la manera en que él quería ser visto por los otros (Morton: 2009). Se trata de la representación simbólica del ejercicio del poder rebelde.

---

5   Para la primera guerra servil véase Diodoro, 34/35.2.16; para la segunda, Diodoro, 36.7.

Solo en el caso de la primera revuelta servil siciliana disponemos de fuentes numismáticas. Se trata de cuatro tipos de series monetarias de bronce que fueron acuñadas por el rey Euno-Antíoco. Estas monedas se diferencian por las distintas imágenes de dioses cuya identificación no es segura en todos los casos, pero se cree que serían Deméter, Dioniso o Heracles, Zeus y probablemente Ares[6]. La emisión más significativa, sobre la cual se ha enfocado la mayoría de los autores y cuya crítica es unánime en el reconocimiento de la deidad representada, es la que porta la efigie de Deméter de Enna. Existen tres ejemplares de esta emisión (Sánchez León: 2004, 137). Nosotros utilizamos uno de estos: la figura 1 de nuestro trabajo (tomada de Morton: 2009, 115), perteneciente a la colección del Museo Británico. Esta moneda es un pequeño bronce de 3,43 g., que tiene sobre el anverso: la cabeza velada de Deméter en perfil derecho y una corona de espigas. Sobre el reverso: una espiga y la inscripción a ambos lados BACI sobre la izquierda y ANTIO sobre la derecha; es decir, *basileus Antiochos* (rey Antíoco). La moneda es comprensible en el contexto de las tierras fértiles del sudoeste siciliano (Morton: 2009, 85; Sánchez León: 2004, 137).

Figura 1. Colección del Museo Británico: 1868-0730-156.

Anv.: cabeza de Deméter derecha, con corona de espiga.
Rev.: leyenda BACI izq./ ANTIO der.

El estudio de la información numismática de la primera revuelta siciliana ha sido realizado principalmente por parte de autores que integran una nueva corriente historiográfica sobre las guerras serviles del mundo antiguo. Esta línea de investigación que data de los años '70 a la actualidad, sostiene que el elemento más importante de las revueltas no fue el de los esclavos sino el de los hombres libres. Conforme a este enfoque, las revueltas deben ser concebidas como unas reacciones indígenas contra la dominación romana. Así Verbrugghe (1974), Man-

---

6   Véase Manganaro (1982, 237-239; 1983, 405-406); Morton (2009, 77, 80); Sánchez León (2002, 220).

ganaro (1982) y Morton (2009) han analizado las monedas acuñadas por el rey Euno-Antíoco. Sobre la base de la información numismática ellos afirman que la primera revuelta ha sido fundamentalmente una rebelión siciliana contra la centralización romana. Para afirmar esta tesis, es necesario impugnar –parcial o completamente– el relato diodoreo de las revueltas sicilianas, tal como hace Verbrugghe (1972), ya que resulta claro que en la obra del historiador siciliano los principales actores fueron los esclavos rebeldes. Nosotros rechazamos esta interpretación según la cual las llamadas "guerras serviles" fueron predominantemente revueltas provinciales, pues consideramos que no existen razones para desacreditar la obra de Diodoro en tanto que documento de información histórica. Sin embargo, retomamos el análisis de las monedas realizado por estos autores pero no como una corrección al relato diodoreo, tal como ellos hacen, sino como un complemento del mismo. Justamente esta es la metodología empleada por Sánchez Léon (2002; 2004). Es decir, nosotros integramos los datos de las monedas en el cuadro de pensamiento historiográfico tradicional que considera a las grandes revueltas de esclavos como unas guerras serviles.

Verbrugghe (1974, 53-54) y Morton (2009, 96-100) piensan que los esclavos rebeldes han utilizado las imágenes de la Diosa Madre con el fin de granjearse la simpatía de los sicilianos para su causa, puesto que el culto a Deméter era una práctica extendida en la isla y un símbolo de resistencia. Estos autores afirman también que dicha invocación a los sicilianos fue realizada con éxito.

Según Morton, las monedas sugieren que el rey Antíoco era muy cuidadoso con la elección de las imágenes. Para comprender la moneda con la efigie de Deméter debemos tener en cuenta la historia siciliana. A propósito de la segunda guerra púnica, Tito Livio escribe el nombre de las ciudades sicilianas que apoyaron a los cartagineses contra Roma. Entre esas ciudades Tito Livio menciona a Enna, Morgantina y Agrigento. Aunque el rey Antíoco controlaba las dos últimas, Morgantina y Agrigento habían sido repobladas después de su reconquista por los romanos (Livio, 26.21.40) y es razonable suponer que lo fueron con habitantes pro-romanos. En cambio, Enna fue sometida a una masacre brutal de sus ciudadanos, pero no existe ninguna referencia a un repoblamiento. Se conoce gracias a Cicerón (*Verrinas*, 2.2.160; 2.3.13; 2.5.49-50, 528), que Taormina era una fiel aliada de Roma (Morton: 2009, 94). La ciudad de Enna y su culto asociado de Deméter eran unos símbolos de resistencia contra la dominación romana invocados al curso de la segunda guerra púnica. El culto de Deméter actuó como un punto de encuentro para los sicilianos en su rebelión anti-romana, lo cual se plasmó en una serie de monedas acuñadas que celebraban la unión siciliana con la efigie de la diosa (White: 1964, 272). Antíoco, a través de la imagen de Deméter, precisamente invoca este mensaje político. Así, es comprensible que el rey de la revuelta no quería referirse a las ciudades que habían sido pro-romanas desde el comienzo de la segunda guerra púnica (como Taormina) o que habían sido repobladas después de la reconquista romana, mismo si el rey dominaba su territorio (Morgantina y Agrigento). Esto podría sugerir que ciertas ciudades han sido conquistadas por los rebeldes (Taormina, Morgantina y Agrigento) mientras que otras como Enna han sido parte de la rebelión (Morton: 2009, 96). El mensaje político del rey Antíoco, el cual solo podemos reconstruir a través de sus monedas, ha sido elegido para invocar los símbolos de la resistencia siciliana a la dominación romana sobre la isla (Morton: 2009, 96-97). El éxito del rey se ve confirmado –según Morton (2009, 98)– por sus repetidas victorias militares al curso de la revuelta. La cultura siciliana y la autonomía fueron alentadas por el rey rebelde. Antíoco representaba pues una amenaza para el control central de Roma.

Nosotros retomamos este análisis de la moneda con la efigie de Deméter, sin embargo rechazamos la idea según la cual a partir de esta fuente numismática se deba pensar que los principales elementos de la revuelta fueron los sicilianos griegos orientales, invocados con el imaginario escogido por el rey rebelde. Los trabajos de Sánchez León (2002; 2004) nos respaldan en nuestra interpretación. La autora española afirma que la información numismática confirma la tradición de las fuentes literarias (Cicerón y Diodoro) sobre el primer *bellum servile* en Sicilia. La tradición diodorea subraya la relación del rey Antíoco con la diosa siria Atargatis (Diodoro, 34/35.2.7). Sánchez León (también Bradley: 1998, 57) indica que la asimilación de las dos divinidades, esto es, Deméter y Atargatis, era posible puesto que existían algunos rasgos comunes: ellas eran unas manifestaciones de la Gran Madre bajo su forma oriental (Atargatis) o local (Deméter), que podía ser venerada por los esclavos orientales gracias a una asimilación de su diosa, símbolo de la fecundidad de la naturaleza (Sánchez León: 2004, 140). Entonces, la presencia de Deméter en la moneda del rey Antíoco no es contradictoria con el relato diodoreo, tal como afirma Morton (2009, 100). Un mismo símbolo se dirigiría a dos categorías de personas.

En suma, como señalan Verbrugghe (1974) y Morton (2009), la moneda con la efigie de Deméter es un mensaje político destinado a la población griega del oriente siciliano. La ciudad de Enna y su culto asociado, Deméter, eran unos símbolos de resistencia contra la dominación romana invocados al curso de la segunda guerra púnica. Parece ser que este llamado fue realizado con éxito. Además, como indica Sánchez León, Deméter de Enna representaba un instrumento óptimo para intentar legitimar la nueva construcción política. Esta diosa era un elemento integrador de los rebeldes (Sánchez León, 2004, 142). La utilización política del culto de Deméter habría apuntado a reforzar la adhesión de la población rural y a optimizar el control de las ciudades, donde la devoción a la gran diosa –generalizada en la isla– se encuentra atestiguada por la arqueología. La moneda del *basileus* tenía una fuerte carga de propaganda. Utilizando la divinidad largamente venerada en Sicilia, Euno-Antíoco se habría asegurado el apoyo de una base social más grande y así, dotaba a esta monarquía fuera de la ley de una sanción divina que la legitimara (Sánchez León: 2004, 145). Creemos que la moneda con la efigie de Deméter (Figura 1) constituye otra prueba para argumentar a favor de la existencia de una colaboración entre los esclavos rebeldes y los pobres libres sicilianos en el caso de la primera guerra servil (Piantanida: 2012). Pues, el rey rebelde, utilizando la imagen de la diosa madre, se dirige tanto a los esclavos como a los sicilianos griegos orientales. El reino creado por los esclavos parece disponer de una base social más grande que los meros esclavos rebeldes.

En conclusión, en el curso de estas grandes revueltas los esclavos rebeldes tomaron y resignificaron un conjunto de elementos propios de los hombres libres y crearon en contra del yugo romano unos Estados monárquicos de tipo helenístico en los cuales pudieran vivir como súbditos libres de reyes elegidos por ellos mismos. A partir del análisis de las fuentes escritas y numismáticas podemos inferir que, por un lado, los esclavos insurrectos convocaron a los sicilianos griegos orientales a integrarse a estos reinos rebeldes, para lo cual apelaron al imaginario siciliano de resistencia contra los romanos. Por otra parte, la respuesta que dieron los sicilianos fue parcialmente positiva, al menos en la primera guerra servil.

Estas insurrecciones, aunque no tuvieran la consciencia revolucionaria de los bolcheviques del siglo XX, parecen ser bastante más significativas que meras rebeliones carentes de trascendencia histórica, tal como las considera el enfoque de Keith Bradley (1998). Criticando esta línea interpretativa, García Mac Gaw (2013) propone en cambio pensar qué significaron estas revueltas y qué consecuencias tuvieron las acciones de los esclavos en el marco del propio imaginario de la sociedad greco-romana. En este sentido, el hecho de que los esclavos se liberaran por sí mismos mediante la praxis violenta y establecieran una sociedad cimarrona antigua implicaba un cuestionamiento al fundamento ideológico de la esclavitud, aun cuando sus motivos no fuesen comunistas ni condenasen explícitamente la esclavitud *per se*, pues ponía en evidencia que dicha institución se basaba meramente en el ejercicio de la fuerza y no en una cualidad natural. Peter Green (1961, 21), otro autor con una visión muy negativa de las revueltas serviles, similar en este aspecto a Bradley, puesto que las juzga en virtud de todo aquello que no llegaron a ser, parece estar en lo cierto al afirmar que el concepto de reino helenístico era en el siglo II a.C. la única ideología válida que podía ofrecer una oposición eficaz a la dominación romana. No obstante, la revuelta de los gladiadores del siglo I a.C. no se ajusta a este marco de pensamiento, pues no dio lugar a la creación de un Estado helenístico, y la interpretación de estos grandes levantamientos de esclavos y las ideologías que los sustentaron permanecen como algunos de los problemas centrales que plantean los estudios históricos modernos de las antiguas guerras serviles, problemáticas que profundizaremos en próximas comunicaciones.

Bibliografía

Fuentes

Cicéron, *Discours, tome III: Seconde action contre Verrès. Livre II: La préture de Sicile* (ed. y tr. H. de la Ville de Mirmont, 2ª ed., 1960), Paris, Les Belles Lettres.

Cicéron, *Discours, tome V: Seconde action contre Verrès. Livre IV: Les œuvres d'art* (ed. y tr. G. Rabaud, 4ª ed., 1964), Paris, Les Belles Lettres.

Diodore de Sicile, *Bibliothèque Historique*, vol. IV (tr. F. Hoefer, 1851), Paris, Delahays.

Diodorus Siculus, *The Library of History*, in Twelve Volumes (1933-1967), Loeb Classical Library, Cambridge, Mass.-London, Harvard University Press.

Diodorus Siculus, *The Library of History*, vol. XII, Fragments of Books 33-40 (tr. F.R. Walton, 1967), Loeb Classical Library, Cambridge, Mass.-London, Harvard University Press.

Diodorus Siculus, 34/35.2.1-24 [= Photius, *Bibliotheca* 284-286b], en Yavetz (1991, 15-25).

Diodorus Siculus, 34/35.2.25-3.11 [= Constantinus Porphyrogenitus, *Excerpta*], en Yavetz (1991, 19-26).

Diodorus Siculus, 36.1-11, en Yavetz (1991, 67-76).

Diodorus Siculus, 34.2, en Wiedemann (2005, 192-199).

Diodorus Siculus, 36, en Wiedemann (2005, 199-206).

Livy, *History of Rome, vol. VIII, books 28-30* (tr. F.G. Moore, 1949), Loeb Classical Library, Cambridge, Mass.-London, Harvard University Press.

Orosio, *Historias, libros 5-8* (tr. E. Sánchez Salor), Madrid, Gredos.

Tite-Live, *Histoire romaine, tome XVI, livre XXVI* (ed. y tr. P. Jal, 1991), Paris, Les Belles Lettres.

Tite-Live, *Histoire romaine, tome XXXIII, livre XLV. Fragments* (ed. y tr. P. Jal, 1979), Paris, Les Belles Lettres.

Estudios

Bradley, K. (1998). *Slavery and rebellion in the Roman World, 140 B.C.-70 B.C.*, Bloomington.

Dumont, J.C. (1987). *Servus. Rome et l'esclavage sous la République*, Rome.

Finley, M.I. (1982). *Esclavitud antigua e ideología moderna*, Barcelona.

García Mac Gaw, C. (2013). "Las revueltas esclavas y el discurso hegemónico de los libres", *Anales de Historia Antigua, Medieval y Moderna* 44, 93-107.

Green, P. (1961). "The first Sicilian slave war", *Past & Present* 20, 10-29.

Manganaro, G. (1982). "Monete e ghiande inscritte degli schiavi ribelli in Sicilia", *Chiron* 12, 237-244.

Manganaro, G. (1983). "Ancora sulle rivolte «servili» in Sicilia", *Chiron* 13, 405-409.

Martínez Lacy, R. (1995). *Rebeliones populares en la Grecia helenística*, México.

Morton, P. (2009). *Rebels and slaves. Reinterpreting the first Sicilian slave war* (MSc in Ancient History), University of Edinburgh. Edinburgh Reserch Archive: http:// hdl.handle.net/1842/5799.

Morton, P. (2014). "The geography of rebellion: strategy and supply in the two «Sicilian slave wars»", *Bulletin of the Institute of Classical Studies* 57, 20-38.

Pareti, L. (1953). *Storia di Roma e del mondo romano III. Dais prodromi della III guerra Macedonica al "primo triumvirato" (170-59 a.C.)*, Torino.

Piantanida, F. (2012). "Las insurrecciones serviles en Sicilia. El relato de Diodoro Sículo y la participación de los campesinos libres", *Sociedades Precapitalistas* 2 (1), http://www.sociedadesprecapitalis-tas.fahce.unlp.edu.ar/issue/view/81.

Sánchez León, M.L. (2002). "La monarquía de Euno-Antíoco. Documentación y problemática", *Mayurqa* 28, 215-222.

Sánchez León, M.L. (2004). "Adorando a Deméter. Euno-Antíoco y la diosa de Enna", *Gerión* 22 (1), 135-145.

Staerman, E. (1978). "El régimen esclavista". En AA. VV., *El modo de producción esclavista*. Madrid, 111-191.

Urbainczyk, T. (2008). *Slave revolts in Antiquity*, Berkeley.

Verbrugghe, G. (1972). "Sicily 210-70 B.C.: Livy, Cicero and Diodorus", *Transactions and Proceedings of the American Philological Association* 103, 535-559.

Verbrugghe, G. (1974). "Slave rebellion or Sicily in revolt?", *Kokalos* 20, 46-60.

Vogt, J. (1974). *Ancient slavery and the ideal of man*, Oxford.

White, D. (1964). "Demeter's Sicilian cult as a political instrument", *Greek, Roman and Byzantine Studies* 5, 261-279.

Wiedemann, T. (2005). *Greek and Roman slavery* [1981], Abingdon.

Yavetz, Z. (1991). *Slaves and slavery in ancient Rome*, New Jersey.

EL PROBLEMA DE LA PARTICIPACIÓN POLÍTICA POPULAR EN LA REPÚBLICA ROMANA TARDÍA.
LÓGICAS DE ARTICULACIÓN DEL CONFLICTO SOCIAL

Juan Manuel Gerardi
(CONICET / UNIVERSIDAD NACIONAL DE MAR DEL PLATA)

Introducción

La caracterización del régimen político romano originó interpretaciones heterogéneas a lo largo de los años que se encuentran en el origen de las concepciones actuales sobre el papel de la participación popular durante la república (North: 2006; Pina Polo: 2011). Un aspecto nodal de la problemática es la aparente contradicción entre, por un lado, la retórica republicana que asignaba discursivamente un papel preponderante a las personas en el centro de la vida cívica y, por otro, los mecanismos de integración que operaban en la práctica como un principio moderador que restringía la importancia de las clases más bajas del censo (Duplá: 2007). En este sentido, para Mouritsen (2001, 17) si queremos establecer la lógica que articula el conjunto debemos comenzar por distinguir al pueblo como un concepto político de la suma de personas que componían al cuerpo de ciudadanos.

Teniendo en cuenta dicho punto de partida, nuestro objetivo es evaluar los aportes del debate en curso, a la luz de los cambios historiográficos producidos desde la segunda mitad del siglo XX, explorando las limitaciones y las perspectivas de análisis abiertas a partir de la reconsideración propuesta por Fergus Millar. Las páginas que siguen no se circunscriben a la glosa de los antecedentes, sino que en ellas intentaremos aportar elementos para comprender la asociación política de la plebe en la crisis de la república romana.

La trayectoria intelectual del problema se vincula a dos procesos interrelacionados extratemporalmente. El primero, en términos de la disciplina, se relaciona con la renovación historiográfica de la segunda mitad del siglo XX asociada al desarrollo en historia social de un enfoque centrado en las clases bajas[1]. A partir de allí, los historiadores no se limitaron a examinar los agentes y el producto de sus acciones individuales que involucraban al Estado, sino también procesos sociales, sujetos y subjetividades que contribuyen a explicar el sentido de las prácticas políticas (Morstein-Marx: 2009, 99-100).

De acuerdo con John North (1990, 6-8) paulatinamente se produjo una reacción contra el conservadorismo del modelo explicativo dominante en los estudios de Roma antigua. La definición de la república romana como una oligarquía, formada por unas cuantas familias que controlaban de manera unilateral el poder político, gracias a una extensa red de vínculos personales estables, resultaba insuficiente para comprender el funcionamiento de la sociedad romana en su conjunto puesto que excluía la consideración de la incidencia de otros factores de diverso orden[2]. Christian Meier (1966, 7-63) fue uno de los primeros en advertir el excesivo formalismo presente en los trabajos de Gelzer (1969 [1912]), Münzer (1920) y Syme (1939), y sus seguidores (*e.g.* Gruen: 1974), en los que por ejemplo, las asambleas representaban la expresión de las relaciones de clientela que unían a la élite con el grueso de los votantes (Ste. Croix: 1954).

En coincidencia con los resultados obtenidos por la investigación antropológica realizada en el marco de las comunidades rurales de la cuenca del Mediterráneo[3], los especialistas del período comenzaron a situar las relaciones de dependencia personal en un marco social más amplio. De este modo, señalaron el alcance limitado del clientelismo a determinadas prácticas y espacios sociales en los que "adquiere diferentes expresiones en relación con las funciones que asume" (García Mac Gaw: 2009, 178-179).

En este sentido, Nicolet (1976), Finley (1986, 60-61) y Brunt (1988, 382-442) demostraron la existencia de otros mecanismos de negociación y acceso a recursos que cuestionaban la eficacia política de la relación patrón-cliente a pesar de la importancia ideológica atribuida en el marco

---

[1] E.P. Thompson, Hobsbawn, Rudé y otros, revalorizaron el papel de los movimientos colectivos en las sociedades preindustriales, dando cuenta de los sectores sociales que se integraban y el alcance de sus reivindicaciones. Cf. Kaye (1989).

[2] La reseña de Momigliano (1940) a *The Roman revolution* de R. Syme señalaba que la historia debía abordar problemas, no individuos o grupos.

[3] Gellner y otros (1985); Gilsenan (1985, 154-155); Eisenstadt y Roniger (1980, 46-49). En el curso del debate en contra de la corriente funcionalista sistémica, demostraron que las conexiones personales en las sociedades estudiadas eran múltiples y superpuestas dando lugar a un sistema fluido y competitivo que difícilmente podrían haber dado lugar a agrupaciones políticas y alianzas estables a lo largo del tiempo.

de las representaciones culturales vinculadas al prestigio y la autoridad. Los principales autores antiguos que describen el clientelismo, como Dionisio de Halicarnaso (2.9.2-3; 2.10), tienden a adoptar una descripción idealizada que evoca la concordia y la cohesión social[4]. Una serie de elementos permiten relativizar la imagen precedente.

En primer lugar, la población de Roma era demasiado numerosa como para permitir el desarrollo de relaciones personales significativas de la plebe con el reducido grupo de miembros de la aristocracia (MacLean: 2002, 13-14). Segundo, la supuesta integración de toda la población en estructuras verticales de dependencia no considera los efectos de la dinámica poblacional (Mouritsen: 2001, 76). Nada indica que todos los romanos se encontraran vinculados por relaciones del tipo que estamos considerando ni que tuvieran lugar entre los extremos opuestos de la escala social. Tercero, la propia naturaleza del clientelismo, esencialmente competitivo, muestra la existencia de opciones políticas que habrían permitido a los votantes "algún grado de elección y un mínimo de libertad" (Lintott: 1999, 175-182). Por último, la introducción de la legislación popular, a pesar de la oposición senatorial, revela antes que la disminución del control de la aristocracia romana, la multiplicación de conexiones personales que ocasionaron la activación política de sectores sociales que antes no habían participado (Mouritsen: 2001, 71-72).

En este marco se produjo una revaluación de la política romana que encontró aceptación en el marco de lo que Ward (2004, 101-102) denomina el "triunfalismo democrático occidental". Este segundo proceso orientó el interés de los investigadores en los problemas asociados a la realización de los principios democráticos a través de la historia. En consecuencia, el actual debate en curso responde a una apertura hacia nuevos temas de investigación histórica que revalorizan el papel de las personas cuya existencia había sido ignorada y un contexto sociopolítico que explora las condiciones de posibilidad del ejercicio de la soberanía popular.

Punto de partida para una reconsideración: ¿democracia en Roma?

Fergus Millar (1984; 1986) al considerar el lugar asignado a las personas en el entramado constitucional enfatizó que podemos ver todo el sistema político en términos diferentes a los defendidos por la

---

4 Deniaux (2006, 409-417) sostiene que fuera del contexto judicial las palabras que dan cuenta de la subordinación social, indicada por los términos patrón-cliente, rara vez aparecen de forma explícita.

historiografía tradicional. Destacó el hecho, ya señalado por Polibio (6.14), que el centro de la vida pública romana estaba dominado por el cuerpo ciudadano decidiendo sobre la legislación, seleccionando a los titulares anuales a los cargos políticos y militares y pronunciando su parecer sobre los casos presentados en los tribunales de justicia (Millar: 2002, 165)[5]. Para el autor, las asambleas populares representaban el auténtico órgano de gobierno de la república en la medida en que el proceso legislativo, por sobre la selección de magistrados o la administración de la política exterior, era el principal agente de cambio social que permitiría, en términos formales, comparar la república romana con una democracia directa (Millar: 1998, 204)[6].

La interpretación de Millar incentivó notablemente el debate entre, por un lado, quienes rechazan rotundamente sus observaciones y, por otro, aquellos que aceptan la proposición general aportando distintos matices. Además, originó dos líneas de investigación vigentes que parten del reconocimiento de la plebe como objeto de estudio central, aunque le atribuyen distintos roles en la dinámica política.

La primera intenta establecer a partir de un estudio detallado de la composición, los patrones de asentamiento, el grado de diferenciación social y las pautas de comportamiento, etc., la acción política de los ciudadanos que estuvieron presentes en el Foro, en el Campo de Marte y las reuniones públicas. Así, por ejemplo, Yakobson (1992; 2006) cues-

---

5   Millar (1998, 7-33) analiza cuidadosamente la idea de representación política de las multitudes que se presentan en el Foro, destacando la importancia del estudio de los patrones de poblamiento y la densidad habitacional de la ciudad de Roma y la zona que la rodea. Define además un espacio que comprende el norte y sur de Roma, la Galia Cisalpina, el centro de Italia, todos lugares desde donde, partiendo temprano, se puede llegar a la votación y regresar al cabo de un día.

6   No pretendemos presentar un análisis del complejo sistema de votación romano, basta con realizar algunas observaciones que contribuyen a explicar su funcionamiento y sugerir una bibliografía básica: Cf. Lintott (1999); Corey Brennan (2004). La constitución de los comicios centuriados otorgaba prioridad a los miembros del censo de propiedad elevada a los que se les otorgaba el mayor número de centurias, de tal forma que aquellos que más contribuían al Estado tuvieran una influencia superior. La distancia que debían recorrer los votantes para asistir a las asambleas, la vigencia de la *Lex Hortensia* que convertía los días de mercado en no comiciales (por otra parte los días en que mayor gente podría asistir), el establecimiento de los términos de la votación, la influencia de relaciones personales de dependencia (a las cuales ya nos referimos), la ausencia de debate real, eran algunos de los aspectos que complejizaban el ejercicio de la ciudadanía, etc. Por su parte, los comicios tributos eran más plurales, en la medida que primaba el criterio territorial, en donde los electores votaban hasta alcanzar la mayoría sobre las 35 tribus, aunque existían restricciones respecto de la distribución de ciertos grupos, como por ejemplo, los libertos que eran inscriptos en las tribus urbanas o los recién incorporados a la ciudadanía después de la guerra social.

tionó el sesgo aristocrático de los comicios centuriados al destacar que los cambios en la estructura social habrían permitido la expresión de sectores más amplios de la élite[7]. Por su parte, Mouritsen (2001) estableció la reducida escala de la participación popular tomando el espacio físico de los lugares de reunión y las referencias al tamaño de las multitudes y su composición como indicadores del nivel máximo de asistencia a las asambleas[8]. Esta línea define el modo concreto, con reservas respecto de la caracterización general de la república romana como una democracia, que las personas tenían de vincularse con el aparato estatal para resolver los problemas derivados de la agudización de las tensiones sociales[9].

La segunda tendencia modifica tanto los términos como el significado de la controversia. Entiende la participación política como un proceso de interacción social. La reacción alemana, protagonizada por Flaig (1995), Hölkeskamp (2000) y Jehne (2006), en oposición a Millar, propone desplazar la discusión sobre los aspectos formales y la atribución de competencias, por las instancias de comunicación social destinadas a producir consenso. Desde esta perspectiva, el contenido de la comunicación era dominado por los miembros de la aristocracia y los intereses de amplios sectores de la población se abordaron en la política sólo en forma rudimentaria (Morstein-Marx: 2004, 20).

Un análisis centrado en estos tópicos tiende a reconstruir la supuesta incapacidad del pueblo de operar políticamente para promover sus intereses. Otra perspectiva de investigación se abre al considerar el registro de las personas que ocuparon efectivamente el espacio público[10].

---

7   Yakobson (1992, 32-52) argumenta que es posible pensar en la existencia de una estructura socioeconómica diversificada que posibilitaría la inscripción de grandes sectores del electorado entre las primeras clases del censo. Esto significaría que el número de centurias otorgadas a éstas estaría más cerca de equipararse con el número de personas que la integran. No obstante, la mayor parte del electorado seguiría estando conformado por unas pocas centurias. Planteos similares se encuentran Eder (1991, 169-197); Tatum (1999, 29-50).

8   Sobre la base de los trabajos de Coarelli (1997) y Mac Mullen (1980), Mouritsen destaca que el *comitium* tenía un espacio disponible de un total de 1.300 m² que podían albergar un máximo de 4.800 personas. El Foro, con una superficie de 80 por 60 m², habría podido alojar alrededor de 10.000 personas. La elección de los magistrados en el Campo de Marte, habría contado con la capacidad de cobijar 30.000 electores. De los 910.000 ciudadanos, de acuerdo con Tito Livio, para el año 70 a.C., sólo un 3% o un 6% podrían haber sido alojados en el espacio físico de las instituciones republicanas.

9   Cf. Nippel (1995); López Barja (2004); Kelly (2007); Duplá (2008); Purcell (2008).

10 En diferentes ocasiones nos referiremos alternativamente con los términos que aparecen en las fuentes: *plebs, multitudo*.

Lógicas de articulación del conflicto social

Una parte significativa de las fuentes asocian la participación política de la plebe a reacciones colectivas que emplean como medio de expresión la violencia. La historiografía tendió a distinguir estas demostraciones de fuerza de la actividad regular en el marco de las asambleas (Flower: 2010). Por el contrario, considero que existe una cierta complementariedad entre ambas instancias por la interconexión de metas y fines a los que sirven las prácticas que allí tienen lugar.

Me gustaría centrarme en un aspecto concreto de la problemática vinculado con las formas de integración social. En efecto, la identificación de mecanismos de comunicación social, la importancia de la presión popular en la toma de decisiones y la asociación de la plebe permite entender el problema de la movilización popular desde otro punto de vista. No ya como un mecanismo de articulación social vertical, aunque su forma final sea esta por la dependencia del liderazgo externo al grupo, sino como una relación fundada en la elección, la voluntariedad y la variabilidad que cobra importancia por su declarada intención de producir transformaciones en los temas que ocupaban a la plebe.

La intimidación física, el abucheo y la agresión dirigida a los oponentes de las propuestas de leyes de contenido popular aparecen atestiguadas en diversos contextos como recursos, propios y originales, que tenía la plebe para hacer valer sus derechos[11]. Es interesante la conexión que existe entre estas formas de expresión política en las asambleas y las prácticas sociales empleadas por la comunidad en la aplicación de la justicia popular, técnicas reconocidas de autoayuda que las personas tenían para castigar los crímenes cometidos en el marco de la familia, la casa o el barrio (Lintott: 1968, 7-21). Del mismo modo, es factible pensar la correlación entre el incremento de la participación popular y las transformaciones sociales que modificaron la funcionalidad de las estructuras institucionales plebeyas que hacia el final del período aparecen fuertemente politizadas. Evidencia de ello es el *Commentariolum petitionis* (8.30), de Quinto Cicerón, texto que reduce el éxito de toda campaña política a la habilidad del aspirante para cultivar la amistad de los "dirigentes" de *collegiorum, pagorum* y *vicinitatum*.

---

11   Ejemplos de presión en las asambleas para lograr la aprobación de una ley se encuentran en Livio, *Historia de Roma*, 58; 61; 71; Apiano, *Guerras civiles*, 1.55-57, entre otros.

En los textos escritos de la república tardía estas asociaciones sociales son difíciles de percibir. No obstante, podemos suponer que eran parte integral de la vida en sociedad. Los romanos asociaban el origen de *vicus*, *pagus* y *collegia* a la tradición inmemorial vinculada a los primeros reyes de Roma que habrían organizado a la población. En el registro epigráfico aparecen bien documentadas desde fines del siglo III a.C. cuando se multiplican las menciones en las tumbas coincidiendo con el aumento del fenómeno de la inmigración, ligado a lo largo de la historia con el crecimiento de las sociedades mutuales (Patterson: 1994, 227-230).

Estas unidades cambiaron de función, tamaño y composición a lo largo del tiempo. Tenían un papel específico en la distribución de grano y la celebración de juegos, como los *ludi compitalicii*, que estaban asociados a los cultos locales (Flambard: 1981, 162-163). En términos de organización territorial, algunas de estas instituciones referían a las condiciones físicas de la ciudad, como los *pagi*, localizados en las inmediaciones del recinto urbano. Sus miembros se reunían en torno a una actividad, integrando a hombres en condiciones jurídicas diferentes aunque no está claro de qué manera operaban los rangos sociales (López Román: 2009, 117-126). Por otra parte, seleccionaban entre ellos magistrados encargados de dirigir y administrar los recursos, lo que les proporcionaba una experiencia inestimable en la conducción política (Purcell: 2008, 674-680). De acuerdo con Cicerón, los *collegia* presentaban una estructura jerarquizada, articulada en asambleas, actividades colectivas y espacios de co-residencia que permitían la discusión de ideas y la toma de decisiones que adoptaban la forma de decretos[12]. Es probable que el grado de institucionalización al que hace referencia el orador no corresponda con la realidad. Sin embargo, no se puede descartar la práctica asamblearia como instrumento de la toma de decisiones conjunta para posicionarse respecto a un tema particular que puede implicar o no la acción conjunta.

Los *collegia* podían coincidir e incluso superponerse con los *vici* de la ciudad sin estar plenamente identificados con el criterio topográfico. Proporcionaban una etiqueta para los grupos sociales más bajos cuyas diferencias de estatus y posición económica comprendían una gran variedad de personas que integraban la plebe a los que las fuentes se refieren con tono despreciativo y hostil. La alusión al cierre de templos

---

12　Cicerón, *Sobre la casa*, 74: "*Nullum est in hac urbe conlegium, nulli pagani autmontani, quon iam plebei quoque urbanae maiores nostri conventicula et quasi concilia quaedam esse voluerunt, qui non amplissime non modo de salute me a sed etiam de dignitate decreverint*".

y tabernas es un indicador del grado de preparación de los motines y una referencia ineludible del papel de estas asociaciones. La ciudad cambiaba su ritmo natural cuando un enfrentamiento se iba a desarrollar en las asambleas en los que artesanos y tenderos parecían tener un rol central.

Los *duces* o *príncipes* de las asociaciones establecían contactos con los patrocinadores y ejercían un tipo de poder que se definía por la influencia sobre las multitudes. Ellos dirigían las comunicaciones entre sus miembros, disponían en el espacio el armamento, guiaban a la población e incitaban a los espectadores a unirse a la agitación. No obstante, la propia diversidad de intereses dentro de la plebe conspiraba contra la cohesión del grupo, por lo tanto era frecuente la disensión dentro de una agitación colectiva o la negativa a movilizarse ante el reclamo de líderes intermedios que intentaban soliviantar a un grupo particular como los esclavos (Aldrete: 2013, 426-430). En contadas ocasiones, pero decisivas, vemos la acción conjunta y determinante de la plebe. Dos momentos son ilustrativos del proceder de las asociaciones en la organización de un movimiento de protesta, ya que marcan la progresiva integración en el proceso político y estructuración vertical de las redes de solidaridad horizontal.

En la década del 70 a.C., el desabastecimiento de grano, y el consecuente aumento de los costos del mismo, ocasionado por la piratería en el Mediterráneo, generó una serie de protestas que fueron incrementándose con el agravamiento de la situación en la ciudad. La plebe urbana, reunida en función de sus asociaciones vecinales, se presentaba regularmente en el Foro para reclamar a las autoridades una solución. Las multitudes, según narra Salustio (*Historias*, 3.45), armadas con piedras, amenazaban con incendiar los edificios, presionaban a los magistrados, los instigaban a salir de la ciudad. Incluso, en el año 75 a.C., la plebe logró dispersar a los lictores del cónsul en la Vía Apia.

En el 67 a.C., una ley propuesta por Aulo Gabinio, que otorgaba un mando extraordinario a Pompeyo en la guerra contra el pillaje en las rutas marítimas, ante la fuerte oposición de la aristocracia, ocasionó un intenso enfrentamiento que coaligó a las multitudes afectadas por el desabastecimiento y las bandas de hombres presentes en las asambleas dispuestos a terminar con los oponentes (Plutarco, *Pompeyo*, 25-26). Apenas tres meses después, la asignación de la guerra contra Mitrídates a Pompeyo, bajo el auspicio de la ley Manilia, se produjo en medio del conflicto entre bandas de partidarios, cuyos ecos hicieron inconcebible la legalidad de las asociaciones de la plebe (Cicerón, *En defensa de la ley Manilia*, 22).

El Senado se pronunció en su contra puesto que contradecía el principio de libre asociación, según el cual cualquier agrupación se convertía en un peligro para el Estado si atentaba contra el orden en la ciudad, resolviendo su disolución (Asconio, *En defensa de Cornelio*, 70-75).

La prohibición de los *collegia* no incluyó a las asociaciones más antiguas, por lo que siguieron funcionando como mecanismos de integración política en las décadas siguientes. Durante el consulado de Cicerón (*Catilinarias*, 1.3-4), la conspiración encabezada por Catilina evidenció la existencia de una lógica precedente de organización social que proporcionaba el sustrato para operar políticamente y reunir el apoyo armado de una parte de la plebe.

Ciertamente, Publio Clodio fue quien perfeccionó el mecanismo como base permanente de poder, incluso, sin ostentar cargo alguno. Tenemos bien documentada su actividad en la década del 50 a.C., así como la Sestio y Milón, gracias a los discursos pronunciados por Cicerón (*En agradecimiento al Senado*, 5.13; *Sobre la casa*, 21, 54, 89), con motivo del regreso de su traumático exilio. Clodio inscribió a diversos hombres en los *collegia* que organizó bajo su autoridad, frente al tribunal Aurelio, en presencia de todos los ciudadanos. Conocemos incluso, algunos de los líderes intermedios, Sergio, Lolio y Titio que actuaban en nombre de Clodio, pero que desde hacía tiempo eran parte de una red identificable (Cicerón, *Sobre la casa*, 5.13-15; 21). El análisis de los episodios muestra un tipo de movilización que pudo tener como base del reclutamiento la promesa inmediata de recursos, pero asimismo formulaba una manera de defender los intereses particulares de la plebe urbana promovidos por líderes como Clodio.

Multitudes muy diferentes se presentaban en cada disturbio urbano. Mientras que un grupo de partidarios armados era suficiente para obtener el control de la situación en las actividades preparatorias a una propuesta de ley; el momento de la votación requería de una expresión más plural de la ciudadanía que sirviera a los efectos de lograr la aprobación. En ambos casos, la superposición de ciudadanos movilizados bajo una estructura vertical con grupos más amplios de la plebe no puede ser descartada. En particular, la necesidad de la aristocracia de cortejar a las clases populares señala las distintas instancias por las que pasa la participación política popular y la inestabilidad de los vínculos. Las asociaciones cumplían un papel fundamental puesto que proporcionaban una estructura social de integración que facilitaba el contacto y la intermediación en una ciudad que, como ya dijimos, había excedido con creces las posibilidades del contacto hombre a hombre.

Conclusiones

La determinación del carácter de la participación popular es una de las aristas más interesantes sobre la cual se puede hacer un aporte al debate sobre la naturaleza del sistema político romano. La independización del modelo aristocrático-faccional fue el primer paso hacia una consideración de la plebe como objeto de estudio autónomo. Sobre la base de una mejor comprensión de las condiciones económicas y sociales del período estudiado, los historiadores han sido capaces de superar el predominio de los marcos normativo-ideológicos, transmitidos por las fuentes, para encuadrar las relaciones sociales en un contexto más amplio que comprende la dinámica del conflicto. En la actualidad, nos acercamos a un paradigma interpretativo en el que se articulan los alcances de los derechos políticos y las restricciones prácticas al ejercicio de los poderes otorgados. Las perspectivas analíticas enunciadas en el segundo apartado evalúan las posibilidades que habilitaba la estructura para la expresión de la voluntad de las multitudes. Las tendencias van desde la negación del poder del pueblo –por la neutralización del elemento popular– hasta el reconocimiento de intersticios en los que la opinión y la presión tuvieron una mayor influencia en el nivel de toma de decisiones de lo que se creía.

La constatación de la pequeña escala de la participación política no invalida el interrogante acerca de quiénes componían las multitudes que asistieron a las asambleas capaces de marcar la diferencia gracias a la pérdida de cohesión dentro de la élite. Una de las opciones que tenemos para descifrar el problema es evaluar la direccionalidad de la acción y las bases sociales de apoyo. Las asociaciones sociales plebeyas muestran grupos activos políticamente que actuaron en concierto en momentos muy específicos del proceso político, cuya identidad puede descifrarse con relación a las actividades que llevan adelante, su condición sociojurídica y los cultos que profesan. En relación con ello, estos grupos estaban integrados por aquellos que tenían medios modestos de subsistencia entre la plebe urbana, pero cuyo oficio les proporcionaba ingresos sujetos a grandes variaciones que producían fácilmente crisis económicas que determinaban los picos de tensión en la ciudad. Aspecto que requiere mayor investigación en nuestros próximos trabajos.

En general, los movimientos de protesta popular, los disturbios urbanos, se caracterizan por un comportamiento violento aparentemente irracional en el que los *collegia* predominaban como espacio de organización y coordinación de las actividades. La forma tardía de este proceso muestra la integración definitiva de estas sociedades en la disputa entre *populares* y *optimates*, sin perder los rasgos distintivos de diferenciación entre sus miembros que inciden en la perdurabilidad de la acción colectiva. Una de las cuestiones por la cual no vemos en la crisis de la república una alternativa popular escindida del liderazgo de la aristocracia. En este sentido, el poder del pueblo y la capacidad práctica para promover sus intereses tuvo lugar conforme a los recursos a su alcance, a la vez su principal limitación y su rasgo original.

Bibliografía

Aldrete, G.S. (2013). "Riots", en P. Erdkamp (ed.), *The Cambridge companion to ancient Rome*, Cambridge, 425-440.

Brunt, P.A. (1988). *The fall of the Roman republic*, Oxford.

Coarelli, F. (1997). *Il Campo Marzio: dalle origini alla fine della repubblica*, Roma.

Corey Brennan, T. (2006). "Power and process under the republican constitution", en H. Flower (ed.), *The Cambridge companion to the Roman republic*, Cambridge, 31-55.

Deniaux, E. (2006). "Patronage", en Rosenstein y Morstein-Marx (eds. 2006), 401-417.

Duplá, A. (2007). "Interpretaciones de la crisis tardorrepublicana: del conflicto social a la articulación del consenso", *Studia Historica. Historia Antigua* 25, 185-201.

Duplá, A. (2008). "Notas sobre los rostros de la plebe romana", *Veleia* 24-25, 953-962.

Eder, W. (1991). "Who rules? Power and participation in Athens and Rome", en A. Molho, K. Raaflaub y J. Emlen (eds.), *City states in classical Antiquity and medieval Italy*, Michigan, 169-197.

Eisenstadt, S.N. y Roniger, L. (1980). "Patron-client relations as a model of structuring social exchange", *Comparative Studies in Society and History* 22 (1), 42-77.

Finley, M.I. (1986). *El nacimiento de la política*, Barcelona.

Flaig, E. (1995). "Entscheidung und Konsens. Zu den Feldern der politischen Komunikation zwischen Aristokratie und Plebs", en M. Jehne (ed.), *Democratie in Rom? Die Rolle des Volkes in der Politik der römischen Republik*, Stuttgart, 77-127.

Flambard, J.M. (1981). "*Collegia compitalicia*: phénomène associatif, cadres territoriaux et cadres civiques dans le monde romaine à l'époque républicaine", *Ktema* 6, 143-166.

Flower, H. (2010). *Roman republics*, Princeton.

García Mac Gaw, C. (2009). "Patrones y clientes en la república romana y el principado", en M. Campagno (ed.), *Parentesco, patronazgo y Estado en las sociedades antiguas*, Buenos Aires, 177-200.

Gellner, E. y otros (1985). *Patronos y clientes en las sociedades mediterráneas*, Madrid.

Gelzer, M. (1969). *The Roman nobility* [1912], Oxford.

Gilsenan, M. (1985). "Contra las relaciones patrón-cliente", en Gellner y otros (1985), 153-176.

Gruen, E.S. (1974). *The last generation of the Roman republic*, Berkeley.

Hölkeskamp, K.-J. (2000). "The Roman republic: government of the people, by the people, for the people?", *Scripta Classica Israelica* 19, 203-233.

Jehne, M. (2006). "Methods, models and historiography", en Rosenstein y Morstein-Marx (eds. 2006), 3-28.

Kaye, H. (1989). *Los historiadores marxistas británicos*, Zaragoza.

Kelly, B. (2007). "Riot control and imperial ideology in the Roman empire", *Phoenix* 61 (1-2), 150-176.

Lintott, A. (1968). *Violence in republican Rome*, Oxford.

Lintott, A. (1999). *The constitution of the Roman republic*, Oxford.

López Barja, P. (2004). "Formaciones sociales de clase en la república tardía", *Athenaeum* 92 (2), 509-518.

López Román, L.M. (2009). "Publio Clodio y la *lex de collegiis*: una aproximación al fenómeno asociativo a finales de la República romana", *Espacio, Tiempo y Forma. Serie II: Antigua* 22, 117-126.

MacLean, G. (2002). "Polybius was right", en Millar (2002), 11-16.

Meier, C. (1966). *Res Publica amissa: Eine Studie zu Verfassung und Geschichte der späten römischen Republik*, Wiesbaden.

Millar, F. (1984). "The political character of the classical Roman republic, 200-151 B.C.", *Journal of Roman Studies* 74, 1-19.

Millar, F. (1986). "Politics, persuasion and the people before the Social War (150-90 B.C.)", *Journal of Roman Studies* 76, 1-11.

Millar, F. (1998). *The crowd in Rome in the late republic*, Michigan.

Millar, F. (2002). *Rome, the Greek world, and the East (Studies in the history of Greece and Rome)*, North Carolina.

Momigliano, A. (1940). Reseña de Ronald Syme: *The Roman revolution*, *Journal of Roman Studies* 30, 75-80.

Morstein-Marx, R. (2004). *Mass oratory and political power in the late Roman republic*, Cambridge.

Morstein-Marx, R. (2009). "Political history", en A. Erskine (ed.), A companion to ancient history, Oxford, 99-111.

Mouritsen, H. (2001). *Plebs and politics in the late Roman republic*, Cambridge.

Münzer, F. (1920). Römische Adelsparteien und Adelsfamilien, Stuttgart.

Nicolet, C. (1976). *Le métier de citoyen dans la Rome républicaine*, Paris.

Nippel, W. (1995). *Public order in ancient Rome*, Cambridge.

North, J.A. (1990). "Democratic politics in republican Rome", *Past and Present* 126, 3-21.

North, J.A. (2006). "The constitution of the Roman republic", en Rosenstein y Morstein-Marx (eds. 2006), 256-75.

Patterson, J.R. (1994). "The *collegia* and the transformation of the towns in the second century A.D.", en *L'Italie d'Auguste a Diocletien. Actes du colloque de Rome (25-28 mars 1992)*, Rome, 227-238.

Purcell, N. (2008). "The city of Rome and the *plebs urbana* in the late republic", en J. Crook, E. Rawson y A. Lintott (eds.), *Cambridge Ancient History*^{2}, Cambridge, IX, 644-688.

Rosenstein, N. y Morstein-Marx, R. (eds. 2006). *A companion to the Roman republic*, Oxford.

Tatum, J. (1999). *The patrician tribune. Publius Clodius Pulcher*, North Carolina.

Ste. Croix, G. de (1954). "*Suffragium*: from vote to patronage", *British Journal of Sociology* 5 (1), 33-48.

Syme, R. (2010). *La revolución romana* [1939], Barcelona.

Ward, A. (2004). "How democratic was the Roman republic?", *New England Classical Journal* 31 (2), 101-119.

Yakobson, A. (1992). "*Petitio et largitio*: popular participation in the centuriate assembly of the late republic", *Journal of Roman Studies* 82, 32-52.

Yakobson, A. (2006). "Popular power in the Roman republic", en Rosenstein y Morstein-Marx (eds. 2006), 383-498.

LUGARES, PODER Y REPRESENTACIÓN EN LAS *METAMORFOSIS* DE OVIDIO

Alicia Schniebs

(UNIVERSIDAD DE BUENOS AIRES)

El espacio es una producción social en la cual intervienen y dialogan prácticas, creencias y valores, que están a su vez atravesados por otras referidas al género, la etnia, la circulación de bienes económicos y simbólicos, etc. Como tal, es componente primario de la memoria colectiva y opera como factor identitario tanto de los diversos actores sociales como de la comunidad en su conjunto. Desde esta perspectiva, el objetivo de este trabajo es proponer algunas reflexiones acerca de la construcción de los lugares de poder en las *Metamorfosis* de Ovidio y de su posible vínculo entre ella y la redefinición del espacio acarreada por la instalación y consolidación del régimen autocrático en términos de la producción y circulación de los discursos que las representaciones republicanas conciben con sostén del entramado político y social. Para ello nos centraremos en la asamblea de los dioses del libro 1 en sí y en su diálogo con otros pasajes de la obra[1].

Espacio, discurso y poder en Roma

En el año 384 a.C. Marco Manlio Capitolino, célebre por haber defendido el Capitolio del ataque de los galos (390 a.C.), es acusado de alta traición y su caso es expuesto ante los comicios centuriados reunidos, como era habitual, en el Campo de Marte. Los cargos imputados eran sin duda importantes, pero sin embargo el pueblo se muestra renuente a condenarlo, lo cual Livio atribuye no a la causa en sí sino al lugar:

---

1   Para un análisis detallado de los diversos elementos de este pasaje, cf. Anderson (1989) y Barchiesi (2005; 2009), cuyos estudios incluyen además una síntesis crítica del estado de la cuestión.

damnandi mora plebis non in causa sed in loco fuerit (6.20.5)². El fundamento y consecuencias de una conducta en apariencia algo extraña, los provee el propio historiador unas líneas más adelante:

> "Dado que el pueblo se reunía por centurias en el Campo de Marte y que el reo, tendiendo sus manos hacia el Capitolio, había desviado sus ruegos de los hombres a los dioses, se hizo evidente para los tribunos que, a menos que apartaran los ojos de los hombres del recuerdo de una gloria tan grande, nunca habría lugar para la acusación en espíritus ya ganados por el favor recibido. Así, se prorrogó la fecha y se convocó a la asamblea del pueblo en el bosque Petelino, fuera de la Puerta Flumentana, desde donde no se veía el Capitolio. Allí prevaleció la acusación y los espíritus obstinados emitieron una sentencia amarga y odiosa incluso para los jueces" (Livio, 6.20.11-12).

En términos de espacio, este pequeño pasaje tiene una serie de implícitos que corroboran lo dicho y resultan particularmente útiles para nuestro análisis del texto ovidiano. En primer lugar, muestra que el ejercicio del poder a través de la palabra estaba asociado a ciertos espacios institucionales (aquí los *comitia*) y materiales (aquí el Campo de Marte), cuya determinación era prerrogativa de ciertos actores sociales en ejercicio de una función también institucionalmente legitimada (aquí los tribunos). En segundo lugar, corrobora que los espacios materiales (aquí el Capitolio) operaban como espacios simbólicos, se inscribían en la memoria colectiva e injerían en la identidad del individuo (aquí Manlio) y del grupo (aquí los asambleístas). Pero además, lo cual es tanto o más importante, permite colegir que, debido a su espesor simbólico, el espacio material intervenía en la producción y resultado de los discursos tanto en el plano de la enunciación como en el del enunciado y que los sujetos autorizados para hacer uso de la palabra pública tenían conciencia de la fuerza persuasiva de este factor. En lo que hace a la enunciación, basta recordar el lugar elevado donde se ubicaban los oradores en las *contiones* como correlato de su diferencia jerárquica respecto del auditorio, el hecho de que Cicerón convocara la reunión del senado donde pronuncia su primera *Catilinaria*, que construye a Catilina como *hostis*, en el templo de *Iuppiter Stator*, o la colocación por parte de Augusto de la estatua de la Victoria de Tarento tras los asientos de los cónsules en

---

2   Para un análisis puntual del funcionamiento social del espacio en este episodio, cf. Jaeger (1993).

la Curia Julia, que Dión Casio interpreta como un intento de mostrar "que de ella obtenía su poder" (51.22.1; cf. Zanker: 1992, 104-105). En lo que hace al enunciado, el panorama es mucho más complejo e incluye varias posibilidades, formuladas y analizadas para Cicerón en el estudio señero de Vasaly (1993). Una de ellas, que vemos funcionar en el caso de Manlio y en la referida *Catilinaria*, consiste en inscribir el espacio de la enunciación en el enunciado. Otra es integrar en el discurso un espacio que no está a la vista pero que el emisor actualiza y de algún modo pone ante los ojos del destinatario sea al nombrarlo sea al incluir, como veremos luego, algún tipo de descripción, tal como sucede con Sicilia en las *Verrinas* del arpinate. En ambos casos el espacio incide en el efecto de sentido del discurso, en ambos el emisor apela a una red de asociaciones ya instaladas en la cultura del receptor pero no deja esto librado al azar sino que activa aquellas que responden a sus fines e incluso genera otras nuevas a partir de las preexistentes.

Ahora bien, en términos de la relación entre espacio, discurso y poder hay otro factor que debe tenerse en cuenta a la hora de considerar este tema en el ámbito romano. Para ello cabe citar un pasaje del discurso de Cicerón ante el senado a su regreso del exilio, donde explicita las consecuencias del ejercicio abusivo del poder de Gabinio y Pisón, los cónsules del 58 a.C., a quienes llama tiranos (12):

> "Y así, luego de esto, nada respondieron ustedes a los ciudadanos, nada a los aliados, nada a los reyes; nada declararon los jueces con sus sentencias, nada el pueblo con los sufragios, nada este orden con su autoridad. Y ustedes vieron mudo el foro, silenciosa la curia, callada y rota la ciudadanía" (6).

Fuera del correlato que los hechos aquí mentados puedan haber tenido o no con la realidad, lo importante es que esta afirmación se asienta en lo que Perelman y Olbrechts-Tyteca (1989, 119-120) denominan objetos de acuerdo entre el orador y su auditorio. Según esto, el normal funcionamiento de la *res publica* implica el accionar conjunto pero a la vez la celosa distribución de espacios institucionales, de discursos específicos y de agentes legitimados para desempeñarse en los primeros y emitir los segundos. En efecto, en términos del tema que nos ocupa, este breve pasaje muestra que, por un lado, la producción y circulación de discursos de poder corresponde a tres lugares institucionales: el senado, los tribunales y las asambleas decisorias, asociados a su vez a dos lugares materiales del espacio público: la Curia y el Foro. Por el otro, implica que en cada uno de estos espacios la enunciación está a cargo de ciertos agentes en particular: los senadores, los jueces, el pueblo, cuyo discurso es jerárquica y operatoriamente diverso pues una cosa es la palabra del senado que, sustentada en la *auctoritas*, abarca el conjunto de los problemas e individuos involucrados en la *res publica* (ciudadanos, aliados y reyes extranjeros), otra la de los jueces que, aunque valorada por el sema / autoridad / propio del término *sententia* cuando se aplica a los tribunales (*OLD*, *s.v.* 5), afecta solo a los reos en cuestión, y otra la del pueblo, que se limita a un simple voto. Finalmente, el hecho de que, como se dijo, los cónsules en cuestión sean acusados de tiranos supone que el poder de los magistrados dotados del *ius agendi* no debía avasallar el de las instituciones colectivas, en particular, el del senado.

Espacio, discurso y poder en *Metamorfosis*

Con esto en mente, podemos ahora adentrarnos en *Metamorfosis*. El pasaje que tomaremos como eje para estas reflexiones es la metamorfosis de Licaón en lobo (1.162-243) y el incendio de su palacio, como castigo de Júpiter por haber negado su divinidad y haberse burlado de él. Más allá del episodio, lo que interesa es, por un lado, su carácter liminar y, por el otro, que está formulado de un modo muy particular y que contiene elementos fundamentales para el tema que nos ocupa. El carácter liminar deriva de que es la primera metamorfosis de un ser humano en la obra, la primera aparición de un narrador intradiegético, pues el relato está puesto en boca de Júpiter y es la primera vez que el propio dios lo cuenta, es la primera mención de la Roma contemporánea y, más importante aún, es la primera referencia a un lugar donde el poder está asociado al uso de la palabra. Dice Ovidio:

> "Cuando vio estas cosas desde lo alto de su fortaleza, gime el padre Saturnio y, recordando el infame convite de la mesa de Licaón, aún no divulgado por ser un hecho reciente, concibe en su corazón una inmensa cólera digna de Júpiter y convoca a la asamblea (*conciliumque vocat*); ninguna demora retiene a los convocados (*vocatos*)" (1.163-167).

Por supuesto, la asamblea de los dioses (*concilium deorum*) es un tópico propio del género épico, pero Ovidio ilustra este encuentro con dos símiles que fracturan las coordenadas temporoespaciales de lo narrado y comportan una irrupción de las del narrador de la obra toda y de sus lectores previstos. El primero de esos símiles se inscribe en la presentación del lugar de reunión:

> "Hay una vía elevada, visible en cielo diáfano, láctea es su nombre y se destaca por esa misma blancura resplandeciente (*candore notabilis ipso*). Este camino hacen los dioses hasta la morada del gran Tonante (*ad magni tecta Tonantis*), a su regia casa (*regalemque domum*). A derecha e izquierda son frecuentados los atrios de puertas abiertas de los dioses nobles (*deorum atria nobilium*). El pueblo (*plebs*), disperso, habita en otros lugares. En esta parte pusieron sus penates (*penates*) los celícolas potentes e ilustres (*potentes caelicolae clarique*). A este lugar, si se me concediera esta osadía verbal, no temería yo llamarlo el Palatino del supremo cielo (*magni... Palatia caeli*)" (1.168-176).

Desde el punto de vista formal, esta presentación es una *ékphrasis* o *enárgeia*, esto es, una descripción que busca recrear en el destinatario la imagen vívida del lugar, objeto, persona o suceso descriptos (Zanker: 1981), y que en la poesía augustal reviste un notable espesor político cuando se trata de edificios históricos (Newlands: 2013). Aquí dicha inmediatez se logra en parte por esa suerte de romanización de las moradas divinas (*atria*, *penates*) pero sobre todo por la identificación final. En efecto, este símil entre el "barrio" de los dioses y el Palatino debió ser fácilmente recuperable para el lector pues, según el exhaustivo estudio de Wiseman (1987), en ese período el camino que conducía del foro a la casa de Augusto en el Palatino estaba colmado de fastuosas mansiones de la aristocracia, aquí mentada por términos específicos del discurso político (*nobiles*, *potentes*, *clari*), que no dejan dudas respecto de la posición de sus habitantes en la escala social. Algo menos simple, en cambio, es situar la morada de Júpiter, no en el Capitolio, como hubiera sido lógico, sino en el Palatino donde no había ningún templo dedicado a él, sino uno consagrado a Apolo por Augusto. Pero, vista la fórmula empleada para designar al dios (*magni... Tonantis*), también esto podía ser recuperado por el lector como una alusión indirecta al templo de *Iuppiter Tonans* en el Capitolio, dedicado por Augusto en 26 a.C. (Suetonio, *Augusto*, 29.1) y tan espléndido y concurrido, que el *princeps* dijo haber recibido en sueños las quejas del relegado Júpiter Capitolino (Dion Casio, 54.4). Esta casi saturación augustal facilita la decodificación del resto del símil. El lector previsto por Ovidio sabe, por su cultura literaria, que en la literatura latina ya desde Ennio, la asamblea de los dioses, el *concilium deorum*, se parangona con las reuniones del senado, y sabe también, por ser un romano contemporáneo de la élite, que por ese entonces las reuniones de este cuerpo convocadas por Augusto solían hacerse en el templo de Apolo Palatino (Thompson: 1981). La analogía espacial es, por tanto, una suerte de velo que cubre otra más potente y más interesante para nuestro planteo: la de Augusto con Júpiter, que Ovidio retoma y confirma, como veremos luego, al final de la obra.

Una vez descorrido el velo y descubierta la analogía, cobran otra importancia los versos anteriores, en particular la referencia al carácter regio de la casa. Aplicado a Júpiter es un mero epíteto casi carente de interés pues en Ovidio como en el resto de la literatura latina se lo presenta como *rex deorum hominumque*. Pero la cosa cambia si, analogía mediante, ese carácter regio se predica de Augusto o, más exactamente, de Augusto en el acto de convocar a una sesión del senado en el templo construido por él, templo que fue el centro cultural por excelencia de los *Ludi Saeculares* y que estaba directamente comunicado con su propia casa. Se verifican aquí, por otra parte, dos características de la poesía ovidiana, que hacen a nuestro análisis. Una de ellas es que, como bien observa Reitz (2013) en este poeta la *ékphrasis* o *enárgeia* tiende a aludir más que a describir, a provocar en el lector una idea o sensación ante lo referido más que a brindar detalles de lo descripto. La otra es que, como parte de un tipo de escritura que le es propio y que permanentemente tensa los usos tradicionales y juega con ellos, Ovidio invierte aquí la práctica habitual del símil, pues emplea el mundo de los hombres para ilustrar el de la divinidad. El resultado de la acción conjunta de estas dos peculiaridades ovidianas es que la *ékphrasis* provoca en el lector una idea o sensación que hace más al comparante, esto es, al senado bajo Augusto, que al comparado, esto es, al *concilium deorum*.

Ante esto, la pregunta que se nos impone es qué pasa en ese *concilium deorum* identificado con el senado, es decir, con uno de esos lugares de poder donde, según leímos en Cicerón, se producen los discursos que aseguran la pervivencia de la *civitas*. Pues bien, cumpliendo con la secuencia narrativa propia de la épica, a la presentación del lugar le sigue la de los personajes:

> "... cuando los dioses se sentaron en el marmóreo recinto (*marmoreo... recessu*), él mismo, colocándose en un lugar más alto (*celsior ipse loco*) y apoyándose en su cetro de marfil (*sceptroque innixus eburno*), agitó tres y cuatro veces la terrible melena (*caesaries*) de su cabeza, con la cual hizo moverse a la vez la tierra, el mar y el cielo. Luego abrió su indignada boca con estas palabras" (1.177-181).

Nada de esto sorprende tratándose de Júpiter. Pero la analogía con el Palatino abre una segunda isotopía, esto es, un segundo campo semántico, cuyo eje es Augusto y el senado en el templo de Apolo y que aquí está actualizada por dos elementos. Uno es la referencia al mármol, material privilegiado de dicha construcción, y otro es el sustantivo *caesaries*, que ni Ovidio ni otros poetas suelen aplicar a Júpiter, y cuya materia fónica evoca inmediatamente el término *Caesar*. Activada pues la analogía Júpiter-Augusto, cobran importancia la referencia al sitio elevado y al cetro, signos indiscutibles de una relación de poder desigual que invierte la que existía entre el senado y el magistrado convocante según el protocolo republicano.

Júpiter empieza su discurso anunciando su decisión de acabar con el género humano, que justifica del siguiente modo:

"Todo lo he intentado antes, pero lo que es incurable hay que cortarlo con la espada para que no dañe la parte sana. Tengo yo (*sunt mihi*) semidioses, tengo divinidades campestres, Ninfas, Faunos, Sátiros y Silvanos montaraces. Puesto que aún no les concedimos el honor del cielo, permitamos al menos que habiten la tierra que les dimos. ¿Creen, celestes, que ellos van a estar seguros cuando a mí, que tengo el rayo, que los domino y los gobierno a ustedes (*vos habeo regoque*), me preparó acechanzas Licaón, conocido por su ferocidad?" (1.190-198).

Dos aspectos interesan en este tramo. El primero es que, tanto si esas divinidades de rango menor son la *plebs* mencionada en la descripción inicial, de la que se nos dijo que vivía separada y en otros sitios, cuanto si se trata de los aliados, como propone Barchiesi (2009, 134), la analogía Júpiter-Augusto implica que son de incumbencia del *princeps* y no del senado, como leímos en el texto de Cicerón. El segundo es que la fórmula "*vos habeo regoque*" refuerza la ya sugerida inversión de la relación de poder cónsul-senado propia del orden republicano. Esto último es particularmente importante porque a renglón seguido Ovidio introduce una segunda analogía que, como la primera pero de modo más explícito pone en escena al *princeps* y potencia la segunda isotopía del relato:

"Murmuraron todos (*confremuere omnes*) y con ardiente afán reclaman (*deposcunt*) al que había osado algo semejante. Así, cuando una impía fuerza se enfureció para extinguir el nombre de Roma en la sangre de César (*Caesareo sanguine*), se paralizó el género humano por el súbito terror de tan grande catástrofe y se horrorizó el orbe todo; y el cuidado de los tuyos (*pietas... tuorum*) no fue menos importante para ti, Augusto, que el de Júpiter respecto de los suyos" (1.199-205).

El texto habla por sí mismo pero conviene detenerse en algunos elementos. Uno de ellos es el adjetivo *Caesareus*, no registrado antes en ningún texto. Esto no supone, desde luego, que es una creación ovidiana pero sí que es un término lo suficientemente inusual como para llamar la atención del lector y remarcar la connotación ya sugerida del sustantivo *caesaries* empleado para mentar la cabellera de Júpiter. Otro, que retomaremos luego, es el implícito de esta analogía puntual entre las acciones de Júpiter ante la afrenta de Licaón y las de Augusto ante una conspiración real o presunta que, si bien parece aquí referida puntualmente al *princeps*[3], resulta identificada con el asesinato de César por el sintagma "*Caesareo sanguine*" y evoca, por lo tanto, lo hecho por Octaviano para vengar la muerte de su padre. Este doble valor comporta a su vez una doble lectura de la expresión "*pietas... tuorum*", que hace a nuestro análisis. En efecto, si bien aplicada a la relación padre-hijo es esperable e inofensiva, la cosa cambia cuando la pensamos en términos del vínculo gobernante-gobernados pues connota una idea de posesión y paternalización, en todo semejante a la observada para el lazo predicado entre Júpiter y el resto de las divinidades, tanto las inferiores ("*sunt mihi*") como las superiores ("*vos habeo regoque*"). Por último, el tercer elemento notable en este tramo es la actividad discursiva del resto de los dioses, esto es, de los senadores, definida en términos de murmuración y reclamo, lo cual parecería sugerir una cierta pasividad. Esta pálida sugerencia se vuelve confirmación en el resto del relato donde leemos:

> "Después que este contuvo los murmullos (*murmura compressit*) con su palabra y con su gesto, todos hicieron silencio y, en cuanto cesó el griterío, oprimido por el predicamento del soberano (*clamor pressus gravitate regentis*), Júpiter rompió nuevamente el silencio con este discurso: «Aquel desde luego ya pagó su castigo, no se preocupen (*curam hanc dimittite*). Con todo les voy a explicar qué fue lo que cometió y cuál fue su punición»" (1.205-210).

Cuenta entonces lo sucedido con Licaón y agrega:

---

3 Para un estado de la cuestión sobre las conspiraciones en este período, cf. Hurlet (2008), quien propone una interpretación sugerente y bien fundamentada acerca de la manipulación del disenso como herramienta al servicio de la constitución del *consensus*.

"«Una casa ha caído, pero no es la única que merecía perecer; por donde se extiende la tierra reina una cruel Erinis. Se diría que se han juramentado para el crimen. Que todos sufran de inmediato el castigo que merecen, la decisión está tomada (*sic stat sententia*)». Unos aprueban a viva voz (*voce probant*) el discurso de Júpiter y añaden estímulos a su cólera; otros cumplen su papel con gestos de asentimiento (*partes adsensibus implent*). Sin embargo, a todos les duele la pérdida del género humano y le preguntan (*rogant*) qué belleza tendrá una tierra privada de mortales, quién llevará incienso a los altares y si acaso se propone entregar la tierra a las fieras para que la saqueen. A los que esto preguntan (*talia quaerentes*), el rey de los dioses, puesto que se ocupará de todo (*sibi enim fore cetera curae*), les prohíbe tener miedo (*trepidare vetat*) y les promete (*promittit*) una raza distinta del pueblo anterior y surgida de un modo prodigioso" (1.240-252).

Como puede verse, en términos de la segunda isotopía instalada y reforzada por Ovidio, esto es, de una reunión del senado convocada por Augusto, es evidente que el funcionamiento discursivo no solo difiere del que leímos en Cicerón sino que es prácticamente su opuesto. Es decir, los senadores no solo no responden, no solo no declaran con su autoridad sino que preguntan y consienten lo resuelto por otro, que hasta reprime (*compressit, pressit*) su discurso y los obliga a hacer silencio. Nada en el discurso de Júpiter responde a las exigencias de la *relatio* del magistrado convocante[4], y no es casual, creemos, que Ovidio aluda a las dos instancias propias de esta situación discursiva, esto es, la *interrogatio* y la *sententia*, invirtiendo no solo sus agentes sino también su orden[5]. En definitiva, como sutilmente sugiere el poeta a través de la reiteración del sustantivo *cura*, en tiempos de Augusto y en el senado, las decisiones acerca del devenir de la comunidad no son ya una ocupación de los senadores sino del *princeps*. Esto transforma su discurso en algo tan inútil, tan disfuncional en términos de comunicación, como los sustantivos con que Ovidio lo define: murmullo y grito. Por lo demás, lo sugerente de esto es que, incluso haciendo a un lado a Cicerón, en el resto de *Metamorfosis* ese tipo de discurso inane no está nunca atribuido a los sujetos que ejercen el poder sino a los otros, a los que ofician de

---

4 Para las prerrogativas y características del *ius relationis* y del *ius agendi* derivadas de la *tribunicia potestas* obtenida en el 23 a.C.; cf. Ferrary (2009, 101-102).
5 Para este protocolo, rigurosamente pautado como lo demuestra Aulo Gelio (14.7); cf. Moore (1935).

meros espectadores de las decisiones ajenas. Esto se comprueba, por ejemplo, en el relato del juicio de las armas entre Ayax y Odiseo, donde la presentación inicial marca en términos de su ubicación en el espacio la existencia de dos grupos de jerarquía diferente: "Tomaron asiento los caudillos (*duces*) y, quedando de pie el vulgo (*vulgi*) en círculo, se levanta ante ellos Ayax, el dueño del escudo de siete capas" (13.1-2). Esta distinción espacial se reproduce luego a nivel de los discursos pues, al final del episodio son esos *duces* los que tienen la palabra decisiva, mientras que la del vulgo se predica como murmullo: "Concluyó el hijo de Telamón, y un murmullo del vulgo (*vulgi... murmur*) siguió a sus últimas palabras" (13.123-124). Pero, más importante aún, esto se comprueba para la misma Roma en el episodio de Cipo, un general vencedor que, antes de entrar a Roma comprueba que le han crecido unos cuernos en su cabeza, prodigio que una arúspice etrusca interpreta como señal de que será el rey de la ciudad[6]. Aterrado por ese vaticinio que, de verificarse haría de él un *tyrannus* que impondría a Roma leyes serviles (*iura famularia*), convoca al pueblo y al senado, del que se predica la *gravitas*: *populumque gravemque senatum / convocat* (15.590-591) y expone el caso. Los senadores, a quienes se denomina líderes (*proceres*) toman las decisiones que afectan a la comunidad. Del pueblo en cambio se dice: "Así como, cuando sopla el turbulento euro, se producen murmullos (*murmura*) en los pinares de remangada fronda o como los producen las olas del mar si se las oye de lejos, del mismo modo resuena el pueblo (*tale sonat populus*)" (15.602-606).

Estos pocos ejemplos bastan para confirmar, creemos, lo que observamos en nuestro análisis del episodio de Licaón: en términos de espacios y discursos de poder la analogía Júpiter-Augusto implica la representación del senado como un cuerpo silente y complaciente, despojado de la *gravitas* y de la *auctoritas* que lo definen en el período republicano. Por oposición a él, es Augusto quien está investido de ambas cualidades. De la *gravitas* porque, como vimos, se predica de Júpiter en el gesto mismo de hacer callar a los dioses-senadores. De la *auctoritas*, porque el grado sumo de ella está en el propio cognomen *Augustus* que ese mismo senado le confirió o, quizás, le cedió, y que aquí está particularmente destacado pues esta es la primera y única vez en toda la obra en que Ovidio apostrofa al *princeps*.

---

6   Para una interpretación de este episodio en términos del contexto de producción, cf. el interesante análisis de López Barja (Díez Platas y López Barja: 2010, 276-286).

Ahora bien, llegados a este punto, corresponde que atendamos a algo importante y que mencionamos a lo largo de nuestro recorrido: el hecho de que esta identificación Júpiter-Augusto, inscripta en un episodio que caracterizamos como liminar, vuelve a aparecer no casualmente al final de la obra, como parte de dos rasgos propios de este poema, su estructura circular y el estatuto en sí mismo metamórfico de la propia escritura. En efecto, así como, según dijimos, Júpiter dispone la primera metamorfosis de un humano en la obra, la de Licaón en lobo, así también dispone la última, la de Julio César, a través de su apoteósis (15.818-819) y de su transformación en astro, el famoso *sidus Iulium* (15.840-842). A su vez, así como el relato de aquella primera metamorfosis está inscripto en un discurso directo de Júpiter dirigido al colectivo de las divinidades, así también el de la última lo está en otro dirigido a Venus (15.807-842). Además, así como Júpiter es el primer narrador intradiegético de la obra, así también es el último, pues el carácter proléptico del tramo final no anula su estatuto de relato. Finalmente, así como a raíz de la afrenta de Licaón, Júpiter desencadena el diluvio, tras el cual nace un género humano mejor y más piadoso, así, en el discurso final de Júpiter a Venus (15.807-842), el dios le anuncia que la venganza por parte de Augusto del asesinato de César acarreará numerosísimas guerras, tras las cuales dará origen a un mundo mejor, también él por su exclusiva decisión: "Una vez dada la paz a las tierras, dirigirá su atención a los derechos civiles y será el más justo promotor (*iustissimus auctor*) de leyes y regirá las costumbres con su ejemplo" (15.834-835). Esta identificación Júpiter-Augusto implícita, que se instala al inicio del poema con los dos símiles analizados y que se retoma aquí por medio de estas semejanzas estructurales, discursivas y de contenido, se enuncia claramente una veintena de versos después en boca del mismo narrador, quien señala: "Júpiter gobierna las fortalezas celestes y los reinos del mundo triforme; la tierra está bajo Augusto; padre y caudillo (*pater... et rector*) son el uno y el otro" (15.858-860).

De este modo, en el final de la obra y como parte del estatuto metamórfico de la propia escritura, Ovidio hace explícito lo que en el inicio era mera analogía. Esto acarrea dos consecuencias para el lector, una hacia atrás y otra hacia adelante. Hacia atrás, confirma la lectura de la asamblea de los dioses como representación del funcionamiento del senado bajo el régimen augustal. Hacia adelante, suministra una clave para entender la última metamorfosis de la obra en términos de escritura: su propio epílogo[7]. En efecto, como recordaremos, el cierre de *Metamorfosis* es una "metamorfosis" de la oda 30, que oficia de epílogo del libro 3 de las Odas de Horacio. Dice Horacio: "He concluido un monumento (*exegi monumentum*) ... que no podrá destruir ni la lluvia corrosiva ni el aquilón desatado ni la innumerable sucesión de los años ni el curso del tiempo" (3.30.1-5). Dice Ovidio: "Y ya he concluido una obra (*exegi opus*), que no podrá aniquilar ni la ira de Júpiter ni el fuego ni el hierro ni el tiempo devorador" (15.871-872).

Como vemos, nuestro poeta mantiene el factor tiempo pero sustituye los elementos climáticos por algo muy diverso, que nosotros, los lectores, podemos entender perfectamente a la luz de lo leído diez versos atrás. La ira de Júpiter es el tema de la primera metamorfosis de la obra y el fuego es el elemento con el que ejerce su venganza, pues el primer paso de la misma es incendiar la casa de Licaón. Nada tiene que ver ese Júpiter con el hierro pero sí Augusto, equiparado con él, quien usa el hierro, es decir, las armas, para vengar el asesinato de César, equiparado a su vez con la afrenta de Licaón. En todo caso, este final controvertido y polémico deja abierta la posibilidad para pensar en que quizás ese control sobre la producción y circulación de discursos implícito en el pasaje que estudiamos no se redujera tan solo al senado, sino que abarcara también a los poetas, como parecen demostrarlo Horacio y el propio Ovidio[8]. En el caso de Horacio, sabemos por Suetonio (*Acerca de los poetas*, 40), que Augusto lo instó no solo a componer el Canto secular sino también un cuarto libro de Odas, donde alabara la victoria Vindelicia de Tiberio y Druso, tareas ambas que el poeta cumplió celosamente. En el de Ovidio, dispuso su *relegatio* (8 d.C.) por razones que el poeta explica en términos de *carmen et error* (*Tristezas*, 2.207), esto es, al menos en parte, por un texto poético, el *Ars amatoria*, cuya circulación de hecho se prohíbe en Roma. Más allá de las razones esgrimidas por la crítica para rechazar o minimizar la injerencia de dicha obra en la decisión de Augusto (Green: 1982), lo que importa es que, si Ovidio dedica toda una epístola, extensa y dirigida al *princeps*, la *Tristeza* 2, a explicar y defender el tenor del

---

7   También Wickkiser (1999) observa una relación entre la analogía del Palatino y el epílogo, pero desde una perspectiva centrada en la renovación edilicia augustal, interesante pero algo forzada en su demostración.

8   Algunos, como Williams (1978, 57-58) explican esta intervención directa y personal de Augusto en el escenario literario por el alejamiento de Mecenas, primero, y su muerte (8 d.C.) después. Otros, como Millar (1993), lo hacen por la supuesta y progresiva influencia de Tiberio, quien luego desarrollará bajo su reinado algo semejante a una política de censura.

texto objetado, es evidente que la censura y el castigo formaban parte del horizonte de posibilidad de sus lectores. En este sentido, cabe reparar en el modo como Ovidio refiere allí el accionar punitivo de Augusto:

"No condenaste mis actos por medio de un decreto del senado (*decreto... senatus*), no fue ordenado mi exilio por un juez designado. Fustigándome con severas palabras –cosa digna de un líder (*princeps*)– tú mismo, tal como es adecuado (*ut decet*), vengaste (*ultus es*) tus ofensas" (131-132).

Creemos que no es casual que esta referencia se haga en términos que implican el silenciamiento de dos de los espacios institucionales mencionados por Cicerón (el senado y los tribunales), que responden en un todo al tipo de conducta que, según hemos visto, equipara a Augusto con Júpiter en *Metamorfosis*, y que, en definitiva, abren la posibilidad de que esta dupla determine, como parece sugerirlo el epílogo del *epos* ovidiano, casi a modo de desafío, la pervivencia de la obra.

Bibliografía

Anderson, W. (1989). "Lycaon: Ovid's deceptive paradigm in *Metamorphoses* 1", *Illinois Classical Studies* 14, 91-101.

Barchiesi, A. (2005). *Ovidio. Metamorfosi. Vol I (Libri I-II)*, Milano.

Barchiesi, A. (2009). "*Senatus consultum* de Lycaone: concili degli dei e imaginazione politica nelle Metamorfosi di Ovidio", *Materiali e Discusione per l'Analisi di Testi Classici* 61, 117-145.

Díez Platas, F. y López Barja, P. (2010). "Cipo en las *Metamorfosis* de Ovidio y en su recepción posterior", en C. Fornis, J. Gallego, P. López Barja y M. Valdés (eds.), *Dialéctica histórica y compromiso social. Homenaje a Domingo Plácido*, Zaragoza, I, 275-306.

Ferrary, J.-L. (2009). "The powers of Augustus", en J. Edmonds (ed.), *Augustus*, Edinburg, 91-136.

Green, P. (1982). "*Carmen et error*", *Classical Antiquity* 1 (2), 202-220.

Jaeger, M.K. (1993). "*Custodia fidelis memoriae*: Livy's story of M. Manlius Capitolinus", *Latomus* 52, 350-363.

Hurlet, F. (2008). "Le *consensus* impérial à l'épreuve. La conspiration et ses enjeux sous les Julio-Claudiens", en P. Urso (ed.), *Ordine e sovversione nel mondo greco e romano*, Pisa, 126-143.

Millar, F. (1993). "Ovid and the *domus Augusta*: Rome seen from Tomoi", *Journal of Roman Studies* 83, 1-17.

Moore, O. (1935). "Senatus", *Paulys Realencyclopädie der classischen Altertumswissenschaft*, Suppl. 6, 660-812.

Newlands, C. (2013). "Architectural ecphrasis in Roman poetry", en T.D. Papanghelis, S. Harrison y S. Frangoulidis (eds.), *Generic interfaces in Latin literature*, Berlin, 56-78.

OLD = *Oxford Latin Dictionary*, Oxford, 1968.

Perelman, C. y Olbrechts-Tyteca, L. (1989). *Tratado de la argumentación*, Madrid.

Reitz, C. (2013). "Describing the invisible: Ovid's Rome", *Hermes* 141, 283-293.

Thompson, D. (1981). "The meetings of the Roman senate on the Palatine", *American Journal of Archaeology* 85, 335-339.

Vasaly, A. (1997). *Representations. Images of the world in Ciceronian oratory*, Berkeley.

Wickkiser, B. (1999). "Famous last words: Ovid's *Sphragis* back into the *Metamorphosis*", *Materiali e Discusione per l'Analisi di Testi Classici* 42, 113-142.

Williams, G. (1978). *Change and decline. Roman literature in the early empire*, Berkeley.

Wiseman, T.P. (1987). "*Conspicui postes tectaque digna deo*: the public image of aristocratic and imperial houses in the late republic and early empire", *Mélanges d'Archeologie et d'Histoire de l'École Française à Rome* 98, 393-423.

Zanker, G. (1981). "*Enargeia* in the ancient poetry", *Rheinische Museum* 124, 297-310.

Zanker, P. (1992). *Augusto y el poder de las imágenes*, Madrid.

EL IMPERIO COMO INSTRUMENTO DIVINO. CIPRIANO DE CARTAGO Y SU PERSPECTIVA SOBRE ROMA

Mariano Spléndido
(CONICET / UNIVERSIDAD NACIONAL DE LA PLATA)

El cristianismo antiguo mantuvo posturas dispares en relación con el imperio y sus políticas. Si bien la consigna de Pablo en la *Epístola a los Romanos* era someterse a las autoridades y los Evangelios de *Mateo* y *Lucas* abogan por un reconocimiento del poder del César[1], no todos los cristianos concibieron a Roma en los mismos términos. En ciertos grupos de escatología radical la perspectiva sobre el hundimiento del dominio romano ocupa el centro de las reflexiones, mucho más en el periodo comprendido entre las dos guerras judías (70-135). El concepto de *basileía* cobra un sentido polémico en el *Evangelio de Juan*, pues si bien el reino de Cristo "no es de este mundo" (ἡ βασιλεία ἡ ἐμὴ οὐκ ἔστιν ἐκ τοῦ κόσμου τούτου), éste ha extraído a sus súbditos del mundo[2]. El proceso y muerte de Jesús en este texto es una disputa sobre el poder, cuyo representante final en la tierra es el César. La multitud le exige a Pilato que elija entre la amistad con Jesús, manifestada en su liberación, o la amistad con el César (φίλος τοῦ Καίσαρος)[3]. El término amistad, *philía*, supone para el autor de este texto el conocimiento, la simbiosis perfecta basada en una reciprocidad contenedora; lo opuesto a la *philía* es la esclavitud, la *douleía*, sinónimo de ignorancia, inestabilidad, y tinieblas[4]. Estas ideas competían con una historiografía cristiana diferente, promovida desde *Hechos de los Apóstoles*, que colocaba al Estado romano en una postura tutelar para con la misión apostólica (Brent: 1999, 82-139). La *pax romana* enmarcaba los hitos del crecimiento y expansión del movimiento, apenas empañado por exabruptos de violencia. Los mismos se analizan bien como resultado de estallidos populares locales,

---

1   *Romanos*, 13.1-7; *Mateo*, 22.21; *Lucas*, 20.25.
2   *Juan*, 15.18-19; 18.36. Piper (2000, 271-276); van der Watt (2005, 118).
3   *Juan*, 19.12. Ringe (1999, 65-68); Theissen (2002, 151-153).
4   *Juan*, 8.35; 15.14-17.

bien como fruto de medidas de individuos aislados a los que la tradición cristiana estigmatizará (Nerón y Domiciano concretamente)[5]. Los intelectuales apologistas como Justino asumieron este discurso durante el periodo de los antoninos y lo utilizaron como justificativo para demostrar lo inocuo del cristianismo, al cual presentaban en los términos de una filosofía moral[6]; la ética cristiana era equiparada a aquella de los orígenes de Roma, basada en la modestia, la sobriedad y la justicia. Melitón de Sardes fue más lejos y asoció explícitamente la expansión del cristianismo (ἡμάς φιλοσοφία), al que concibe como antiguo, con el origen del imperio de Augusto, propiciador de las condiciones socio-políticas necesarias para la misión[7]. La imbricación de ambas esferas, Estado y fe cristiana, habría generado según este obispo una simbiosis benéfica que debía mantenerse como símbolo de prosperidad. Sin embargo, el discurso cristiano antisecularista no dejó de existir y se plasmó en corrientes como el marcionismo y el montanismo, cuestionadoras del acomodamiento de ciertas jerarquías episcopales con los poderes locales e imperiales[8]. El ascetismo aparece como medida de protesta en cuanto a la participación de un mundo regido por la injusticia y, sobre todo, perseguidor (Burrus: 1986, 101-117; Brown: 1993, 125-150).

---

5   No adherimos a la idea de persecuciones bajo Nerón y Domiciano. Cf. González Salinero (2005, 46-48); Montserrat Torrents (2005, 132-136). Opinan lo contrario Keresztes (1973, 1-28) y Sordi (1983, 43-53). En cuanto al tratamiento literario de estos emperadores por los primeros cristianos son interesantes los trabajos de Jones (2002, 114-117), Granger Cook (2010, 29-137) y Maier (2013, 385-394).

6   *Epístola a Diogneto*, 5.10; Arístides, *Apología Siríaca*, 15.8 (10) - *Griega*, 15.13; Justino, *1 Apología*, 8.2; 12.1-3; 59; *2 Apología*, 12.1; *Dialogo con Trifón*, 2.6.

7   Eusebio, *Historia eclesiástica*, 4.26,7-10. Hay aquí una voluntad de apropiación histórica emergente que tiene como fin atribuirle a las oraciones de los cristianos la paz del imperio. Apolinario de Hierápolis (Eusebio, *Historia eclesiástica*, 5.5.1-4) apela al mismo recurso, aplicándolo al episodio de la lluvia milagrosa que salvó a las legiones romanas en su lucha contra los cuados en el Danubio. Según él, fue la oración de los soldados cristianos la razón del milagro. Tertuliano (*Apologético*, 5.6) narra el episodio con la misma intención. Dión Casio (*Historia romana*, 72.8) atribuye el milagro a la intervención de un mago egipcio. En *Historia augusta* (Marco Aurelio, 24.1-4) son las súplicas del justo y piadoso emperador Marco Aurelio las que atraen la lluvia.

8   Marción fomentaba una crítica a la administración imperial a partir de su diteísmo, que relegaba los aspectos materiales de la existencia a un Demiurgo creador inferior. Cf. Lampe (2003, 247-248). Podría pensarse que era la voluntad acomodaticia de ciertos miembros jerárquicos de las iglesias lo que molestaba a Marción, una mundanización creciente que se palpaba claramente en las Epístolas Pastorales, a las cuales el naviero rechazó como espurias. Respecto al montanismo, había acuerdo en las iglesias asiáticas en ver al profetismo como un carisma de manifestación divina que promovía consuelo y soluciones prácticas frente a las circunstancias. Fue la obstrucción de ciertos obispos hacia 165 lo que transformó esta manifestación carismática en una oposición crítica. Cf. Trevett (2002, 92-95, 146-149).

En el caso de las iglesias del Norte de África, la influencia montanista tuvo mucho que ver en su postura rigorista en materia organizativa y jerárquica[9]. Parece ser que en Cartago se sucedieron varios episodios de violencia desde el periodo de Septimio Severo, propiciando una perspectiva compleja en cuanto al Estado romano dentro de la literatura cristiana del lugar. Sin embargo, es necesario considerar que la presentación de procónsules crueles en los textos es contrabalanceada con un reconocimiento de la legitimidad del poder romano[10]. Nuestro objetivo será analizar cómo Cipriano, obispo de Cartago entre 248 y 258, concibió la idea de Roma y su rol en medio de las vicisitudes que atravesaban los cristianos durante el periodo de las persecuciones de Decio y Valeriano. Como hombre letrado, Cipriano estaba empapado de las tradiciones cristianas locales y supo hacer uso de las mismas para reorganizar la cosmovisión de una comunidad quebrada por la apostasía masiva y cuestionadora de su liderazgo episcopal. Por este motivo, y a fin de comprenderlas mejor, confrontaremos las posturas de Cipriano con las que hallamos en otros autores contemporáneos, como Dionisio de Alejandría, o procedentes del área, como Tertuliano y Minucio Félix.

Huerto cerrado

La conversión de Cipriano de Cartago debe comprenderse como ocurrida con relación a un grupo radical de cristianos dentro del presbiterado[11]. El ascenso al cargo de obispo, por su relevancia económica y su capacidad administrativa[12], le atrajo a Cipriano enemistades dentro de su misma jerarquía dependiente, enemistades que se agudizaron con los sucesos de 250[13]. Forzado a mantener un contacto por escrito con sus

---

9   Esto puede evidenciarse concretamente en el caso de Tertuliano. Cf. Rankin (1995, 41-51); Patout Burns y Jensen (2014, 304-313).
10 Los mártires escilitanos reconocen el dominio del emperador (*Martirio de los cristianos de Escilio*, 3.6). En *Martirio de Perpetua y Felicidad*, el procónsul Hilariano no es tan terrible como el padre de Perpetua pese a que condena a los fieles apresados (6), quienes lo increpan en la arena (18). Cipriano refuta los planteos del procónsul de África Demetriano (*A Demetriano*, 2-4).
11 Según Poncio (*Vida de Cipriano*, 4) Cipriano se habría convertido por influencia de un anciano presbítero llamado Ceciliano. Jerónimo, *Sobre los hombres ilustres*, 67.1.
12 Cipriano, *Epístolas*, 7.1; 13.7; Poncio, *Vida de Cipriano*, 2.15. Cf. Montgomery (1988, 214-215, 218-219); Brent (2010, 3-4, 25-29).
13 Los presbíteros opositores a Cipriano incentivan el clima de inestabilidad y de cuestionamiento a la legitimidad del obispo durante su retiro bajo Decio. Cipriano, *Epístolas*, 15.1.2; 16.1.1-2.1; 3.2-4.1; 34.1; 41; 43.1.2-3.2; 59.9.1; 11.1-12.2. Poncio

dependientes durante su retiro (*secessio*), el obispo nos deja entrever su pensamiento en materia política y la perspectiva a través de la cual lee e interpreta la realidad. Iglesia e imperio romano no tienen para Cipriano una correlación, ni siquiera un vínculo solidario en cuanto a valores comunes, como promulgaba Justino, y mucho menos con relación a la expansión de la fe, como señalaba Melitón. La lógica del cristiano y la del gentil son distintas según el discurso del obispo.

En la obra de Cipriano la Iglesia es denominada "la casta Susana", "huerto cerrado" y "arca de Noé", un espacio de pureza que resignifica las relaciones humanas orientándolas hacia el fin salvífico[14]. En este sentido, la disciplina, concepto medular para el obispo, señala la pertenencia o la no pertenencia. Cipriano insiste constantemente en asumir una conducta refrenada y mesurada en cuanto al comportamiento sexual, las actividades cotidianas y la obediencia hacia las jerarquías[15]. El cristiano queda expuesto en su totalidad a los ojos de sus correligionarios y al juicio de los jerarcas, quienes asumen en un sentido espiritual y material un control sobre el desempeño doméstico y público de sus fieles; ser cristiano no implica la simple práctica de una moral, sino que supone el reconocimiento de una jerarquía. Cipriano sabe por sus redes de informantes, miembros leales del clero, quiénes han apostatado, quiénes han confesado y quiénes resisten su autoridad dentro de la iglesia cartaginesa[16]. Sin embargo, este ideal de pureza y perfección como requisito de membresía lejos está de ser una realidad. Evidentemente la composición de la comunidad, ahora integrada por varios personajes con cargos cívicos y responsabilidades políticas, podría explicar la prontitud para cumplir lo pedido por el emperador[17]. Sin embargo, estos *lapsi* no quieren abandonar la iglesia, sino que abogan por su reinserción inmediata.

La pertenencia a la Iglesia para Cipriano no es un asunto que se resuelva con un *libellus*, ya sea el imperial que atestigua el sacrificio a los

---

en *Vida de Cipriano*, 5, propone una lectura edulcorada de este conflicto. Cf. García Mac Gaw (2008, 73-78).

14 Cipriano, *Epístolas*, 43.4.3; 69.2.1; 2.2. Firmiliano de Capadocia también utiliza la expresión "huerto cerrado" en su carta a Cipriano (75.15.1).

15 Cipriano, *Epístolas* 3.1.1; 3.2; 4.2.1; 5.5; 6.1.1; 11.6.2; 13.5.1; 14.2.2; 59.3.1-5.1.

16 Cipriano, *Epístolas*, 7.1; 12.2.1; 13.4.1; 5.1; 14.3.2; 15.3.1; 37.1.1.

17 Cipriano, *Epístolas*, 55.13.2; 30.3.1-2; *Sobre los caídos*, 8-9. Algo similar describe Eusebio, *Historia eclesiástica*, 6.41.10-14. Patout Burns y Jensen (2014, 451-452). Muchos de los *libelli* que se conservan del periodo de Decio confirman que un individuo podía presentarse a cumplir el edicto en nombre de su esposa e hijos. Knipfing (1923, 364-365, 368, 381-387).

dioses y el culto al emperador (Andreotti: 1956, 368-376), o el emitido por un mártir en prisión a favor de ciertos hermanos apóstatas[18]. La caída y la restitución del cristiano tienen que ver para este obispo con predisposiciones y actitudes personales en las que la disciplina comunitaria y la jerarquía son reconocidas o desconocidas[19]; esto apuntaría a presentar al obispo como un filtro equilibrante y una autoridad paralela al Estado[20].

Para interpretar el pensamiento de Cipriano es importante considerar la influencia que ejerce en el mismo Tertuliano, gran rétor y apologista norafricano de inicios del siglo III. Para este autor la Iglesia representaba también un conventículo separado e incomprendido, perseguido sin motivo y muchas veces guiado erróneamente[21]. La radicalidad y elitismo de Tertuliano se acentuaron al adscribirse ideológicamente al montanismo, corriente cristiana que renegaba del segundo perdón para los apóstatas e imponía principios ascéticos a sus fieles (Powell: 1975, 33-54; Trevett: 2002, 69-76). Al integrar las filas de la Nueva Profecía, Tertuliano cuestionó ciertas actuaciones públicas de los cristianos que anteriormente toleraba, como la participación en el ejército[22]. Constituyó de esa manera un conventículo rigorista, cerrado y exclusivista.

---

18 Cipriano, *Epístolas*, 15.4; 19.2.1; 20.3.1-3; 27.1.1-2; 30.3.1-2; 33.2.1; 55.13.2-14.2; 26.1. El grueso de los *lapsi* habrían sido los recientemente admitidos en la asamblea, personajes acaudalados que según Dunn (2004, 733-734) tienen dinero para comprar los *libelli* o bien los certificados de perdón de los confesores.

19 Cipriano, *Epístolas*, 4.2.1; 5.1; 11.1.2; 14.2.2; 28.2.1; 59.13.1.

20 El acuerdo episcopal a través de los concilios impone líneas de accionar establecido que, de violarse, generan sanciones que tienen que ver con la negación de la intercesión espiritual (Cipriano, *Epístolas*, 1.2.2; 55.6.1-2; 57.1.1) o con la suspensión del sustento material (*Epístolas*, 34.4.2; 39.5.2). En el caso de los miembros de la jerarquía, los castigos por rebelión a la autoridad jerárquica son o bien la deposición, lo que ha ocurrido en el caso de miembros del clero que sacrificaron (*Epístolas*, 55.11; 65.1.1; 67.6.1) o bien la excomunión (*Epístolas*, 3.3; 4.4.4; 41.2.2; 42; 59.9.1). La penitencia aparece como la medida de restitución comunitaria coordinada por el obispo (*Epístolas*, 18.2.1; 19.1; 30.7.1). Cf. Patout Burns y Jensen (2014, 370-379).

21 El Tertuliano montanista seguía siendo un proto-ortodoxo entusiasta, solo que ahora integrado en una facción elitista al interior de la iglesia. En esto seguimos la opinión de Rankin (1995, 27-29) y Wright (2000, 1029). La Nueva Profecía lejos estaba de ser catalogada como heterodoxa en las iglesias, pese al desafío que imponían las figuras proféticas a las jerarquías episcopales. El motivo de esta identificación del rétor con el montanismo podría radicar en fuertes debates organizativos ocurridos en el interior de la iglesia de Cartago.

22 La pertenencia y lealtad cristiana hace que Tertuliano obligue a los cristianos a rechazar ciertas prácticas cívicas cuyo objetivo es reconocer el poder absoluto del emperador, por ejemplo los juegos públicos (*Sobre la idolatría*, 7-8) y la milicia (*Sobre la corona*, 12). En este último tema Tertuliano cambió su posición al alinearse con el montanismo, ya que antes toleraba que los fieles integren el ejército (*Apologético*, 42.3). Cf. Gero (1970, 285-298); Groh (1971, 7-14); Evans (1976, 21-36); Rankin (1995, 19).

Cipriano asumió para su gobierno ideales ascéticos y puristas que, dadas las circunstancias, tuvo que acomodar a una realidad comunitaria diferente a la de principios de siglo. Esto puede verse en relación con los *lapsi*, para cuyo reintegro el obispo impone un mecanismo complejo en un principio que luego se flexibiliza debido a las presiones, la peste y la llegada del novacianismo[23]. Es evidente que el rigorismo excluyente no es una opción si lo que se quiere es recomponer el entramado comunitario y la autoridad episcopal ante los opositores internos y ante Roma. Sin embargo, Cipriano nunca culpa al exterior del devenir comunitario, aspecto en el que disiente con Tertuliano e incluso con Minucio Félix, otro rétor cristiano del área de África Proconsular. Estos otorgaban gran atención a la actuación del imperio y a la aplicación de sus políticas sobre los cristianos. Tertuliano particularmente se alinea a favor de Septimio Severo en la contienda de este con Nigro y Albino, reconoce la sabiduría y justicia de los emperadores antoninos y denosta las actuaciones de Nerón y Domiciano en materia de tolerancia religiosa[24]. El rétor norafricano se encadena con la tradición apologética que ve a la Iglesia y al Imperio en una vinculación solidaria mutuamente beneficiosa que es quebrada por exabruptos de violencia sin sentido en los que no se procede con justicia[25]. Lo único que no le reconocen a Roma ni Tertuliano ni Minucio Félix es que su grandeza provenga de su religiosidad. Para ellos el Imperio se ha establecido por la conquista y la opresión, por el sometimiento y el asesinato. Con esto tiran por la borda cualquier principio civilizatorio y moral proveniente de la romanidad para simplemente concluir en que si ahora les toca gobernar es porque Dios les ha dispensado ese honor así como antes lo tuvieron los babilonios, los medos y los egipcios[26]. Esto no le quita valor a la autoridad romana, pues ambos autores aceptan su dominación como un designio divino destinado a mantener la paz. Tertuliano considera que el gobierno romano es "dominación civiliza-

---

[23] Cipriano, *Epístolas*, 20.3.1; 55.13.2-15.1; 17.3; 56.1.1-2.2; 57.1.2. Algunos han adherido al partido novacianista en Cartago (Cipriano, *Epístolas*, 44.3.1-2; 59.9.2). En Roma varios confesores apoyaron a Novaciano (Cipriano, *Epístolas*, 46-47; Eusebio, *Historia eclesiástica*, 6.43.5-10). Ameling (2008, 135) señala que el novacianismo curiosamente arraigó en enclaves fuertes del montanismo. En Alejandría pareciera que Dionisio también procedió a relativizar las penas sobre los lapsos arrepentidos (Eusebio, *Historia eclesiástica*, 6.44.2-6; 46.1).

[24] Tertuliano, *Apologético*, 2.6; 5.3-8; 35.9-10; *A Escápula*, 2 y 4.

[25] Tertuliano, *Apologético*, 21.24-28; 36; 39. Esta tradición puede verse en Justino (*1 Apología*, 17.1-2; 31.6; 28.2; 32.1-6; 47.5; *2 Apología*, 6 (7).1) y en Melitón de Sardes (Eusebio, *Historia eclesiástica*, 4.26.7-11).

[26] Tertuliano, *Apologético*, 25.14-17; Minucio Félix, *Octavio*, 25.

da, no tiránica" (*Hoc imperium, cuius ministri estis, civilis, non tyrannica dominatio est*)[27], y, como Minucio Félix, deposita en los demonios instigadores la responsabilidad de las acusaciones descalificadoras y las persecuciones de los cristianos[28].

Políteuma cristiano

Cipriano está lejos de la apologética y orienta su discurso a una realidad apremiante y compleja. Como en su cosmovisión la Iglesia es un huerto cerrado y una virgen, nunca podría generarse un desequilibrio en ella más que por conductas internas. El imperio con el que Cipriano interactúa ya no es aquel tolerante de los Severos, sino uno en plena crisis de legitimidad y sumido en la anarquía militar[29]. Las menciones que hallamos en la obra del obispo cartaginés con relación a los poderes imperiales denotan un fuerte desprecio hacia los mismos. Decio es nombrado en el epistolario de Cipriano como "el tirano enemigo"[30], y Valeriano aparece como verdugo de las jerarquías eclesiales y promotor de las confiscaciones[31]. Lo mismo ocurre con los magistrados imperiales, señalados como crueles y difamadores[32]. Todo esto contrasta profundamente con la idea de justicia que Tertuliano depositaba en Roma, cuya génesis criminal era contrabalanceada con la legitimidad divina acordada a los emperadores. La intercesión orante de los cristianos por el bien del imperio supone una colaboración con el mantenimiento del orden y la paz corporizados en la dinastía reinante, algo en lo que

---

27 Tertuliano, *Apologético*, 2.14; Minucio Félix no emite juicio al respecto, lo cual podría sugerir una distancia más marcada con los valores imperiales.

28 Tertuliano, *Apologético*, 2.14; 27.3-7; *A las naciones*, 1.3; Minucio Félix, *Octavio*, 28.5-11.

29 Cf. Carrié y Rouselle (1999, 89-144); García Mac Gaw (2003, 97-102). Brent (2010, 44-45) considera que la perspectiva de Cipriano con relación a la sociedad cartaginesa contemporánea está influenciada por los sucesos recientes de guerra civil entre los partidarios de Maximiano y los Gordianos.

30 Cipriano, *Epístolas*, 55.9.1-2. El confesor Luciano parece referirse a Decio al hablar de "la gran serpiente, precursora del Anticristo" (*Epístolas*, 22.1.1). Brent (2010, 110-111) distingue entre las perspectivas de Cipriano y los confesores como Luciano y Celerino en relación con Decio. El obispo no interpreta al emperador como el Anticristo, sino solo como un tirano; los confesores lo asocian a una perspectiva apocalíptica.

31 Cipriano no tiene información sobre la inclinación filocristiana inicial de Valeriano que aduce Dionisio de Alejandría en su carta a Hermamón (Eusebio, *Historia eclesiástica*, 7.10.2-9). Según esta información, fue la influencia del ambicioso Macriano, devoto de los demonios, la que llevó al emperador a volverse enemigo de la Iglesia.

32 Cipriano, *Epístolas*, 37.2-1; 80.1.4; *A Demetriano*, 4.

Orígenes también acordaba[33]. Cipriano no está interesado en esto y solo contempla al imperio romano como un producto de las vicisitudes del poder. Para él, su dominio actual solo radica en la casualidad y la brutalidad, signo originario con el que Rómulo fundó la ciudad[34]. El único rol del imperio en la cosmovisión del obispo norafricano es el de instrumento destinado al disciplinamiento de la comunidad de fieles. Como Tertuliano, Cipriano ubica a los demonios como instigadores de los males hacia los cristianos pero solo porque Dios lo permite[35]. Si bien la Iglesia supone una ciudadanía exclusiva, los fieles han ignorado los límites de la pertenencia con sus negocios, comidas, matrimonios con gentiles y demás prácticas que, al sentir de Cipriano, atentan contra la disciplina tanto de los jerarcas como del vulgo. La persecución es comprendida en este esquema como una prueba divina destinada a recuperar lealtades[36]. El obispo señala que esto es culpa del relajamiento de costumbres y de la secularización creciente que relativiza la moral comunitaria cuyo epicentro, la jerarquía, exige una dependencia absoluta de su patronazgo. En este sentido, la persecución tendría por objetivo develar al verdadero cristiano, la verdadera pertenencia, y no al ciudadano romano solidario con la bonanza imperial. El demonio está presente en los altares del sacrificio y es quien vehiculiza a las fuerzas de Roma en contra de la Iglesia[37].

Cipriano ordena su discurso cuidadosamente a fin de justificar sus acciones y legitimar el principio jerárquico-administrativo que quiere consolidar en tanto guía para la comunidad cristiana. Para el obispo la Iglesia supone una estructura paralela similar a un *políteuma* en el cual él es la autoridad suprema surgida de un consenso popular en base a sus características económico-intelectuales[38]. Esta legitimación autoriza al obispo como poseedor de un *imperium* particular sobre los fieles (Bobertz: 1991, 252-259; Brent: 2010, 4). La relajación de costumbres quiebra los muros del "huerto cerrado" que es la Iglesia y allí es donde el exterior, el imperio, la peste, cobran significado en tanto pruebas y medidas disciplinarias. El Dios de Cipriano es una divinidad airada a

---

33 Tertuliano, *Apologético*, 32; Orígenes, *Contra Celso*, 8.68; 72.
34 Cipriano, *Sobre la vanidad de los ídolos*, 5.
35 Tertuliano, *Sobre la fuga en la persecución*, 2; Cipriano, *A Demetriano*, 15; *Sobre la vanidad de los ídolos*, 7; *Epístolas*, 11.4.2.
36 Cipriano, *Epístolas*, 11.1.1-2.3; 5.1-6.2; *Sobre los caídos*, 5-7.
37 Cipriano, *Epístolas*, 13.1.1; *Sobre la vanidad de los ídolos*, 6-7; *Sobre la paciencia*, 12.
38 Cipriano, *Epístolas*, 59.5.1-6.1; 67.4.1-5.1; 68.3.1. Poncio, *Vida de Cipriano*, 5.

la que hay que apaciguar no con certificados, sino con obediencia[39]. A diferencia de la ciudadanía imperial, probada en el altar de los dioses ante los magistrados, Cipriano plantea una ciudadanía cristiana en continua negociación y necesitada de guía. En este planteo incluye también a los confesores y mártires, cuyo testimonio sufriente debe completarse con un reconocimiento de la autoridad episcopal[40].

Irónicamente, Cipriano impone hacia adentro de la iglesia de Cartago el mismo principio sacrificial que el emperador exige a los ciudadanos del imperio: reconocer a la persona del obispo y sus directivas disciplinares. En esto se crea una superposición de ciudadanías, como dicen Carrié y Rousselle (1999, 704), que deviene en competencia abierta de parte de Cipriano y su sector con el imperio, algo que no todos los obispos contemporáneos compartieron. Es el caso, por ejemplo, de Dionisio, obispo de Alejandría. Este sufrió también el destierro, la persecución y la confiscación en 250 y 258[41], pero su discurso con relación al imperio siguió las líneas marcadas por los apologetas. En su segundo proceso, ya bajo Valeriano, el obispo sostiene ante el prefecto Emiliano que los cristianos adoran al Dios creador "que puso el imperio en las manos de los augustos Valeriano y Galieno, amadísimos de Dios", por cuya salud y buen gobierno ellos oran continuamente[42]. Esta exclamación, que Eusebio recoge como perteneciente al acta del proceso de Dionisio, es quizás una evidencia de la relevancia política del obispo, que ya vendría heredada de los tiempos de Orígenes y la escuela catequética de Alejandría e incluso de los obispos antecesores, Demetrio y Heraclas[43]. Dionisio, de quien no tenemos evidencia de que mantuviera contactos con Cipriano pese a lo similar de algunas de sus posturas, parece conducirse de manera mucho más negociadora con los representantes del poder imperial y, de hecho, parte de su comunidad se ve envuelta en la guerra civil que en Alejandría enfrentó a los partidarios de Macriano y Galieno en 260[44]. Como corolario, el mismo Galieno incluye al obispo

---

39 Cipriano, *Epístolas*, 11.1.1; 30.7.1; 43.5.3.
40 Cipriano, *Epístolas*, 11.1.3; 14.3.1; 46.1.2-3; 49.2.4-5.
41 Eusebio, *Historia eclesiástica*, 7.11.18.
42 Eusebio, *Historia eclesiástica*, 7.11.8: ἡμεῖς τοίνυν τὸν ἕνα θεὸν καὶ δημιουργὸν τῶν ἁπάντων, τὸν καὶ τὴν βασιλείαν ἐγχειρίσαντα τοῖς θεοφιλεστάτοις Οὐαλεριανῷ καὶ Γαλλιήνῳ Σεβαστοῖς, τοῦτον καὶ σέβομεν καὶ προσκυνοῦμεν, καὶ τούτῳ διηνεκῶς ὑπὲρ τῆς βασιλείας αὐτῶν, ὅπως ἀσάλευτος διαμείνῃ, προσευχόμεθα.
43 Eusebio, *Historia eclesiástica*, 6.19.15; 21.3-4; 36.3.
44 Eusebio, *Historia eclesiástica*, 7.21.1.

entre los destinatarios del rescripto que restituye las posesiones de las iglesias[45]. La respuesta de Dionisio es una elogiosa exaltación del giro político reciente: "El poder imperial ahora se ha purificado de su anterior maldad y los emperadores impíos caen en el olvido"[46]. Lamentablemente, Cipriano ya no vivía cuando Galieno asumió el imperio.

Conclusiones

La mirada de Cipriano fue estrecha en materia política, denotando una intransigencia que no acompañaba el momento histórico de crecimiento comunitario. La iglesias en el siglo III ampliaron su base social y fueron notorias a nivel urbano por el número de sus fieles. Esta relevancia se debió a una consolidada red de asistencia y contención basada en el patronazgo. El obispo aparecía como el eje de la reciprocidad y la administración de un colectivo cuya relación con el entorno gentil debía regir y mediar. Cipriano pide romper con el mundo y asumir una férrea moral cristiana cuyo ejemplo máximo son los mártires y confesores. Sin embargo estos personajes culminan por poner en entredicho su propio poder episcopal al erigirse como autoridades paralelas que otorgan el *libellus* de perdón y restitución a los caídos, es decir que operan como representantes más perfectos de la patria celestial. Por otro lado, el imperio romano, ilegítimo detentador del poder, otorga un *libellus* que certifica la unidad cívico-ritual de los ciudadanos. El poder del obispo busca infiltrarse y fortalecerse en medio de los otros dos, representa un equilibrio que Cipriano no pudo mantener por carecer de perspectivas negociadoras y de diálogo. En materia interna manejó el discurso para justificar el papel del obispo en tanto cabeza comunitaria y líder en materia disciplinar aún por encima de personalidades carismáticas como los mártires; a nivel externo, el obispo de Cartago parece haberse mantenido bastante desentendido de las tramas políticas locales e imperiales, enfocando las vicisitudes comunitarias como producto del desconocimiento y relativización de la disciplina jerárquica.

---

45 Eusebio, *Historia eclesiástica*, 7.13. Andressen (1975, 385-398).

46 Eusebio, *Historia eclesiástica*, 7.23.3: καὶ οἷον ἀποθεμένη τὸ γῆρας ἡ βασιλεία καὶ τὴν προοῦσαν ἀνακαθηρα-μένη κακίαν, ἀκμαιότερον νῦν ἐπανθεῖ καὶ πορρώτερον ὁρᾶται καὶ ἀκούεται καὶ διαφοιτᾷ πανταχοῦ.

Bibliografía

Ameling, W. (2008). "The Christian *lapsi* in Smyrna, 250 A.D. («*Martyrium Pionii*» 12-14)", *Vigiliae Christianae* 62 (2), 133-160.

Andreotti, R. (1956). "Religione ufficiale e culto dell'imperatore nei «libelli» di Decio", *Studi Calderini-Pribeni I*, 369-376.

Andressen, C. (1975). "Der Erlass des Gallienus und die Bischöfe Ägyptens (Euseb., *HE* VII,13)", *Studia Patristica* 12, 385-398.

Brent, A. (1999). *The imperial cult and the development of church order. Concepts and images of authority in paganism and early Christianity before the age of Cyprian*, Leiden.

Brent, A. (2010). *Cyprian and Roman Carthage*, Cambridge.

Brown, P. (1993). *El cuerpo y la sociedad. Los hombres, las mujeres y la renuncia sexual en el cristianismo primitivo*, Barcelona.

Bobertz, C.A. (1991). "Patronal letters of commendation: Cyprian's *Epistulae* 38-40", *Studia Patristica* 24, 252-259.

Burrus, V. (1986). "Chastity as autonomy: women in the stories of the apocryphal acts", *Semeia* 38, 101-117.

Carrié, J.-M. y Rouselle, A. (1999). *L'Empire romain en mutation des Sévères à Constantin, 192-337*, Paris.

Dunn, G.D. (2004). "The white crown of works: Cyprian's early pastoral ministry of Almsgiving in Carthage", *Church History* 73, 715-740.

Evans, R. (1976). "On the problem of church and empire in Tertullian's *Apologeticum*", *Studia Patristica* 14, 21-36.

García Mac Gaw, C. (2003). "Roma: la crisis del siglo III y el modo de producción tributario", *Anales de Historia Antigua, Medieval y Moderna* 35, 97-119.

García Mac Gaw, C. (2008). *Le problème du baptême dans le schisme donatiste*, Bordeaux.

Gero, S. (1970). "*Miles gloriosus*: the Christian and military service according to Tertullian", *Church History* 39 (3), 285-298.

González Salinero, R. (2005). *Las persecuciones contra los cristianos en el imperio romano*, Madrid.

Granger Cook, J. (2010). *Roman attitudes towards the Christians*, Tübingen.

Jones, B.W. (2002). *The emperor Domitian* [1992], New York.

Groh, D.E. (1971). "Tertullian's polemic against social co-operation", *Church History* 40, 7-14.

Keresztes, P. (1973). "The Jews, the Christians, and the emperor Domitian", *Vigiliae Christianae* 27 (1), 1-28.

Knipfing, J.R. (1923). "The *libelii* of the Decian Persecution", *Harvard Theological Review* 16 (4), 345-390.

Lampe, P. (2003). *From Paul to Valentinus. Christians at Rome in the first two centuries*, Minneapolis.

Montgomery, H. (1988). "Saint Cyprian's postponed martyrdom: a study of motives", *Simbolae Osloenses* 63, 123-132.

Maier, H.O. (2013). "Nero in Jewish and Christian tradition from the first century to the reformation", en E. Bucckley y M.T. Dinter (eds.), *A companion to the Neronian age*, Sussex, 385-404.

Patout Burns, J. y Jensen, R.M. (2014). *Christianity in Roman Africa. The development of its practices and beliefs*, Grand Rapids-Cambridge.

Piper, R.A. (2000). "Satan, demons and the absence of exorcisms in the fourth Gospel", en D.G. Horrell y C.M. Tuckett, (eds.), *Christology, controversy and community. New Testament essays in honor of David R. Catchpole*, Leiden, 253-278.

Powell, D. (1975). "Tertullianists and Cataphrygians", *Vigiliae Christianae* 29, 33-54.

Rankin, D. (1995). *Tertullian and the Church*. Cambridge.

Ringe, S.H. (1999). *Wisdom's friends. Community and Christology in the fourth Gospel*. Louisville-Kentucky.

Sordi, M. (1983). *The Christians and the Roman empire*, London.

Theissen, G. (2002). *La redacción de los evangelios y la política eclesial. Un enfoque socio-retórico*, Estella-Navarra.

Trevett, C. (2002). *Montanism. Gender, authority and the new prophecy*, Cambridge.

van der Watt, J.G. (2005). "Salvation in the Gospel according to John", en Id. (ed.), *Salvation in the New Testament. Perspectives on soteriology*, Leiden, 101-131.

Wright, D. (2000). "Tertullian", en P. Esler (ed.), *The early Christian world*, London, II, 1027-1047.

ZENOBIA DE PALMIRA, ENTRE LA CONQUISTA MILITAR Y LA *CAPTATIO BENEVOLENTIAE*

Rodolfo Lamboglia

(UNIVERSIDAD NACIONAL DE ROSARIO)

En el transcurso de la segunda mitad del siglo XX, en sintonía con la emergencia de ciertos conflictos étnicos en el marco de algunos Estados-Nación de los llamados países desarrollados, como así también con los procesos de descolonización, especialmente en Asia y África, asistimos a un renovado interés por parte de investigadores de distintas disciplinas por la problemática de la movilización política en función de la identidad étnica, tarea que ha dado lugar a numerosos trabajos, como por ejemplo los de Ernest Gelner (1994), Benedict Anderson (1993), Walker Connor (1998), Anthony Smith y Ramón Máiz (2003), los del sudafricano Giliomee (1989), o los del ugandés Mamdani (2003), por sólo citar los más conocidos. Todos han hecho importantes aportes al tema, que van desde cómo opera el pasado o la tradición en la configuración de las lealtades étnicas, pasando por la manera en la que las distintas manifestaciones del poder, entre ellos el Estatal, pueden incidir en la reconfiguración de dichas identidades, hasta analizar la función que suelen desempeñar en la construcción de las identidades las organizaciones, instituciones o los activadores políticos, religiosos o intelectuales, caracterizados por Giliomee (1989) como los "agentes étnicos".

El concepto de etnogénesis ha hecho posible entender los procesos complejos de activación o disolución de identidades, reagrupamientos, transferencias de lealtades, alianzas transitorias, que permiten dar cuenta de la fuerza histórica de la identidad étnica, el valor del sentido del pasado y los eventos emotivos[1]; pero al mismo tiempo su carácter maleable, subjetivo y emocional, basado fundamentalmente en la adhesión.

---

1   El Avdo Medodovic de Milman Parry podía evocar la batalla de Kosovo de 1389 por razones muy distintas por lo que lo hacía en los años '90 del siglo pasado el genocida Milosevic.

Por último, otra cuestión que también ha sido señalada por estos estudios es la de evitar el error del abordaje de la identidad étnica bajo los presupuestos tanto del "despertar" como del "origen". La referencia a un "origen" puede ser considerada como una explicación completa y en realidad nunca puede darse una explicación completa acerca de un fenómeno tan complejo, pero sí puede llevarse adelante una explicación lo más interrelacionada posible de un proceso que tiene lugar bajo un preciso contexto económico, político y cultural y que además depende en una buena medida, de la acción de los agentes (que algunos de los autores citados define como los "agitadores políticos") que la estimulen, la organicen y la promuevan.

Como resultado de estos estudios los historiadores del mundo antiguo nos hemos beneficiado de un renovado horizonte teórico y un bagaje muy amplio de instrumentos conceptuales que podemos apropiarnos haciendo los ajustes y adaptaciones necesarias a las realidades específicas de la historia antigua.

El tema

En el presente trabajo nos vamos a referir a la efímera, pero al mismo tiempo singular construcción de poder llevada adelante por parte de Zenobia de Palmira, en el transcurso de algunos pocos años durante la segunda mitad del siglo III. Se trató, en definitiva, de un particular intento de llevar adelante un proceso de organización político-militar que desafió el poder romano en un territorio que, bajo su dominio, constituía una de las regiones con uno de los entramados más complejos y dinámicos de tradiciones étnicas locales, diversidad religiosa e influencias culturales foráneas.

En realidad nos vamos a limitar a reflexionar en torno a dos trabajos que consideramos de los más importantes y emblemáticos sobre el tema; uno del historiador inglés Fergus Millar y el otro del italiano Antonio Baldini. La cuestión que está en el centro del debate, sostenido por parte de ambos historiadores, es el de la posible relación o alianza entre la reina Zenobia de Palmira y el obispo cristiano de Antioquía Pablo de Samosata. Lo que nos interesa recuperar para el presente trabajo son las razones teóricas y metodológicas que condujeron a los dos investigadores a arribar a conclusiones diametralmente opuestas.

Cronología de los acontecimientos

En 259-260 tiene lugar la captura de Valeriano por parte de Sapor I en la ciudad de Antioquía (Millar: 1971, 256). Este inesperado acontecimiento coincide también con la muerte o la captura de Demetriano, obispo de la ciudad y el posterior nombramiento de su sucesor, Pablo de Samosata en 260-261 (Millar: 1971, 261-262). Sapor se retira del territorio, siendo atacado en el camino por Odenato de Palmira al mando de un ejército que las fuentes principales (Zósimo, *Nueva Historia*, 1.51; Historia Augusta, *Odenato*, 1-4) destacan que estaba compuesto básicamente por elementos locales, sirios y palmirenses. Se produce la usurpación de Macrino y el prefecto del pretorio Ballista, que sería rápidamente suprimida por la acción conjunta de Galieno en Occidente y de Odenato en Oriente.

Desde el año 258 Odenato tenía el título de *Hypatikos* (consular) y es probable que extendiera su control por los territorios de Siria y Fenicia, por lo cual en 260 recibió de Galieno el título de *corrector totius orientis* (controlador o tal vez, restaurador, de todo oriente; Millar: 1971, 257). Desde entonces sus actividades incluyeron dos campañas sobre Mesopotamia, llegando hasta Ctesifonte, en la margen izquierda del Tigris.

Entre los años 267 y 268 Odenato es asesinado en Emesa (para Zósimo, *Nueva Historia*, 1.39.2, ocurrió en Capadocia). El poder recae en su mujer Zenobia y en su hijo Vabalato, que por el momento incorpora la titulatura de su padre, es decir la de *corrector*. Por entonces y posiblemente hasta tanto no lograran consolidar su autoridad y estabilizar la confusa situación, la dupla Zenobia-Vabalato mantiene transitoriamente la lealtad que había tenido Odenato para con Roma.

Poco después Zenobia y Vabalato inician la conquista de Egipto que tuvo lugar bajo el gobierno del *praefectus* Probo, en el 269-270; monedas y papiros demuestran que la toma final no ocurrió hasta finales del 270 (Millar: 1971, 259). Parece ser entonces que la ocupación de Arabia y Egipto fue anterior a la extensión del dominio palmirense hacia el norte, sobre Siria, puesto que es posible que Antioquía no fuera ocupada hasta comienzos del año 270. Sobre los territorios en que se extendió el control y en qué momento preciso tuvieron lugar los acontecimientos, ninguna de las fuentes literarias ofrece indicaciones concretas[2].

---

2   Zósimo, *Nueva Historia*, 1.39-58; Historia Augusta, *Zenobia, Galieno, Claudio, Aureliano*; Orosio, *Historias*, 7.23.4.

Para el 270 Vabalato asume los títulos de *consul, dux Romanorum* e *Imperator* y por entonces el control político-militar de Zenobia-Vabalato se extendía desde Egipto, Arabia, Palmira, Siria y Asia Menor hasta Ankara (Calcedonia). En este año tuvo lugar la muerte del sucesor de Galieno, Claudio el Gótico (268-270) y es de suponer que a Oriente deberían llegar noticias acerca de la inestabilidad, confusión y los peligros que seguían amenazando a Occidente. Después de agosto del 271 tuvo lugar la proclamación de Vabalato como *Augustus*, para cuando en una inscripción de Palmira Zenobia es mencionada con el título de Augusta. Para este año la figura de Vabalato aparece en monedas sirias y alejandrinas (Baldini: 1975, 74). Finalmente los ejércitos de Aureliano retomarían el control de los territorios orientales y de Antioquía en torno al año 272 (Millar: 1971, 260).

Interpretación de Millar

El artículo "Paul of Samosata, Zenobia and Aurelian" del historiador oxoniense Fergus Millar (1971) fue publicado inicialmente en la revista *Journal of Roman Studies* y reeditado por el propio Millar (2002, 243-274), en una compilación extensa de numerosos trabajos suyos editados en tres volúmenes con el título general de *Rome, the Greek world, and the East* (el artículo aparece en el volumen 3, que lleva por título *The Greek world, the Jews, and the East*). En esta última versión, aquel artículo original no fue prácticamente modificado, salvo alguna muy puntual corrección de redacción y una nota a pie de página. De lo cual podemos concluir que después de treinta años de su publicación Millar sigue manteniendo su análisis y sus conclusiones generales.

Millar comienza sosteniendo que las interpretaciones tradicionales sobre el tema, fundamentalmente las de Bardy (1929) y Downey (1961) afirmaban, con pocos matices de diferencia, que Pablo, procedente de Samosata, había sido el representante o el líder de las poblaciones locales (especialmente de los sectores subalternos) de habla aramea o siríaca de la iglesia de Antioquía, y sus oponentes, dentro de la iglesia, habían sido los representantes de la cultura dominante que se expresaban en griego. Por tratarse de un representante de la cultura local es que la reina de Palmira habría extendido su protección a Pablo, de manera tal que éste pudo mantenerse en el cargo a pesar de los dos sínodos, de los años 264 y 268, organizados en su contra y especialmente del segundo, en donde se resolvió su destitución. Está claro que los argumentos esgrimidos por Bardy tampoco eran demasiado sólidos, se basaban en la aceptación acrítica de la muy poco objetiva información transmitida básicamente por Eusebio (*Historia eclesiástica*, 7.27-32), que a su vez se limitaba a reproducir los comentarios y las acusaciones esgrimidas por los obispos y presbíteros convocados en los dos sínodos para intentar "corregir" primero y destituir finalmente, al obstinado y herético obispo, es decir, una caracterización de Pablo hecha nada menos que por quienes eran sus más acérrimos opositores. De esa fuente de información se desprende la imagen, que recogen Bardy y Downy, de un Pablo oportunista y ambicioso, que habría adoptado una forma de cristianismo definidamente monoteísta, con el solo fin de agradar a Zenobia, y con este simple argumento, se justificaba su posible relación. Por su parte Zenobia era considerada judía, o simplemente pro-judía, de manera tal que ello habría facilitado el acercamiento entre ambos y se justificaba así la protección recibida por Pablo de parte de la reina. El problema para un planteo de este tipo consistía en el hecho de que ninguna fuente hace referencia explícita y taxativamente sobre la relación entre Pablo y Zenobia, de manera tal que la misma debía inferirse a través de hipótesis como la referida.

Millar dedicará su artículo a desmontar los argumentos de la hipótesis de sus predecesores, esa según la cual en sus propias palabras: "Thus a conflict of cultures becomes intimately linked to a political conflict" (Millar: 1971, 1)[3]. El autor, que es sin dudas uno de los historiadores mejor informados sobre la complejas interrelaciones étnicas y culturales de los territorios de la inestable frontera oriental del Imperio Romano (cf. Millar: 1979), ofrece una síntesis del complejo entramado sociocultural del territorio: una helenización avanzada en las ciudades de la costa de Fenicia y Judea que se había ido intensificando desde el momento mismo de la conquista de Alejandro; las particularidades culturales de la Siria profunda, de ese territorio que constituía una especie de cuña entre la frontera oriental del Imperio Romano y el Imperio Parto o Persa Sasánida, que se extendía de norte a sur a ambos márgenes del Éufrates, desde las ciudades más septentrionales de Samosata y Edessa (capital de Osrhoene), pasando por Dura Europos y Palmira, y que constituía el área que el poder y la cultura griega primero, y romana después, habían apenas impregnado y de manera irregular a lo largo de los tres primeros siglos; territorios en los que el siríaco o el arameo, especialmente en

---

3 Además de la importante compilación de artículos referidos al área en distintos momentos históricos en la obra ya citada de Millar (2002).

las áreas rurales, jamás fue abandonado y en el que se destaca a Edessa como la capital del cristianismo de lengua siríaca. Para llegar finalmente al sur del Mar Muerto con la ciudad de Petra en el enclave de Nabatea, territorio anexionado por Roma en el año 106, con la particular característica señalada por Millar que hacia el siglo IV la lengua nabatea desaparece definitivamente de los textos y las inscripciones conservadas[4]. En su conjunto esta era una zona que desde la segunda mitad del siglo II a.C., y ante el debilitamiento de la hegemonía que hasta entonces ejercía el poder Seléucida, se había organizado hasta las primeras décadas del siglo III d.C. sobre la base de un verdadero mosaico de poderes locales semiautónomos que habían logrado sobrevivir primero bajo el dominio tolerante de los Partos, y luego en el contexto del Imperio Persa Sasánida[5].

Con su erudición característica, después de pasar revista a la mayor parte de las inscripciones, los datos numismáticos, obviamente los textos literarios, y de repasar rápidas biografías culturales de personajes destacados de la región, como Luciano de Samosata, Filón de Biblos, Bardesanes, Taciano, Pablo o la misma Zenobia, según el autor, se puede constatar que en la mayoría de los casos utilizaban las lenguas locales al mismo tiempo que podían expresarse en griego o latín, y concluye que ello es el resultado de las ambigüedades propias de personajes que estuvieron atravesados por un proceso formativo de cultura mixta, y que por lo tanto el trasfondo cultural del Cercano Oriente del siglo III está lleno de ambigüedades[6]. De manera tal que si Pablo utilizaba el arameo

---

[4] Ahora bien, tratándose de un área en la que el comercio resultaba una actividad económica vital para la población, ¿no podría al menos plantearse la hipótesis de la adopción del griego como lengua vehicular, como le ocurría a los Boers en la Sudáfrica de la segunda mitad del siglo XIX, con la progresiva adopción del inglés ante su dependencia de los comerciantes anglófonos, cuestión ésta que tuvo lugar hasta que los agentes étnicos se percibieron de ello y comenzaron a actuar para recuperar el uso del afrikáner como lengua étnica e identitaria? Sartre pone otro ejemplo que resulta esclarecedor: sostiene que en las ciudades de Fenicia "la helenización de la onomástica aparece casi completamente terminada a partir de la época helenística y encontramos muy pocos nombres indígenas en época romana. Sin embargo, estos últimos, no desaparecen completamente y su reaparición en la epigrafía griega durante el Alto Imperio no debe interpretarse como un progreso o un resurgimiento de las tradiciones indígenas (y por lo tanto como un indicio de antirromanismo o cierta forma de resistencia cultural). Se trata solamente de una prueba de que el uso del griego escrito ha progresado en medios que, hasta ese momento, no escribían" (Sartre: 1994, 334-335).

[5] Cf. Shipley (2001); Sartre (1994); Millar (1979).

[6] Cf. Millar (1971, 5): "Thus the wider cultural background of the third-century Near East is fraught with ambiguities".

ello por sí sólo no indicaría ninguna toma de posición cultural y política, por cuanto también se podía expresar en griego para defenderse de sus opositores. También sostiene que si bien las evidencias son escasas y dispersas, son suficientes para mostrar que el arameo era una lengua viva en el contexto de la Siria romana, pero que todo indica que era una lengua vernácula y rústica, sin pretensión de rivalizar con el griego como lengua de la cultura, de manera tal que independientemente de cualquier perspectiva política o cultural determinada, quienes pertenecían a los sectores de la alta cultura necesariamente se expresaban en griego, además de que no fue hasta el siglo V que el siríaco se transformó en el vehículo habitual de la literatura cristiana de la Siria romana (Millar: 1971, 8).

La conclusión más importante de Millar es que el hecho de moverse en el contexto de cierta cultura no necesariamente indica, o al menos no debería relacionarse directamente, con la adopción de ciertas conductas o comportamientos políticos. Es decir, si en el marco de una cultura dominante, helenística o romana, alguien se seguía expresando en lenguas locales o tradicionales, como el arameo o cualquiera de sus formas dialectales, no indicaría resistencia o conflicto con respecto a las primeras. Y en todo caso algo similar ocurre con las prácticas religiosas.

La insistencia de Millar sobre esta cuestión se comprende mejor si se trae a colación una cita de Shipley que da cuenta de los argumentos contrarios, pero reduccionistas, que solía esgrimir la historiografía del momento sobre este tema y que daría la impresión que Millar estaría buscando matizar o directamente desmontar:

"En algunos textos modernos, los problemas del imperio surgen de la idea de que una clase dominante pequeña y no autóctona podría difícilmente mantener el control de un disperso mosaico de naciones; pero esto es exactamente lo que los Persas habían hecho durante dos siglos. Los textos que subrayan las ambiciones nacionalistas por parte de los gobernantes y pueblos locales están demasiado teñidos por las modernas nociones del estado nación... El argumento fundamental del estudio de Claire Préaux sobre la sociedad helenística es que los greco-macedonios (y después los romanos) procuraban sus propios intereses imperiales y mantuvieron a los pueblos no griegos a distancia; para describir la situación utiliza la palabra *étanchéité* (impermeabilidad)" (Shipley: 2001, 345-346).

Por su parte Millar insiste en utilizar, como alternativa al concepto de impermeabilidad, justamente conceptos que expresan la idea contraria, como permeabilidad, ósmosis y ambigüedades. De manera tal que con los argumentos señalados anteriormente descartaba de manera contundente una primera cuestión: la de que Pablo pueda ser considerado, por el uso de una lengua autóctona, un representante de los sectores subalternos, y que por consiguiente su postura pueda ser catalogada como anti-romana, situación que lo podría haber llevado a simpatizar y relacionarse con Zenobia.

Sin embargo, Millar (1971, 7) admite que "es una cuestión sensible la función o el prestigio de esa cultura en relación con una cultura dominante", pero a pesar de ello finalmente ofrece la desconcertante afirmación de que todo se reduce a una "maraña confusa de evidencias contradictorias".

En lo que se refiere a la cuestión específica de la posible relación entre Pablo y Zenobia, considera que este punto tampoco está probado, y para sostener su afirmación se basa en dos datos que estima cruciales: por un lado se refiere a que en la carta sinodal, con la que se informa la resolución de destitución adoptada por los participantes en el segundo sínodo del 268, no se hace ninguna referencia a Palmira o a sus gobernantes, argumento que cabría esperar que hubiera sido esgrimido por sus opositores, teniendo en cuenta la amenaza que representaba ya por entonces Zenobia para Roma, y más aún teniendo en cuenta que los obispos disidentes pedirán la intervención al emperador para hacer efectiva su resolución. El otro dato se sustenta en la cronología, pues considera que todos estos episodios tuvieron lugar en momentos en que no hay ninguna evidencia de que Palmira tuviera algún tipo de injerencia o control sobre Antioquía o las ciudades sirias: Pablo era obispo desde el 261 y los dos sínodos en su contra tuvieron lugar, como ya hemos dicho, en 264 y 268; Zenobia no se transformó en la líder de Palmira (y del ejército palmirano) hasta el sospechoso asesinato de su marido Odenato en 268; y Antioquía no habría caído bajo su influencia hasta el 270-271, es decir, poco antes de que la ciudad fuera recuperada por Aureliano y Pablo destituido por la intervención del emperador[7].

El empirismo de Millar lo lleva a confiar en un argumento ingenuo, el de suponer que el poder de Zenobia sólo se hacía efectivo sobre un territorio a partir de que el mismo era ocupado militarmente por los ejércitos de Palmira. En primer lugar la mayoría de los territorios conquistados por Zenobia desde hacía muchos años antes habían estado bajo la órbita del desafortunado Odenato, con la sola diferencia que éste se

---

7   Eusebio, *Historia eclesiástica*, 7.30.19-23.

había mantenido leal a roma. Pero además de esta situación precedente, teniendo en consideración la importancia del comercio como principal actividad económica de Palmira, es impensable que Zenobia, y la élite palmirense, no contaran con una extensa red de alianzas político-económicas entre miembros de las comunidades de las principales ciudades de la región, indispensables para el funcionamiento fluido del tráfico caravanero con base en la región, pero que se desplegaba a larga distancia.

Interpretación de Baldini

El otro artículo referido es el de Antonio Baldini (1975): "Il ruolo di Paolo di Samosata nella política culturale di Zenobia e la decisione di Aureliano ad Antiochia", publicado en la *Rivista Storica dell'Antichita*. El autor sostiene que a partir del asesinato de Odenato la política seguida adelante por Zenobia y Vabalato estuvo destinada a colocar a Palmira en posición hegemónica en el área mencionada, lo cual comportaba no pocos problemas para crear una base de consenso lo más amplia posible. En el área referida, el elemento local, mantenía sus propias lenguas y su propia cultura, influenciada y en ósmosis permanente con aquellos sectores que participaban de la cultura grecorromana y que se integraban, por lo general, en los grupos dominantes (Baldini: 1975, 63).

Además considera que la dupla gobernante debía tener en cuenta el factor religioso, siendo por cierto preponderante en muchas de las regiones y en todos los niveles, la población judeocristiana, está claro que las formulaciones dogmáticas como la que defendía Pablo acerca de la unidad de lo divino podía llegar a ser una adecuada fórmula de consenso para esta población y de lo que hay sobradas evidencias es que dicha fórmula religiosa era promocionada y sostenida por la política sincretista de Zenobia.

Es que Baldini ha colocado el análisis de la trama de Pablo en el contexto del análisis de la política global de Zenobia, en su proyecto de sumar adhesiones anti-romanas entre la mayor cantidad posible de sectores sociales, culturales y religiosos, apelando para ello a promover formulaciones religiosas de carácter sincretistas y tradiciones políticas locales anti-romanas.

En este sentido Baldini sostiene que la reina de Palmira buscó no sólo encontrar puntos de contacto entre el monoteísmo de base judeocristiano de gran parte de la población del territorio, sino también entre los sectores de la población que permanecían vinculados a la religión tradicional, y es así que se comprende que contara entre su círculo íntimo al filósofo y retor neoplatónico Cassio Longino, discípulo de Amonio Saccas. Este último, además de haber sido maestro del cristiano Orígenes, era particularmente apreciado entre los miembros de los sectores cultos y helenizados por ser uno de los tantos personajes de la alta cultura que había transitado (en este caso uno de los pocos que lo había hecho en este sentido) del cristianismo al neoplatonismo, cercano al de Plotino y Porfirio, a su vez con ciertos puntos de contacto con las formulaciones más claramente monoteístas del cristianismo. (Sobre esta trama de relaciones tan determinantes, Millar, sugestivamente, no se pronuncia.)

Baldini defiende la hipótesis de que el cristianismo de Pablo no tenía nada que ver con agradar a una Zenobia judía o pro-judía, sino que tenía su profundo arraigo en las características específicas y originales del cristianismo de la región de Siria y Armenia (van Rompay: 2010). Pero de lo que no hay dudas es que ello aportaba a la posible existencia de una relación entre la reina de Palmira y el herético Pablo, que por tal motivo no podría ser de otra índole que política:

> "Assieme ai laici, avevano simpatía per Paolo anche i membri inferiori del clero ed i vescovi delle champagne, assai influenti in seno alle comunità non cittadine ed espressione delle loro volontà ed inclinazioni; tutti che erano rimasti stranei od ostili al governo romano e dalla sua cultura, vedevano nel vescovo di Antiochia il rappresentante delle loro esigenze e inclinazioni. Il momento culturale e politico antirromano si univa nel binomio Paolo di Samosata-Zenobia, attorno al quale si riunivano tutti coloro, Ebrei, Cristiani, Siriani, che avevano simpatie per il nuovo governo" (Baldini: 1975, 68-69).

Esta realidad haría de Pablo una pieza clave, un *instrumentum regni*, según Baldini, del nuevo Estado de Palmira (Baldini: 1975, 69). Y esto es así tanto por los sectores que representaba Pablo como por aquellos que se le oponían, entre estos, las élites urbanas y los miembros del clero, que con la apelación al Emperador demostrarán su lealtad para con el Estado romano.

Por último también hay que recordar que Zenobia no sólo se basó en la religión para lograr consenso social; un tema que destacan las fuentes como Zósimo y la Historia Augusta es que se solía presentar como la heredera política (cuando no por linaje) de figuras femeninas con reconocido simbolismo político-cultural, muy intenso a nivel local como íconos de resistencia a los poderes extranjeros, tales como la Dido fenicia, la Semíramis asiria y la Cleopatra egipcia.

Conclusiones

Creemos que Millar no ha tenido en cuenta al momento de fundamentar su hipótesis acerca de la improbable relación entre Pablo y Zenobia, sobre la base de la ausencia de unas evidencias efectivas, las particulares circunstancias históricas que rodearon a Pablo y Zenobia, como tampoco la efectiva y compleja construcción político-cultural de la reina de Palmira. Nosotros creemos, por el contrario, en coincidencia con Baldini, que es a través del análisis relacionado de ambas variables que se hace inteligible el rol de Zenobia y su relación con Pablo como "agentes culturales" que se propusieron movilizar las complejas tradiciones culturales y religiosas de la región en un sentido político determinado, y que por ello resulta más difícil negar que afirmar una relación entre ambos actores en esa crucial coyuntura histórica.

La captura del emperador Valeriano en 260, provocó un profundo desconcierto y desconfianza en las posibilidades del imperio de recuperar el control administrativo y militar del territorio. Se trató de uno de esos hechos que pueden ser denominados "eventos políticos catalizadores", pues promovió el afianzamiento y el prestigio del ejército étnico de Palmira bajo el mando de Odenato. El trasfondo de la conjura que terminó con el asesinato del leal Odenato resulta muy oscuro, aunque el papel destacado que el ejército de Palmira siguió cumpliendo bajo el mando de Zenobia y Vabalato deja en claro su parte de participación en la misma. Lo cierto es que la reina y su eficaz ejército lograron ampliar notablemente los territorios puestos bajo su control en el período inmediatamente posterior al sorpresivo y enigmático asesinato. Pero Zenobia sabía que no era suficiente la fuerza por sí sola para mantener un sistema de poder lo más estable posible, y por ello intentó utilizar también todas las herramientas simbólicas disponibles para lograr crear una base social de apoyo lo más amplia que se pudiera.

Además, es posible constatar que los beneficios para la economía básica de la región, es decir, el comercio caravanero de larga distancia, la producción artesanal urbana y la agricultura especializada de los pequeños productores tradicionales destinada al mercado, fueron inmediatos; un dato que destacan todos los investigadores es que nuevamente aparecen inscripciones votivas de comerciantes que agradecen poder volver a transitar las antiguas rutas que unían distintas ciudades de la costa del Mediterráneo Oriental con el Golfo Pérsico o la península arábiga; estos debieron ser sectores que formaban una base más o menos activa o pasiva de consenso social al régimen de Palmira.

Pero también es cierto que la cuestión de los consensos o las resistencias fueron claramente más difusas entre distintos sectores cultos de los medios urbanos. Allí residía buena parte del aparato administrativo imperial además de las élites helenizadas que compartían beneficios y poder bajo la administración romana. En Alejandría, por ejemplo, la oposición y la resistencia organizada contra Zenobia fue muy importante. De manera que como en la Antioquía de Pablo, la astuta Zenobia debió buscar la *captatio benevolentiae*, es decir, la adhesión o el consenso de los elementos más tradicionalmente caracterizados y representativos de la cultura local y estimular su anti-romanismo político, cultural y religioso.

Zenobia buscó acaparar el vocabulario ideológico tradicional de los distintos territorios, y del mayor espectro de población posible para alcanzar la legitimidad como la garante de la preservación del orden político y de las tradiciones culturales que la dominación imperial romana había afectado en diversas formas. Por tal motivo llevó adelante un verdadero "programa de referencias" con el fin de apropiarse y manipular la "construcción de sentido".

Lo cual demuestra que bajo determinadas circunstancias, las identidades étnicas, religiosas o culturales pueden resignificarse para así encontrar puntos de encuentro y organizarse detrás de objetivos comunes.

Aun en el momento de la derrota definitiva ante los ejércitos de Aureliano y ante el pedido de rendición solicitada por el emperador, la respuesta de Zenobia, escrita en arameo, a pesar que dominaba perfectamente el griego, es toda una declaración de su estrategia y objetivos políticos:

"Zenobia, reina en Oriente a Aureliano Augusto. Hasta ahora nadie, salvo tú, es capaz de pedir por carta lo que tú exiges. La valentía debe ser el motor de cualquier actuación bélica. Pides mi rendición, como si no supieras que la reina Cleopatra prefirió morir a vivir con cualquier otra dignidad. A nosotros no nos van a faltar los auxilios de los persas, que ya estamos esperando, a favor nuestro están los sarracenos, a favor nuestro, también, los armenios. Aureliano, los ladrones de Siria han derrotado tu ejército. ¿Qué más? Porque, si llega aquel contingente de tropas que esperamos de todas partes, entonces depondrás sin duda ese entrecejo arrogante con el que ahora me exiges la rendición, como si fueras un vencedor universal"[8].

---

8   Historia Augusta, *Aureliano*, 27.2-6 (trad. V. Picón y A. Gascón).

Bibliografía

Anderson, B. (1993). *Comunidades imaginadas*, México.

Baldini, A. (1975). "Il ruolo di Paolo di Samosata nella política culturale di Zenobia e la decisione di Aureliano ad Antiochia", *Rivista Storica dell'Antichita* 5, 59-78.

Bardy, G. (1929). *Paul de Samosate. Étude historique*, Leuven.

Connor, W. (1998). *Etnonacionalismo*, Madrid.

Downey, G. (1961). *A history of Antioch in Syria from Seleucus to the Arab conquest*, Princeton.

Giliomee, H. (1989). "The beginnings of Afrikaner ethnic consciousness, 1850-1915", en L. Vail (ed.), *The creation of tribalism in Southern Africa*, Berkeley.

Mamdani, M. (2003) "Darle sentido a la violencia política en el África poscolonial", *Istor* IV (14), 48-68.

Millar, F. (1971). "Paul of Samosata, Zenobia and Aurelian: the church, local culture and political allegiance in the third-century Syria", *Journal Roman Studies* 61, 1-17.

Millar, F. (1979). *El imperio romano y sus pueblos limítrofes*, México.

Millar, F. (2002). *Rome, the Greek world, and the East, vol. 3. The Greek world, the Jews, and the East*, North Carolina.

Sartre, M. (1994). *El Oriente romano. Provincias y sociedades provinciales del Mediterráneo oriental, de Augusto a los Severos (31 a.C.-235 d.C.)*, Madrid.

Shipley, G. (2001). *El Mundo Griego después de Alejandro, 323-30 a.C.*, Barcelona.

Smith, A. y Máiz, R. (2003) *Nacionalismos y movilización política*, Buenos Aires.

van Rompay, L. (2010). "The East: Syria and Mesopotamia", en S. Hervy y D. Hunter (eds.), *Early Christian studies*, Oxford, 365-388.

LOS *CURIALES* EN LA GALIA MERIDIONAL TARDOANTIGUA Y LA CUESTIÓN FISCAL

Pablo Sarachu
(UNIVERSIDAD NACIONAL DE QUILMES /
UNIVERSIDAD NACIONAL DE LA PLATA)

Una de las aristas del debate historiográfico en torno a la situación de los *curiales* en la Antigüedad tardía es la de si estos funcionarios fueron beneficiados o perjudicados por el papel que se les asignó en el sistema tributario reformado por Diocleciano. En este trabajo abordaremos la cuestión para la Galia meridional proponiendo una posible solución.

Las *curiae*, del Alto al Bajo imperio

El principal objetivo político del gobierno imperial romano era mantener la ley y el orden en su territorio y recaudar impuestos, cuestiones que por otro lado estaban íntimamente vinculadas. Para ello fue suficiente durante dos siglos o poco más el establecimiento de un aparato burocrático rudimentario a nivel central, pues en gran medida ese objetivo se lograba a través de los gobiernos urbanos (Goffart: 1974, 16-21; Garnsey y Saller: 1991, 32-54).

En occidente, más allá de las diferencias entre *coloniae* y *municipia*, entre ciudadanos romanos y ciudadanos latinos, encontramos una cierta regularidad en las formas de ese gobierno. Cada localidad tenía un consejo, compuesto de manera vitalicia por aquellos ciudadanos pertenecientes al *ordo decurionum*, un estamento al que se accedía luego de cumplir con ciertos requerimientos de riqueza, cuna y dignidad. Esta élite era además la única que podía aspirar a las magistraturas (*duoviri*, *aediles*, *cuestores* y dignidades religiosas), que no solo eran cargos honoríficos, sino que implicaban el desembolso de dinero por parte de quien lo ocupaba para financiar gastos de la comunidad (Lintott: 1993, 129-153; Edmondson: 2006, 272-275). Por otro lado, algunos ciudadanos locales estaban sujetos a *munera*, cargas públicas que no conferían *dignitas* como los *honores* (Millar: 1983, 78).

Durante el bajo imperio, el consejo y los magistrados urbanos experimentaron un deterioro de su autoridad en detrimento de nuevos actores políticos locales; me referiré a ello más adelante. La relación con el poder central fue más ambigua, pero en términos generales puede hablarse de una pérdida relativa de la antigua autonomía. A fines del siglo III había aparecido el *curator*, un funcionario encargado de regular las finanzas de las ciudades y que se convertiría en una suerte de jefe administrativo de la ciudad y en la cima de la carrera política para un decurión (*Código Teodosiano = CT*, 12.1.20; 16.2.31). Fue eclipsado posteriormente por el *defensor plebis*, supuestamente encargado de proteger a los débiles del abuso de los poderosos (*CT*, 1.29.1-7). En ambos casos el criterio seguido inicialmente fue la elección por parte del gobierno central de candidatos ajenos a la *civitas* de destino, pero con el tiempo los cargos comenzaron a estar dominados por ciudadanos locales (Jones: 1964, 726-728; Lepelley: 1983, 143-144). También los *exactores* provenían del ámbito local, aunque se necesitaba la aprobación del gobernador; eran los encargados de supervisar a los *susceptores*, por lo común *curiales* jóvenes a los que se les confiaba la percepción directa de los impuestos (*CT*, 12.1.8; 12.6.9; 12.6.20). Es decir que la gestión fiscal quedó en manos de locales[1]. Finalmente, sabemos que hacia fines del siglo IV el control administrativo *de facto* de las ciudades estaba en manos de los *principales*, un grupo reducido dentro del concejo, acusado a menudo de oprimir a sus colegas menores[2].

Por otra parte, comenzó a haber dificultades para completar las *curiae*. El *Código Teodosiano* contiene una enorme cantidad de disposiciones imperiales promulgadas con el fin de obligar a los ciudadanos que cumplían con los requisitos de pertenencia al orden decurional a observar los deberes propios del estamento. Se suceden con regularidad desde Constantino y fueron sancionadas para ambas partes del imperio, de modo que se trató de un asunto generalizado (*CT*, 12.1). En torno a ello se han establecido distintas interpretaciones, que repasamos a continuación.

---

1 Para Carrié (2005, 295-296) esto evidenciaría la incapacidad del poder imperial para imponer una autoridad externa en las ciudades.

2 Los *principales* aparecen mencionados en las siguientes leyes: *CT*, 8.5.59; 10.26.1; 12.1.77; 12.1.79; 13.11.10; 16.5.4; *Novellae Maiorani*, 7.18. Sobre su comportamiento hacia los miembros inferiores de la *curia*, véase *CT*, 11.16.4; 12.3.2; Símaco, *Cartas*, 9.10; Jones (1964, 731).

La "fuga de los *curiales*" a debate

Tradicionalmente se pensó que luego de la crisis del siglo III aquellos sectores que antes se habían afanado por formar parte de las *curiae* ahora encontraban en esos *honores* más un lastre que una recompensa. Esta idea fue planteada con énfasis por Rostovtzeff (1937, 448-449) en su obra clásica sobre la historia social y económica del imperio romano. En su opinión, las antiguas "burguesías" que habían sido la flor y nata de las *civitates* durante el principado comenzaron a ser cargadas de responsabilidades cada vez más pesadas a partir de la Tetrarquía por parte del estado central. Los *curiales* –y sus hijos– fueron obligados a permanecer en su ciudad de origen para cumplir sus deberes. Llegaron incluso a perder los privilegios legales propios de los *honestiores*, hecho que los hizo más vulnerables frente al ejército de funcionarios centrales que ahora los vigilaba, siempre dispuesto al ejercicio de la violencia (*CT*, 9.35.6; 12.1.117). Rostovtzeff (1937, 470) literalmente plantea que la posición del *curial* entrañaba esclavitud, opresión y, en último término, la ruina. Es el cuadro que crea Libanio (*Discursos*, 47.7-8) cuando se queja amargamente de cómo los recaudadores de impuestos deben sufragar con sus recursos lo debido por contribuyentes, protegidos por generales. Por otro lado, para el historiador ruso este orden de cosas desincentivó a los campesinos y a los artesanos a mejorar su situación material, pues corrían el riesgo de convertirse en miembros de la *curia*. La consecuencia lógica de esta situación fue una decadencia económica generalizada, a pesar de un mejoramiento efímero durante el siglo IV[3].

Historiadores posteriores acordaron con Rostovtzeff que muchos *curiales* se habían convertido en las víctimas del sistema, pero señalaron también que otros se insertaron en la maquinaria administrativa del estado central, un privilegio que otorgaba inmunidad frente a las cargas municipales. Jones (1964, 743-752), por ejemplo, destacó que en general fueron los habitantes más ricos de las ciudades los que lograron evadir sus obligaciones estamentales a través del ingreso al servicio palatino y a *officia* superiores; algunos recurrieron incluso a maniobras fraudulentas para hacerse de *codicilii* honoríficos (*e.g. CT*, 12.1.25; 12.1.42; 12.1.44). En su opinión, el gobierno imperial habría sido más duro con aquellos miembros más humildes de las *curiae* que intentaban evadir sus

---

3 Sostienen también la interpretación tradicional, por ejemplo, Walbank (1996, 49-50, 58) y, específicamente para la Galia, Werner (1984, 274-275).

responsabilidades refugiándose en el clero, en cargos provinciales, en el servicio militar, en el artesanado o en la guardia imperial, o bien que alienaban sus propiedades en favor de un patrono[4]. Vale decir que había dos grandes motivos por los que las élites urbanas intentaban rehuir de las obligaciones locales: o bien porque tenían la perspectiva de ascender social y políticamente (sería el caso de los más adinerados), o bien porque no podían asumir los compromisos financieros (el caso de los menos afortunados). Estos últimos estaban dispuestos a abandonar el estatus *curial* por uno inferior a cambio de desprenderse de sus obligaciones, que lógicamente se hicieron más onerosas conforme los consejos perdieron a sus miembros más poderosos. Para Ste. Croix (1988, 542-552) se había generado una lucha de clases en el corazón de las aristocracias urbanas.

Autores más recientes han calificado de "mito historiográfico" esta idea de que los *curiales* –todos o una considerable porción– fueran víctimas del sistema. Han sostenido que la mayoría de las leyes condenaban formas de evasión "ascendente" y que el hecho de que las ciudades encontrasen crecientes dificultades para obligar a sus ciudadanos a servir en el gobierno local no tuvo consecuencias económicas negativas. La realidad material dependía y dependió de otras circunstancias. Este planteo fue expuesto con claridad por Wittow (1990) en un artículo cuyo análisis se circunscribe a las provincias del Próximo Oriente. Según este autor, la creciente presión fiscal sobre las ciudades desde el siglo III y la aparición de atractivos puestos en la burocracia central se combinaron para convertir el servicio municipal en una carga[5]. El *curial* perdió primero estatus y luego incluso la propia autoridad política, que pasó *de facto* a obispos y "notables". Sin embargo, las ciudades siguieron siendo centros económicos, políticos y culturales como lo habían sido durante siglos y sus élites no sufrieron cambios socioeconómicos significativos.

Pero fue Lepelley (1983) quien ha presentado las objeciones más enérgicas a la interpretación de Rostovtzeff. La victimización del *curial* es producto, en su opinión, de una lectura sesgada de las fuentes disponibles. ¿Por qué deberíamos creer más a Libanio que a ciertas leyes o a testimonios como el de Temistio, Juan Crisóstomo, Salviano de Marsella o Teodoreto de Cirro, que darían más bien cuenta de cómo las autoridades municipales seguían ejerciendo abusos sobre sus administrados

---

4   Es similar la postura de Liebeschuetz (2001, 104-105).
5   Opiniones similares en Cameron (1998, 104-105, 179-182) y Carrié (2005, 306-309).

sin que el estado central pudiese intervenir exitosamente para frenarlos[6]? Un ejemplo de este fracaso sería la imposición del *defensor plebis* como un funcionario encargado de velar por los intereses de los más humildes, cargo que, como hemos visto, quedó en manos de aquellas mismas personas de las que supuestamente se debía tener cuidado. De modo que no habría habido tal cosa como una decadencia de la clase *curial* –o de parte de ella–, sino más bien un conflicto social –de larga data, por otro lado– entre la élite urbana y la población sometida a su autoridad.

No parece estar en duda el hecho de que las *curiae* encontraron cada vez mayor dificultad para funcionar de acuerdo a los criterios tradicionales. Los *curiales* fueron perdiendo autoridad en las ciudades a partir del siglo IV, quizás más lentamente en occidente que en oriente, y siendo reemplazados por otros actores (Liebeschuetz: 2001, 104-136). Sí existe controversia sobre dos aspectos de la interpretación "clásica". En primer lugar, para Rostovtzeff –como para Jones y Ste. Croix– las transformaciones son el corolario de la aparición de un estado central que asfixiaba económicamente a la mayor parte o a la totalidad de los *curiales*; para Wittow, pero en parte también para Jones, estaríamos más bien en presencia de una mutación institucional consistente en el abandono del interés por parte de las élites urbanas en la competencia política a nivel local y su reemplazo por un nuevo objetivo, la administración imperial. Recordemos que según esta última opinión, la transformación mencionada no habría comportado consecuencias económicas para las ciudades. En segundo lugar, se debate si los *curiales* se convirtieron en víctimas (Rostovtzeff) o en victimarios (Lepelley) de un aparato fiscal más o menos opresivo.

Me interesa en la segunda parte de este trabajo retomar la segunda de las controversias, ciñendo el análisis a la Galia meridional.

Los *curiales* en la Galia: ¿víctimas o tiranos?

Retomemos el análisis que Lepelley ha hecho del testimonio de Salviano de Marsella. Hay tres menciones a los *curiales* en su libro *Sobre el gobierno de Dios*. La primera aparece en el contexto de una enumeración de los vicios de distintos actores sociales. A través de una pregunta retórica, el autor deja entrever que aquellos proceden constantemente

---

6   Lepelley (1983, 147) recuerda además que en otros escritos (*Discursos*, 30.15; 39.9) Libanio señala que los campesinos eran aterrorizados por los recaudadores.

de manera injusta (3.50). Más adelante plantea que los enemigos son preferibles a los *exactores* (5.28). Pero hay un pasaje en el que se explaya un poco más sobre la cuestión. Cito en extenso:

> "¿Cuáles son, no ya las *urbes*, sino los *municipia* y los *vici*, en donde no existen tantos *curiales* como tiranos? Sin embargo, quizás se felicitan [los *curiales*] porque creen ser vistos como poderosos y respetados (*potens et honoratum*). Porque casi todos los bandidos (*latrones*) se complacen y aprueban cuando aparentan ser más violentos (*atrociores*) de lo que en realidad son. ¿Cuál es el lugar, como he dicho, donde las viudas y los huérfanos, e incluso casi todos los santos, no son devorados por los principales ciudadanos (*principalibus civitatum*)? [...] Ninguno de ellos está a salvo; nadie está al abrigo de este latrocinio devastador, excepto los más grandes (*summos*) y aquellos que también parecen bandidos. A tal situación hemos llegado, que no se puede estar a salvo si no se hace el mal" (5.18).

Lepelley sostiene que aunque exagerado, el testimonio de Salviano no es inexacto; los de escritores más o menos contemporáneos confirmarían la idea de que el *curial* no era la víctima de un estado opresor sino su último engranaje. Además, el historiador trae a colación algunas leyes en apoyo de su argumento. Los emperadores tomaron nota de los abusos que cometían las autoridades municipales sobre los más humildes y actuaron en consecuencia, por ejemplo quitándoles la administración de los impuestos extraordinarios (*CT*, 16.3-4). Hemos visto ya la mutación de la figura del *defensor plebis*, de veedor designado por el gobierno central a cargo ocupado por ciudadanos locales que previamente habían estado excluidos. Aún así, Agustín de Hipona (*Cartas*, *22) reclamaba su presencia en África para frenar los abusos de los poderosos. A ojos de la autoridad imperial, los *exactores* –que, por otro lado, tenían la potestad de vender los bienes de los morosos (*CT*, 11.7.4; 11.9.2)– "maltrataban continuamente a los provinciales" (*CT*, 12.6.22, año 386)[7]. Para Lepelley (1983, 148-154) la reiteración de estas leyes durante todo el bajo imperio y el hecho de que fueran sancionadas para distintas regiones no solo demuestra la existencia misma de los abusos, sino también la ineficacia imperial para combatirlos. La mayoría de las veces, entonces, las víctimas eran los administrados.

---

7   Cf. también *CT*, 11.7.20, ley del año 412 en la que el emperador Honorio reclama una *curia* honesta para Cartago.

Como hemos visto, algunos investigadores han considerado que las "fugas" condenadas por la legislación tuvieron más que ver con la incorporación de potenciales *curiales* en la burocracia central, en la Iglesia o en el ejército que con problemas derivados de la imposibilidad de hacer frente a las obligaciones fiscales. Esta tesis encierra una verdad parcial, pues numerosas disposiciones efectivamente dan cuenta de distintos recursos utilizados para evitar legalmente las cargas municipales[8]. Pero algunas pudieron haberse aplicado en otros lugares a la persecución de *curiales* que no evadían las cargas en busca de un ascenso. Los emperadores Constancio y Constante escribieron en 342 al *comes* de oriente para indicarle que muchos *coloni* que calificaban para formar parte de los gobiernos de sus *civitates* estaban evadiendo sus responsabilidades (*CT*, 12.1.33). Quizás se trate de arrendatarios acomodados, pero la ley bien pudo aplicarse en otros lugares a la persecución de campesinos menos afortunados. Una disposición anterior, también destinada a oriente, imponía penas a los *curiales* que se escondieran o se mudaran a otra ciudad (*CT*, 12.1.12). Fue seleccionada entre otras similares en la recopilación legal hecha durante el reinado de Alarico II en la Galia visigoda, en un contexto de muy probable crisis fiscal (*CT*, 12.1.20; 12.1.170; Liebeschuetz: 2001, 128).

Por otro lado, si el problema de las fugas no era nuevo, parece que se intensificó desde fines del siglo IV[9]. Dárdano, prefecto del pretorio de las Galias, recibió en 409 o 412 una orden que le recordaba que los *curiales* debían servir por un periodo de quince años, pero le aconsejaba tener una política moderada con aquellos que habían huido (*CT*, 1.12.171). La morigeración de las penas estipuladas con respecto a estos *fugitivi* ha sido interpretada como una resignación de las autoridades imperiales frente a una realidad que les era esquiva (Jordán Monte: 1997, 104)[10].

---

8   *E.g. CT*, 12.1.11 (año 325); 12.1.15 (año 329); 12.1.21 (año 331); 12.1.26 (año 339); 12.1.49 (año 361).

9   En el año 395 se decretó que era suficiente reunir las dos terceras partes de las asambleas municipales para nombrar nuevos miembros (*CT*, 12.1.142). Tres años más tarde, se permitió el ingreso a los senados de las ciudades a paganos y judíos (*CT*, 12.1.157-158). Las medidas revelan que en distintas regiones ya existían problemas para completar las *curiae*.

10 Se extendió, por ejemplo, el plazo que un desertor tenía para regresar a la curia: de cinco días en 395 (*CT*, 12.1.143) a un año en 399 (*CT*, 12.1.161). En el año 416 (*CT*, 12.1.181) se decretó que quienes hubiesen huido de sus obligaciones municipales nombrasen a alguien en su reemplazo. Siete años más tarde se estableció que si el *curial* fugado había servido diez años en el ejército quedaba no solo libre de sus responsabilidades cívicas, sino que no había necesidad de que designase un sustituto (*CT*, 8.4.28).

En occidente se llegó a un punto tal en el que había dejado de tener sentido la persecución de estos desertores para pasar a tener prioridad el establecimiento de una suerte de casuística ante los hechos consumados, a la vez que se intentaba proteger a los miembros del senado local de *potentes* y funcionarios con tendencias autonomistas (cf. las referencias en Jordán Montes: 1997, 121-126). Esto último daría la pauta de que muchos de los fugados y *curiales* en funciones eran miembros menores de las élites urbanas. Los emperadores Teodosio II y Valentiniano III señalaron hacia mediados del siglo V que los escasos miembros de las *curiae* no podían hacer frente a las cargas exigidas y denunciaron el traspaso de tierras a manos de personas que no estaban sometidas a las obligaciones propias de los *curiales*. Reimpusieron entonces medidas tendientes a asegurar que aquellos ciudadanos que hubieren ingresado a las filas de la Iglesia transmitieran sus obligaciones a un sustituto y cedieran parte de sus bienes en favor de sus hijos, de sus parientes o del municipio[11]. Pero en adelante, quienes no hubiesen cumplido con el servicio cívico no podrían ingresar en el estamento eclesiástico (*Novellae Valentiniani*, 3.1).

Es cierto que esta ley concernía a ambas partes del imperio, pero la situación en que se encontraba occidente hace sospechar que la norma atendía a problemas de esta región. La pérdida de las provincias más ricas de África había provocado un descalabro financiero (Sarachu: inédito, 67-68). El golpe para las economías urbanas debió de ser enorme. El emperador Mayoriano remitió en el año 458 dos leyes al prefecto de Italia, una región tan golpeada por los acontecimientos bélicos recientes y las crecientes obligaciones fiscales como la Galia. Una condenaba la recaudación ilegal de impuestos por parte de funcionarios no autorizados, práctica que en opinión del emperador estaba conduciendo a la ruina a propietarios y *curiales* y dejando las arcas públicas casi vacías (*Novellae Maiorani*, 2). La norma podría estar revelando una forma de rebeldía fiscal que en cualquier caso afectaba a quienes eran legalmente responsables de la recaudación frente al Estado imperial. La otra ley, además de reinstaurar la prohibición de alienar tierras para aquellos que calificaban para el servicio público de la ciudad, denunciaba que los *curiales* no solo huían de sus obligaciones, sino que además buscaban el patronazgo de los ricos a través de uniones con *coloni* y esclavas. Este comportamiento

---

11 Evidentemente en este punto se buscaba evitar la pérdida de tierras que tributaban al fisco, como se revela en *CT*, 9.45.3, del año 398.

no parece propio de una élite, mucho menos de una que estuviera transitando un camino ascendente (*Novellae Maiorani*, 7.1).

Finalmente, el Breviario de Alarico, que seleccionó solo nueve de las 191 disposiciones del apartado *De decurionibus*, restableció –aparte de la ya referida– una concerniente a la forma de proceder frente al empobrecimiento de los *curiales* y otra que prohibía que fueran sometidos a tormentos por parte sus superiores (*CT*, 12.1.1). Cabe pensar que los compiladores tenían en mente unos miembros de consejos que podían correr estos riesgos.

Considero que mientras el aparato fiscal funcionó más o menos adecuadamente los *curiales* no fueron víctimas del sistema. Durante unos tres siglos en oriente y unos cien o ciento cincuenta años –dependiendo el lugar– en occidente, el Estado central logró instrumentar el cobro a través de unas aristocracias locales que, en su mayoría, o bien se beneficiaban en el proceso de exacción o bien lograban aminorar el peso sobre sus tierras gracias al contacto con las esferas municipales y/o centrales del poder público[12]. Por otra parte, si bien la pérdida de autoridad y de estatus de los *curiales* no supuso la decadencia material, como planteó Wittow, parece difícil desvincularla de la concentración de la riqueza que se produjo –con diferencias regionales– en ambas partes del imperio[13]. La Galia meridional del siglo IV gozó de una relativa estabilidad económica en el marco de un proceso de profundización de las diferencias sociales que ha dejado rastros visibles en el registro arqueológico (Carrié y Rousselle: 1999, 532-544; Ouzoulias *et al.*: eds. 2001). Por otro lado, parece que también aquí se produjeron "fugas" ascendentes en las élites locales. Entre el fin del Imperio Galo y el gobierno de Juliano, los galos hacen apariciones esporádicas y aisladas en cargos imperiales de rango menor, pero luego consiguen ocupar puestos de importancia en la corte; muchos seguramente provinieran del *ordo decurionum* (Sivan: 1992, 131-141). Esto se prolonga hasta comienzos del siglo V para luego interrumpirse (Matthews: 1975, 86-87; Sivan: 1992, 22). Todavía más interesante resulta el hecho de que hubiera personas que reclamaban una prosapia espuria, lo que daría a entender que se habían enriquecido recientemente y que ahora buscaban igualar su estatus a su condición

---

12 Salviano (*Sobre el gobierno de Dios*, 5.34-35) denuncia que los ricos aplazaban los pagos a la espera de una condonación o de inmunidad tributaria. La ciudad de Lyon la había obtenido del emperador Mayoriano (Sidonio, *Poemas*, 5.574-587; 13.15-21; 13.35-41).
13 Finley (1982a, 160-194; 1982b, 131-171); Marcone (1998); Whittaker y Garnsey (1998).

económica. Ausonio (*Epigramas*, 45) se mofa de una de ellas, aún cuando calla sobre los orígenes de su abuelo paterno. Su padre probablemente ingresó a la *curia* gracias a un conveniente matrimonio, de modo que la historia familiar del bordelés es la de un ascenso social exitoso[14].

El *curial* aún podía ser visto como un victimario en la segunda mitad del siglo V. Sidonio (*Cartas*, 8.8.3, año 474) le advertía a un amigo que de persistir en su decisión de no involucrarse en los asuntos de la ciudad iba a sufrir la carga de los agentes recaudatorios. Sin embargo, cuando la coyuntura político-militar obligó al gobierno imperial a incrementar sus exigencias y, luego, cuando los contribuyentes comenzaron a rebelarse, la posición de los miembros de los consejos debió de hacerse más inestable[15]. Una *curia* ya debilitada institucionalmente no debió de ser vista siquiera como un trampolín a la carrera en la administración imperial o un medio de potencial enriquecimiento. Otras cartas del auvernio (*Cartas*, 1.6; 4.15) evidencian su malestar ante quienes rehuían de la vida pública. La exclusión de segmentos de las élites de los resortes locales del poder había sido siempre un corolario natural de las luchas facciosas por el poder local[16], pero ahora había marginados voluntarios. El estado no ofrecía protección y la carrera en la burocracia central dejó de ser una realidad para los galos bastante antes del fin del imperio.

Conclusiones

En mi opinión, el cambio anteriormente descrito comenzó a producirse en occidente luego del 400 y en la Galia meridional con gran probabilidad al promediar la centuria. Sería aventurado ofrecer mayores precisiones. Salviano podría haber escrito en un momento de transición, en el cual un estado imperial muy necesitado aún lograba extraer el tributo de los contribuyentes, pero donde ya se evidenciaban reacciones anti-fiscales. Algunas de las leyes que he citado permiten conjeturar que esa coyuntura debió de ser particularmente crítica para muchos *curiales* que se encontraron impedidos de cumplir con sus obligaciones hacia

---

14   Ausonio, *Conmemoración de los familiares*, 1.2; *Cartas*, 19.13. Sobre los orígenes del poeta, Hopkins (1961, 240-243). Sobre su ascenso, Matthews (1975, 69-87); Sivan (1992, 97-122).

15   Hemos analizado el proceso de incremento de la presión fiscal y sus consecuencias en extenso en Sarachu (inédito, 113-144).

16   De todos modos, para Edmondson (2006, 277-278) la solidaridad y el consenso entre miembros de la élite debieron de ser más fuertes que los conflictos.

el centro, pero al presbítero de Marsella no le interesaba dar cuenta de ellos. Quizás esta realidad sea trasladable al reino visigodo de Aquitania, a juzgar por las disposiciones que fueron recogidas en el Breviario de Alarico. Pero en el largo plazo el fracaso en el sostenimiento del sistema fiscal debió de hacer inevitable la relajación de la presión sobre los *curiales*. En los reinos merovingios, los intentos de los reyes por imponer obligaciones públicas ya no corrieron a cargo de las *curiae*, que solo retuvieron funciones administrativas menores (Goffart: 1989, 213; Wickham: 2005, 111-112).

Bibliografía

Cameron, A. (1998). *El mundo mediterráneo en la Antigüedad tardía (395-600)*, Barcelona.

Carrié, J.-M. y Rousselle, A. (1999). *L'empire romain en mutation. Des Sévères á Constantin, 192-337*, Paris.

Carrié, J.-M. (2005). "Developments in provincial and local administration", en A. Bowman, P. Garnsey y A. Cameron (eds.), *Cambridge Ancient History*^{2}, Cambridge, XII, 269-312.

Edmondson, J. (2006). "Cities and urban life in the western provinces of the Roman empire, 30 BCE-250 CE", en D.S. Potter (ed.), *A companion to the Roman empire*, Malden, 250-280.

Garnsey, P. y Saller, R. (1991). *El imperio romano. Economía, sociedad y cultura*, Barcelona.

Goffart, W. (1974). Caput *and colonate. Towards a history of late Roman taxation*, Toronto.

Goffart, W. (1989). "From Roman taxation to medieval seigneurie: three notes" (1972), en Id., *Rome's fall and after*, London-Ronceverte, 167-211.

Jones, A. (1964). *The later Roman empire 284-602. A social economic and administrative survey*, Oxford, 3 vols.

Jordán Montés, J.F. (1997). "Las curias en el reinado de Honorio (395-425 d.C.): tradición y mutación", *Antigüedad y Cristianismo* 14, 97-133.

Lepelley, C. (1983). "*Quot curiales, tot tyranni*. L'image du décurion oppresseur au bas-empire", en E. Frézouls (ed.), *Crise et redressement dans les provinces européennes de l'empire (milieu du IIIe-milieu du IVe siècle ap. J.-C.). Actes du colloque de Strasbourg (décembre 1981)*, Strasbourg, 143-156.

Liebeschuetz, J. (2001). *Decline and fall of the Roman city*, Oxford.

Lintott, A. (1993). Imperium romanum. *Politics and administration*, London-New York.

Matthews, J.F. (1975). *Western aristocracies and imperial court, A.D. 364-425*, Oxford.

Millar, F. (1983). "Empire and city, Augustus to Julian: obligations, excuses and status", *Journal of Roman Studies* 73, 76-96.

Ouzoulias, P. *et al.* (eds. 2001). *Les campagnes de la Gaule à la fin de l'Antiquité. Actes du IV colloque de l'association AGER*, Antibes.

Rostovtzeff, M.I. (1937). *Historia social y económica del imperio romano* [1926], Madrid.

Sarachu, P. (inédito). *Patronazgo rural, dependencia y sociedad de base campesina en la Galia meridional (c. 400-c. 550)*, La Plata.

Sivan, H. (1993). *Ausonius of Bordeaux. Genesis of a Gallic aristocracy*, London-New York.

Ste. Croix, G. de (1988). *La lucha de clases en el mundo griego antiguo*, Barcelona.

Walbank, F.W. (1996). *La pavorosa revolución. La decadencia del imperio romano en occidente* [1969], Madrid.

Werner, K.F. (1984). *Les origines. Avant l'an mil*, Paris.

Wickham, C. (2005). *Framing the early middle ages*, Oxford.

Wittow, M. (1990). "Ruling the late Roman and early Byzantine city: a continuous history", *Past & Present* 129, 3-29.

DISCURSOS SOBRE LA SOCIEDAD Y EL IMPERIO EN BIZANCIO EN EL SIGLO X

Pablo Ubierna
(CONICET / UNIVERSIDAD DE BUENOS AIRES)

Uno de los aspectos más problemáticos (y menos debatidos) de la historiografía bizantina es el de los complejos fundamentos de la autoridad política. La definición de Bizancio como una entidad política a la vez romana y cristiana se estructuró sobre la profundización de la caracterización del segundo aspecto (el cristianismo) en detrimento del primero (lo romano). Así, la relación simbiótica entre el emperador (que no el Imperio) y la divinidad ha estado en la base de gran parte de la bibliografía clásica sobre el tema, configurando un entramado conceptual que no tuvo muchas críticas y que se ha definido como "cesaropapismo"[1]. Esa tradición intelectual intentó encontrar, sin demasiado éxito, los fundamentos de la experiencia constantiniana en diversos aspectos de la tradición de la filosofía política helenística. Esa discusión en sede filosófica fue lo que permitió la supervivencia del debate dentro de los márgenes de la filosofía política contemporánea y sus ecos se encuentran en las obras de autores como Carl Schmitt, Eric Voegelin o Leo Strauss, alejados de la evolución de la discusión en sede historiográfica[2]. En los estudios bizantinos de las últimas décadas se dieron las dos innovaciones interpretativas más importantes vinculadas con el pensamiento político bizantino: ponerlo en relación con la exégesis bíblica y, finalmente, rescatar el marco jurídico.

La historia de la exégesis bíblica es uno de los capítulos más importantes de la historia intelectual de Bizancio. Fue, sin duda, una de las claves para entender no sólo el mundo natural sino también su ordenamiento dentro de un plan providencial, lo cual incluyó, sin dudas, las formas

---

1   Cf. Schwartz (1913); Peterson (1935); Treitinger (1938); Dvornik (1966).
2   La idea de una *Reichkirche* en el siglo IV y su consolidación especular en época guillermina llevó al desarrollo de ideas políticas como la de *Reichtheologie* (Nichtweiss: 1992; 2001).

de entender el poder, esto es, el ordenamiento de la sociedad humana de cara a lograr la salvación en la espera temporal del regreso del Mesías, a cuyo encuentro el emperador debía conducir a su pueblo. Hace ya veinte años que Gilbert Dagron (1996) llamó nuestra atención sobre el lugar de la exégesis veterotestamentaria (sobre todo) en ese armado intelectual (Kolbaba: 2012)[3]. Señalemos, apenas, dos momentos (en los siglos previos a los que conforman el centro de este artículo) en los cuales esta operación exegética fue fundamental: el siglo VI, con Justiniano y Junilius y el siglo VIII, el período de la dinastía isauria, el iconoclasmo.

Para el siglo VI, se trata sobre todo de rescatar la operación exegética en la que se vio involucrado Junillus, *Quaestor Sacri Palati* bajo Justiniano tras la muerte de Triboniano (quien supervisó la compilación del *Corpus Iuris*) en relación con los postulados de los Tres Capítulos y la oposición episcopal. El tratado de Junillus, *Instituta Regularia Divinae Legis*, obra que unía el estudio de la Biblia y una cosmología cristiana sobre la jerarquía de la creación (Maas: 2003)[4]. La obra de Junillus revela mucho sobre las consideraciones de la élite administrativa del imperio (en Constantinopla) relativas a la autoridad imperial en tiempos en que ésta estaba siendo atacada por determinadas figuras episcopales en relación con la crítica al concordismo con los monofisitas que derivó, como mencionáramos, en el affaire de los Tres Capítulos –Teodoro de Mopsuestia, Teodoreto de Cirros e Ibas de Edessa– (Francisco: 2011). Para Justiniano y Junillus el *Quaestor* sería uno de los encargados de darle forma –el control doctrinal en su territorio (de amplio alcance para el siglo VI) dependía de su autoridad como intérprete de los textos sagrados y es entonces que vemos cómo ese imperativo teológico se expresa en la necesidad de controlar el lenguaje (y los textos) de los que dependía la definición cristológica en juego–.

El ejemplo de Junillus, mencionado apenas al pasar y de manera introductoria, nos puede servir para incorporar otro elemento en el análisis del andamiaje ideológico del imperio bizantino. Si bien hoy hemos de resaltar el valor de la operación exegética, las múltiples características

---

3 La historiografía del siglo XIX produjo un importante corpus sobre este problema. En el caso de los autores alemanes, es interesante señalar la deuda con la obra de Schwartz (sin duda el más importante historiador del período constantiniano entre 1870 y 1914) y de ésta con la situación de la iglesia en el imperio alemán de época guillermina. La propia idea de una *Reichkirche* pareciera ser deudora de ese último marco histórico más que del siglo IV.

4 Tras la aceptación de Casiodoro, la obra de Junillus ingresó al curricula monástico medieval como vector de una exégesis literalista de tradición antioqueña.

de Junillus como exégeta, abogado y funcionario cortesano nos permiten incorporar el segundo aspecto (ya adelantado) sobre la renovación de los estudios sobre el pensamiento político bizantino: el lugar de la tradición legal como un componente esencial de utillaje intelectual bizantino a la hora de pensar la noción de poder y la relación de ese poder con las diversas partes de la sociedad (y con una determinada definición de pueblo) así como con la divinidad (Kaldellis: 2015).

Por su parte, y como segundo ejemplo, los estudios sobre la política religiosa de la dinastía isauria han sido renovados en los últimos treinta y cinco años, gracias sobre todo al trabajo de historiadores como Paul Speck (1990) y Mare-France Auzépy (1997; 2007) lo que ha permitido salir de una doble reducción a la que el tema estaba tradicionalmente sometido: reducir la política de la dinastía isauria a su política religiosa y ésta a la querella iconoclasta, que debemos entenderla no sólo como algo que sacude al imperio sino que acompaña su mutación a lo largo de 130 años. Esa política religiosa discute el lugar de lo sagrado en la sociedad bizantina –y que se centra en el misterio eucarístico–. Las largas décadas de la dinastía isauria no deben ser leídas en términos de una ortodoxia y una herejía sino como un movimiento reformador –del estado y de la sociedad– que el desarrollo del culto a las imágenes "escandaliza" ya que es una religiosidad en la que los modelos sociales y políticos son los del AT. Pero el pueblo cristiano se volcará hacia unas prácticas cultuales y devocionales (culto a las reliquias, íconos), sin duda nuevas pero eficaces y que las leyendas iconódulas dotan de tradición al hacerlas remontar a la época de los apóstoles. En ese paradigma, el Emperador debe fungir como un "Mesías en el interregno" acompañando y conduciendo al pueblo de Dios a lo largo del decurso de la historia hasta la Parousia, la Segunda Venida del Mesías y el consecuente fin de la historia. Es por eso que el Emperador –como el Mesías– debe tener incumbencias a la vez políticas y religiosas, pertenecer a la "Casa de Judá" y a la "Casa de Levi"[5].

---

5 Fue ésta una de las más interesantes formulaciones que dejó el libro de Dagron. Un tema mayor que hoy debemos pasar por alto es el de la historia del texto bíblico (o de los textos bíblicos) en uso en Bizancio. Las investigaciones sobre la recensión luciánica (o antioqueña) de la Septuaginta está en continuo desarrollo, sobre todo a partir del trabajo de Natalio Fernández Marcos y su grupo sobre el aparato crítico de los volúmenes de la edición de Göttingen o de Siegrid Kreuzer, muy recientemente sobre toda la recensión antioqueña (Metzger: 1974; Dorival *et alii*: 1988, Fernández Marcos: 2000; y más actual, Kratz: 2012). Es éste un tema fundamental sobre el que el coloquio de Dumbarton Oaks (Magdalino y Nelson: 2010) sobre el Antiguo Testamento –y el proyectado sobre el Nuevo Testamento– han señalado algunos parámetros sobre el tema en los que se enmarcan novedosas investigaciones como las de Ceulemans (2013).

La obra de Kaldellis vuelve sobre este problema y señala que si bien estos aportes historiográficos sobre el lugar de la tradición exegética permiten entender mejor un tipo de operación intelectual (en todo caso, mejor que el fútil rastreo de antecedentes helenísticos), no deja de lado un aspecto fundamental como es el del andamiaje legal de una sociedad como la bizantina que nunca dejó de considerarse romana. El análisis de una categoría como la de estado es siempre elusivo en sociedades premodernas. Pero no imposible. Uno de los aspectos más interesantes de la obra de Kaldellis (adelantada en obras previas y que habíamos incorporado a nuestra presentación del 2014, cf. Kaldellis: 2005; 2011), es el de haber llamado la atención a la poca distinción que ha hecho la historiografía en estos últimos años entre conceptos como el de *politeía* (la *res publica*), *krátos* (gobierno) y *basileía* (la monarquía como ejercicio del gobierno, con todas sus funciones derivadas). La idea de una *politeía*, que engloba en griego la noción romana de *populus* y lo incorpora de diversas maneras a la idea de poder político no pareciera, según Kaldellis, haber abandonado el pensamiento político de los romanos de oriente en su faceta medieval. Si bien la idea no es novedosa[6] aparece por primera vez en una discusión que hace de ella el centro del análisis, sacándola del ámbito de obras si bien claves como la de Beck –que no lo desarrollan– o de otras que lo remitían a discusiones más concentradas temporal o temáticamente. O ambas (el pensamiento jurídico en Fögen o problemas de la percepción fiscal y la gestión financiera en la de Brandes). Esta nueva formulación de ideas con las que Anthony Kaldellis venía ya trabajando, debe ser todavía revisada y recibida por la crítica, pero nos atrevemos a señalar un primer interés en relación con nuestro artículo: permite rescatar la posible incidencia de la ideas políticas (sobre la sociedad, la institución eclesiástica, el manejo de lo público) que circularan entre el *populus* (por lo menos como un nomenclador que lo diferencie del emperador y de los agentes de la administración) sobre todo de la capital y que podría haber capilarizado, influenciándolas, hacia los textos producidos en la corte. Es un problema que se relaciona con el lugar de aquellos presumibles agentes políticos distintos del emperador.

Ahora bien, a principios del siglo X se da en la capital del imperio bizantino la conjunción y disputa de diversos discursos sobre el imperio, su destino y el de la sociedad que engloba. Por un lado, el discurso exegético que plantea esa mímesis del Emperador con el Cristo (ejemplificada

---

6   Beck (1978); Fögen (1993); Brandes (2002).

en la obra de hombres como Aretas de Cesárea y Basilio de Neopatras) y el discurso legal ejemplificado en las *Novellae Constitutiones* de León VI. Son éstos los dos tipos de discurso tradicionales a los que ya hemos aludido en relación con la época de Justiniano (siglo VI) y con la de los Isaurios (siglo VIII). Ya volveremos sobre ellos, pero anunciemos que el siglo X presenta por su parte dos tipos de discursos políticos nuevos y cuya relación con los anteriores –en un alcance que está todavía por estudiarse– es propio de la época: la divulgación de literatura profética (muchas veces como parte de una crítica política) y las formulaciones de filósofos de corte a favor de un tipo de gobierno particular, conformado por un *consilium* que debía acompañar al monarca.

Por un lado encontramos desde fines del siglo IX, toda una nueva codificación jurídica, una de las características del período conocido como "Renacimiento" macedónico. En tiempos de Basilio (867-886) se compusieron una serie de textos legales (*Prochiron*, *Epanagogè*) que se distanciaban de los productos de la época anterior (la de la dinastía Isauria) ya que en términos de contenido significaban un retorno a la legislación de época justinianea y que en la forma se construyeron sobre la base de citas literales de antiguos comentarios y traducciones (del latín al griego) de los siglos VI y VII (y no de paráfrasis libres de esos mismos textos, cf. van der Wal y Lokin: 1985, 78-79). En tiempos de León VI (886-911) se coleccionaron, por su parte[7], 113 leyes, las *Novellae Constitutiones*. En ellas, el emperador justifica la compilación argumentando que muchas leyes (una vez más se trataba de aquellas de época de Justiniano) requerirían una revisión, ya que la operación legal del siglo VI, si bien tuvo como intención la armonía de un conjunto de medidas, generó una cierta confusión con la profusión de nuevas leyes y toda una serie de costumbres que no habían sido ratificadas por ley alguna y que sólo dependían de la voluntad (*proaíresis*) de la masa popular –*hoi ánthropoi*, *tò plêthos*, *ho ókhlos*– (Kaldellis: 2015, 10-11). En las *Novellae* del emperador León se otorga, vemos, un lugar fundamental a la costumbre incorporando lo que esa voluntad popular aceptaba o incluso, retirando del corpus legal aquellas que no eran aceptadas en la *politeía* o *res publica*.

Esta atención particular a principios del siglo X en la costumbre y percepciones populares debe ir más allá de los límites planteados por Kaldellis y entroncarse con la circulación de un tipo particular de lite-

---

7   Además de otras codificaciones como las *Basilika*, traducción griega del *Digesto*.

ratura política. Se trata de una literatura sobre el destino del imperio y la capital a la que hemos hecho mención (que Paolo Odorico incluyera muy recientemente dentro de la tradición de una cultura de la *syllogè* por él estudiada y defendida, cf. Odorico: 2014) y que comprende el conjunto de textos que serán conocidos en el siglo X bajo el título de *Patria Constaninopoleos*[8]. Ya a principios del siglo XX, Charles Diehl (1929-30), llamó la atención sobre la importancia de los *Patria* en la supervivencia de las creencias escatológicas. Paul Alexander (1964), posteriormente, retomó la importancia de esta tradición en el contexto de sus estudios de la tradición apocalíptica. Por su parte, más recientemente, Paul Magdalino (1993, 30) consideró que

> "De la misma manera que las *Parastaseis*, *La Diegesis de Hagia Sophia* y los *Patria* (y recordemos una vez más que se trata de textos que vehiculizan tradiciones previas y cuya redacción final podemos situar a fines de este siglo X) presentan una imagen de Constantino, de Justiniano y de Constantinopla inversa a aquella que ofrecen los panegíricos de la corte, (...) las profecías populares, en su pesimismo, establecen un balance con el optimismo de la escatología imperial".

Lo que podemos llamar la expresión cultural y escrita de una oposición ideológica o incluso política podía canalizarse a través de un género popular en extremo y conservador en sus estructuras literarias como el de la literatura apocalíptica. Incluso si los apocalipsis se integran bien en el contexto polémico, matizan las posiciones adoptadas en los Patria y los libelli, diciendo que el poder caerá y cambiará, sí, pero no que desaparecerá.

Un tercer tipo de discurso sobre lo político lo conforma, como adelantáramos al principio, la exégesis de textos bíblicos. El destino político de un reinado se condensa en el análisis de un puñado de textos entre los que sobresalen el libro de Daniel en el Antiguo Testamento y el Apocalipsis de Juan en el Nuevo. El libro de Daniel recibió toda una serie de importantes comentarios en época patrística pero fueron escasos los producidos en el período mesobizantino. Uno de ellos fue el escrito por Basilio, metropolita de Neopatras en el marco de un comentario general a todos los libros proféticos, cuya edición crítica estoy preparando y sobre el que ya adelanté algunas conclusiones (Ubierna: en prensa). En la misma época, Aretas de Cesarea (en Asia Menor) escribió toda una serie de textos exegéticos incluyendo uno sobre el Apocalipsis de Juan, texto

---

8   Esa compilación del siglo X comprendía, entre otras, tres textos previos: una historia de Hesiquio de Mileto, una compilación histórica datada en el siglo VIII y un relato sobre la construcción de Santa Sofía. Cf. Sevcenko (1992).

que no siendo canónico en Bizancio recibió escasísimos comentarios. Aretas, más allá de sus textos exegéticos, nos es conocido por el legado de una inmensa biblioteca. Fue, sin duda, uno de los grandes nombres de la política eclesiástica de principios del siglo X –fue arzobispo de Cesárea en Capadocia desde 902– (Lemerle: 1971, 237-280) y su obra de interpretación se complementa con la de su protegido Basilio.

La operación exegética sobre los libros proféticos era de la mayor importancia ya que el destino del imperio –consignado en la suerte de su capital– estaba íntimamente relacionado con el futuro de una dinastía estableciendo una asimilación con el destino de la comunidad cristiana que marcha al encuentro con el Mesías en su Parusía, conducida por el emperador (Dagron: 1996, *passim*) y los intelectuales de la corte (o íntimamente relacionados con ella) produjeron textos que intervenían en el relato apocalíptico (comentarios exegéticos, leyendas, oráculos, textos relativos a la necesaria conversión de los judíos en la antesala del fin de los tiempos)[9].

El cuarto y último de los ejemplos que quisiera mencionar es el de la obra de León Choirosphaktès (Vassis: 2002), un personaje poco estudiado y clave, creemos, en la evolución de las discusiones políticas en la corte. Una de las particularidades del pensamiento político de León es el lugar que le concede a la astrología (y con ella a toda la filosofía natural, que era interpretada por fuera del marco teológico), y cómo ésta necesita del patronazgo imperial para sobrevivir. León, con quien Aretas tuvo una larga discusión, asocia, casi necesariamente, al gobernante con las prácticas astrológicas y a su gobierno como un ejercicio colegiado con una serie de filósofos reunidos en *consilium* (Ubierna: en prensa; Magdalino: 2006), lo que se contrapone con la idea de un emperador como único receptor del poder entregado por parte de Dios y cuya interpretación quedaba en manos de una clerecía ilustrada y operando en la corte (recordemos al pasar que la mayoría de los obispos como Basilio y Aretas eran ausentistas y pasaban grandes períodos de tiempo en la corte, a no ser que cayeran en desgracia o fueran enviados en misiones diplomáticas –y ambas posibilidades le ocurrieron a Aretas–).

---

9   Entre ellos contamos a Basilio y Aretas, arzobispos; Niketas David, el Paflagonio (miembro del clero patriarcal, discípulo de Aretas y relacionado con el monasterio capitalino de San Focas), autor de leyendas apocalípticas y Anthimos, *chartophylax* de la Gran Iglesia (a cargo de archivos y documentos oficiales), autor de una profecía sobre el fin de los tiempos (Ubierna: 2012), sin olvidar la actividad oracular de tiempos de León el Sabio (Brokaar: 2002; Rigo: 1988).

Los reinados de Basilio I y de León VI pueden ser definidos de diversas maneras: una cultura enciclopédica (van Deun y Macé: 2011), de la codificación, de *dossiers* pedagógicos o, como la llamara en un artículo clásico Paolo Odorico, una cultura de la *syllogè*, un esfuerzo programático por crear (desde el más alto nivel) una *summa* de lo que se consideraba valioso del pasado clásico o reciente (los textos patriográficos e incluso los textos exegéticos como los de Aretas y Basilio entran también en esta tradición de compilación). Pero más allá de las caracterizaciones de la épocas, que no nos ocupan hoy, señalemos que esa cultura de la codificación incluyó una fuerte perspectiva escatológica (el comentario a Daniel de Basilio nos recordará que estamos en el medio de la última semana de milenios, preanunciando, como la séptima hora del día, la caída del sol). En esa perspectiva escatológica los intentos del así llamado "renacimiento macedonio" puede ser entendido como un intento de poner en orden la casa imperial (al decir de Magdalino) en espera de la Parousía. Para comenzar, la compilación jurídica es parte de la búsqueda de ese orden, de una *Táxis/Eutaxía* que es una cualidad del Reino Celestial que debe ser imitada y que aparece en muchos textos de la época de Leo VI y Constantino Porfirogénito, por ejemplo en las *Vitae* de Andrés el loco o de Basilio el Joven encargadas bajo su reinado, ambas con un fuerte contenido y secciones sobre el fin de los tiempos (también en las compilaciones litúrgicas, cf. Ubierna: 2014).

Hemos visto, un poco al pasar y sólo para sentar las bases de una discusión futura, cómo a principios del siglo X confluían una serie de discursos sobre la sociedad y el imperio: el jurídico, el exegético, el profético y el filosófico que debían o bien convivir (como muchas veces hicieron el jurídico y el exegético) o anularse, como tuvo que hacerse con el filosófico y se intentó hacer con el profético sin demasiado éxito en ese caso ya que las profecías populares continuaron siendo la matriz interpretativa sobre el destino de la dinastía en el poder y del imperio todo hasta la definitiva caída de Constantinopla en 1453.

Bibliografía

Alexander, P. (1964). "Historiens byzantins et croyances eschatologiques", en *Actes du XIIe Congrès International des Études Byzantines*, Belgrade, vol. II, 1-8 (= *Religious and political thought in the Byzantine empire*, London, 1978, XV).

Auzépy, M.-F. (1997). *La Vie d'Étienne le Jeune par Étienne le Diacre*, Aldershot.

Auzépy, M.-F. (2007). *L'histoire des iconoclastes*, Paris.

Beck, H.-G. (1978). *Das byzantinische Jahrtausend*, München.

Brandes, W. (2002). *Finanzverwaltung in Krisenzeiten. Untersuchungen zur byzantinischen Administration im 6.-9. Jahrhundert*, Frankfurt.

Brokaar, W.G. (2002). *The oracles of the most wise emperor Leo & The tale of the true emperor (Amstelodamensis Graecus VI E 8)*, Amsterdam.

Ceulemans, R. (2013). "Malachias the monk as a textual critic of LXX proverbs", en A. Rigo (ed.), *Theologica minora. The minor genres in Byzantine theological literature*, Turnhoult, 67-85.

Dagron, G. (1996). *Empereur et prêtre. Étude sur le "césaropapisme" byzantin*, Paris.

Diehl, C. (1929-30). "De quelques croyances byzantines sur la fin du monde", *Byzantinische Zeitschrift* 30, 192-196.

Dorival, G., Harl, M. y Munnich, O. (1988). *La Bible grecque des septante. Du judaïsme hellénistique au christianisme ancien*, Paris.

Dvornik, F. (1966). *Early Christian and Byzantine political philosophy. Origins and background*, Washington, 2 vols.

Fernández Marcos, N. (2000). *Septuagint. Introduction to the Greek versions of the Bible*, Leiden.

Fögen, M.T. (1993). "Das politische Denken der Byzantiner", en I. Fetscher y H. Münkler (eds.), *Pipers Handbuch der politischen Ideen*, München, vol. II, 41-85.

Francisco, H. (2011). *Historia, religión y política en la Antigüedad tardía. La historiografía monofisita de los siglos V y VI*, Buenos Aires.

Kaldellis, A. (2005). "Republican theory and political dissidence in Ioannes Lydos", *Byzantine and Modern Greek Studies* 29, 1-16.

Kaldellis, A. (2011). "Aristotle's *Politics* in Byzantium", en V. Syros (ed.), *Well begun is only half done. Tracing Aristotle's political ideas in medieval Arabic, Syriac, Byzantine, Jewish, and Indo-Persian Sources*, Tempe, 121-143.

Kaldellis, A. (2015). *The Byzantine republic. People and power in New Rome*, Cambridge, Mass.

Kolbaba, T. (2012). "Byzantine orthodox exegesis", en R. Mardsen y E. Ann Matter (eds.), *The new Cambridge history of the Bible*, Cambridge, 485-504.

Kratz, R. (2012). *Die göttinger Septuaginta*, Berlin.

Lemerle, P. (1971). *Le premier humanisme byzantin*, Paris.

Maas, M. (2003). *Exegesis and empire in the early Byzantine Mediterranean*, Tübingen.

Magdalino, P. (1993). "The history of the future and its uses: prophecy, policy and propaganda", en R. Beaton y C. Rouché (eds.), *The making of Byzantine history*, Aldershot, 3-34.

Magdalino, P. (2006). "Occult science and imperial power in Byzantine history and historiography", en P. Magdalino y M. Mavroudi, *The occult sciences in Byzantium*, Geneva, 119-162.

Magdalino, P. y Nelson, R. (2010). *The Old Testament in Byzantium*, Washington.

Metzger, B.M. (1974). "The Lucianic recessions of the Greek Bible," en S. Jellicoe (ed.), *Studies in the Septuagint. Origins, recessions, and interpretations*, New York.

Nichtweiss, B. (1992). *Erik Peterson. Neue Sicht auf Leben und Werk*, Freiburg.

Nichtweiss, B. (2001). *Vom Ende der Zeit. Geschichtheologie und Eschatologie bei Erik Peterson*, Münster.

Odorico, P. (2014). "Du recueil à l'invention du texte: le cas des Parastaseis Syntomoi Chronikai", *Byzantinische Zeitschrift* 107 (2), 755-784.

Peterson, E. (1935). *Der Monotheismus als politisches Problem*, Leipzig.

Rigo, A. (1988). *Oracula Leonis*, Venezia.

Schwartz, E. (1913). *Constantin und die christliche Kirche*, Leipzig.

Sevcenko, I. (1992). "The search for the past in Byzantium around the year 800", *Dumbarton Oaks Papers* 46, 279-293.

Speck, P. (1990). *Ich bin's nicht, Kaiser Konstantin ist es gewesen*, Bonn.

Treitinger, O. (1938). *Die oströmische Kaiser- und Reichsidee nach ihrer Gestaltung in höfischen Zeremoniell*, Jena.

Ubierna, P. (2012). "Tradición apocalíptica, *Kaiserkritik* y propaganda imperial en Bizancio. El manuscrito Karakallou 14", *Anuario Epimeleia* 1 (1-2), 215-226.

Ubierna, P. (2014). "La exégesis bíblica en Bizancio en el s. X: fragmentos de una discusión sobre la ortodoxia política", *Anales de Historia Antigua, Medieval y Moderna* 48, 79-88.

van der Wal, N. y Lokin, J.H.A. (1985). *Historiae Iuris Graeco-Romani Delineatio. Les sources du droit byzantin de 300 à 1453*, Groningen.

van Deun, P. y Macé, C. (2011). *Encyclopedic trends in Byzantium?*, Leuven-Paris.

Vassis, I. (2002). *Leon Magistros Choirophaktes. Chiliostichos Theologia*, Berlin.

Esta edición se terminó de imprimir en mayo de 2016,
en los talleres de Gráfica LAF s.r.l., ubicados en
Monteagudo 741, San Martín, Provincia de Buenos Aires, Argentina.

www.ingramcontent.com/pod-product-compliance
Lightning Source LLC
Chambersburg PA
CBHW032150080426
42735CB00008B/651